AF344739

Manual de gestión de tráfico de mercancías

Manual de gestión de tráfico de mercancías

RUT CASTELL

Esta obra ha sido galardonada con el premio
Logisnet 2021 de Literatura Técnica,
otorgado por Marge Books

Colección: Biblioteca de Logística
Director: David Soler

Manual de gestión de tráfico de mercancías
1.ª edición, 2021

© 2021, Rut Castell Morellà
© de esta edición, incluido el diseño de la cubierta, ICG Marge, SL

Edita: Marge Books
València, 558 – 08026 Barcelona
Tel. 931 429 486 – marge@margebooks.com
www.margebooks.com

Gestión editorial: Laura Serral
Edición: José María Collazos
Compaginación: Mercedes Lara
Impresión: Safekat, SL (Madrid)

ISBN edición impresa: 978-84-18532-76-4
ISBN edición digital: 978-84-18532-77-1
Depósito Legal: B 16568-2021

El papel empleado en este libro no ha sido blanqueado con cloro elemental (CI_2).

Este libro es un homenaje a mis padres, fundadores en la década de 1960 de la empresa familiar Transports Castell. Fue la semilla que significó el inicio de mi trayectoria profesional, que he seguido hasta el día de hoy. Asimismo, doy las gracias a Xavier, Ot y Nil por apoyarme en todos mis proyectos y facilitarme el entorno adecuado.

Gracias a todos ellos.

Índice

La autora

Rut Castell Morellà
Ha estudiado Ciencias Químicas en la Universidad de Barcelona y es Máster en Logística Integral por la Escuela de Negocios de la Universidad Abat Oliba CEU. Dispone de la Capacitación profesional para realizar actividades de transporte nacional e internacional de viajeros y mercancías, transitario, almacenaje y distribución de mercancías. Es Agente IATA (International Air Transport Association) y consultora internacional para la implantación de empresas o productos en nuevos mercados, y asesora en procesos de mejora de la cadena de suministros. Asimismo, es profesora en el Master Supply Chain Management Full Time (ICIL), en la Universidad de Lleida, y del MBA de la escuela de negocios (OBS-EAE) de la Universidad de Barcelona (UB).

Presentación

La iniciativa de esta publicación surge tras detectar la escasez de textos y materiales didácticos dirigido a profesionales que dirigen departamentos de tráfico en empresas de transportes o en el área de logística de empresas productoras o distribuidoras. Con ella también queremos subrayar la importancia que tiene alcanzar el punto final de la cadena de suministro buscando la excelencia.

A menudo, cuando se piensa en una cadena de suministro se hace principalmente hincapié en los primeros eslabones de la cadena, en aspectos tan significativos como son la producción, la planificación de compras o el aprovisionamiento. A lo largo de estos procesos se dedican muchos esfuerzos para conseguir la máxima eficacia y eficiencia. Pero qué ocurre si no se mantiene ese mismo nivel de exigencia hasta el final de la cadena, como puede suceder en el proceso de distribución. El resultado será, inevitablemente, que parte del esfuerzo realizado habrá sido en vano. La gestión del transporte, la planificación de rutas, la optimización de recursos materiales y de personal, entre muchos otros factores, forman parte de la cadena de suministro y deben ser atendidos con el mismo rigor que el conjunto de procesos.

Con este libro se quiere dar a conocer la importancia de los pasos que hay desde que la mercancía está producida y lista para ser manipulada y transportada, hasta que dicha mercancía llega al cliente o destino final.

Y para ello se analiza cada uno de los costos, riesgos, cumplimientos o requisitos que es necesario considerar.

Este manual puede resolver tanto las dudas que aparecen en el día a día de una empresa productora que debe organizar sus expediciones, como las de una empresa que se dedique al sector de la distribución. Para ello, muestra cómo se puede gestionar el departamento de tráfico de forma eficiente, según el tipo de flota disponible, propia o subcontratada, y las figuras que intervienen en cada una de las operaciones. Presenta asimismo las prácticas aplicadas por las empresas para optimizar sus costos y sus recursos. Enseña a optimizar la planificación de las cargas y las rutas aplicando las normativas, en función de las restricciones que pueden existir para cada tipo de mercancía.

Cada empresa tiene su propia estrategia y, por lo tanto, además de basar la gestión en las técnicas más eficaces, se han de tener en cuenta los indicadores de gestión que marcarán el camino correcto para alcanzar los objetivos de la organización. Estos indicadores son los que permitirán avanzar, aunque se tenga que practicar el método de prueba y error en más de una ocasión.

Hoy, en un mundo donde prevalece la inmediatez, la formación y el conocimiento son imprescindibles para desarrollar una actividad profesional y evolucionar, lo que requiere tiempo y dedicación. Confío que este manual les resulte de utilidad y disfruten con su lectura.

Manual de gestión de tráfico de mercancías

Capítulo 1
La gestión del tráfico de mercancías

1 El departamento de tráfico

Toda empresa productora o distribuidora, independientemente del sector al cual pertenezca, necesita en mayor o menor medida un servicio logístico que garantice el traslado de los bienes que produce o comercializa hacia los destinos que se hayan previsto, sean empresas clientes u otras áreas de la propia compañía. Este servicio forma parte de la estructura empresarial y hace de la logística un proceso clave en cualquier organización.

El departamento de tráfico de una empresa se ocupa de satisfacer ese servicio logístico, las características del cual se deben definir en función del tipo de empresa y de cuál sea su actividad principal.

Se puede distinguir entre una empresa dedicada al transporte, ya sea de mercancías o de viajeros, o empresas manufactureras que realizan su propia distribución y logística. Evidentemente, es distinto el enfoque del departamento de tráfico de unas y otras. No obstante, todas ellas tienen un denominador común, y es que sea cual sea su actividad principal el departamento de tráfico es quien realiza la gestión de transporte en sus diversos ámbitos, tanto comercial como económico, que hará que una empresa funcione de manera eficaz y con el mínimo costo posible en cuanto al proceso de transporte se refiere. Podríamos decir que el objetivo principal de este departamento es el manejo adecuado de la información necesaria para el traslado de las mercancías, desde su punto de origen hasta su lugar de destino.

Los principales aspectos que identifican las funciones que se desempeñan en el departamento de tráfico están basadas en las personas que lo forman, en la gestión y responsabilidad que cada una de ellas ejercen, el control y la gestión de materiales, la gestión del tiempo, la interrelación con otros departamentos de la empresa y su repercusión en las actividades que se desarrollan en el exterior. Para ello es necesario el dominio de conocimientos, habilidades y

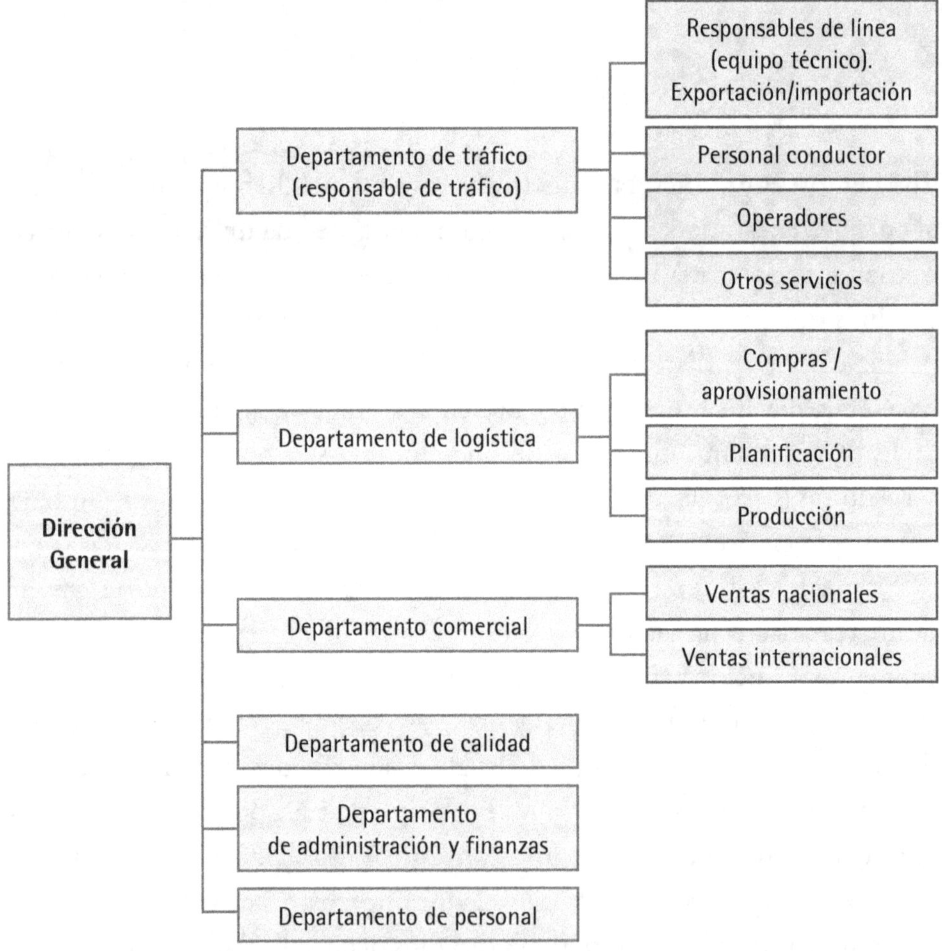

Figura 1.1. El departamento de tráfico en el organigrama de una empresa.

actitudes relacionadas tanto con el funcionamiento de la empresa como con el particular de cada cliente, y un profundo conocimiento del mercado.

Así, por ejemplo, cada persona debe conocer el organigrama de la empresa y del propio departamento, las funciones propias del departamento, quiénes son los clientes y quiénes integran el personal de conducción. Se han de poder identificar las funciones del responsable del departamento y del personal técnico auxiliar de tráfico, así como evaluar el servicio al cliente mediante los indicadores de gestión, entre otros aspectos.

Para garantizar el flujo efectivo de los productos o servicios es imprescindible contar con un departamento de tráfico con capacidad para planificar, implementar y controlar de manera eficiente las operaciones a escala nacional e internacional de la empresa.

En este sentido, el departamento de tráfico ha de dar respuesta a las necesidades de la empresa según sean sus líneas de negocio, ya sean de exportación, importación o distribución nacional. Asimismo, los requerimientos pueden ser distintos según el modo de transporte utilizado: aéreo, marítimo, carretera o ferroviario. Inclusive, hay empresas que requieren que algunas personas de su departamento de tráfico estén especializadas en operaciones con determinadas áreas geográficas, como la Unión Europea o América Latina, por ejemplo, o con algunos países en concreto.

La gestión del tráfico de mercancías es vital para el funcionamiento de las empresas que necesitan un departamento logístico propio. La opción de externalizar esta función es con frecuencia inviable, de la misma manera que nadie se plantearía externalizar la dirección general ni ninguno de los procesos que diferencia a una empresa de otra competidora, ni lo que constituye su actividad principal. En la figura 1.1 se puede ver la ubicación en del departamento de tráfico en el organigrama de una empresa.

De las decisiones y actuaciones que se tomen en la gestión de tráfico dependerá en gran medida que la actividad diaria de la empresa se desarrolle eficazmente.

Las principales funciones del departamento de tráfico son la planificación, la organización, el control, la selección y la gestión de los transportes y servicios necesarios. A modo de resumen, estas funciones son:

Funciones	Aplicaciones	Actividad realizada
Selección de empresas proveedoras	Resolución de necesidades para cada tipo de servicio o producto	Subcontratación de empresas, profesionales autónomos o independientes, aquellos que utilizando su propia flota realizan el transporte de mercancías
Gestión del personal	Cobertura de las necesidades de personal de conducción, mediante personal propio y subcontratado	Cumplir los objetivos de transporte con el cumplimiento de las normas de prevención de riesgos laborales
Planificación y preparación de envíos	Control de costos en la preparación de los pedidos y en la organización de la distribución	Planificar los servicios y las rutas distribuyendo las órdenes de carga y organizando la operativa de las flotas de vehículos. Elaborar estadísticas de tráfico, recorridos y consumos
Administración de recursos	Organizar la red de empresas proveedoras, personal técnico, personal de conducción y vehículos, delegaciones y centros operativos	Utilización de recursos de empresas proveedoras en función del servicio que ofrecen, así como de recursos internos, como el personal de conducción o el técnico, o la utilización de herramientas tecnológicas
Auditorias preventivas	Gestión de auditorías enfocadas a la detección de incidencias, los costos extraordinarios o el cumplimiento de los protocolos establecidos	Control y revisión de las actividades realizadas dentro del departamento para obtener el máximo rendimiento con la aplicación de acciones correctivas
Gestión legal	Tratados, permisos, infracciones	Integración de los expedientes evitando las sanciones innecesarias
Gestión comercial	Selección de mercados, distribución, negociación	Identificar mercados adecuados dentro de la estrategia de comercialización de la empresa
Gestión documental	Documentos de transporte, documentos de aduanas, certificados	Comunicación directa con agencias de aduanas y empresas transitarias, así como contacto directo con cámaras de comercio

Tabla 1.1.

2   La función de responsable del departamento de tráfico

La persona responsable del departamento de tráfico ha de tener una formación que le capacite para desarrollar correctamente su trabajo. Por ello, debe conocer cómo funcionan las empresas de transporte o de operaciones logísticas, la terminología básica y los procedimientos habituales del transporte de mercancías, así como estar familiarizado con la documentación que se utiliza en cada expedición. Asimismo, deberá coordinar a un equipo de personas en las que se pueda delegar responsabilidades técnicas operativas, al propio personal del departamento, al de conducción y a colaboradores externos.

Para todo ello, la experiencia es esencial. Se trata de una función de gran responsabilidad, en el que cualquier error puede acarrear graves consecuencias. Con frecuencia una buena opción para gestionar el departamento puede ser una persona de la plantilla de la empresa, con capacidades y aptitudes y con una formación específica para el puesto. Desde esa perspectiva, conviene diseñar un plan para que la persona seleccionada se forme adecuadamente y vaya realizando tareas cada vez más enfocadas al puesto. De esta manera se establece un reconocimiento profesional y se recompensa una trayectoria ascendente.

3   Capacidades y habilidades de la persona responsable del departamento de tráfico

Para que la persona responsable de tráfico pueda liderar con éxito su departamento no solo debe aportar conocimiento y experiencia en el sector del transporte, sino también sus propias habilidades personales. De poco serviría que poseyera unos amplios conocimientos relacionados con su puesto si no pudiera lidiar con las situaciones complejas de la operativa diaria. Por ello, debe poseer, cuando menos, las siguientes capacidades y habilidades:

- **Liderazgo.** Capacidad de influir, motivar, organizar y llevar a cabo acciones para lograr los objetivos del departamento de tráfico, que deben estar siempre alineados con la estrategia de la empresa.

- **Capacidad para trabajar bajo presión.** La tarea de planificar y organizar cargas y rutas de transporte depende de muchos factores ajenos a la empresa. Puede ocurrir, por ejemplo, que la mercancía no esté preparada para cargar en casa del cliente, o que en el momento de hacer una descarga en una empresa se produzcan demoras, lo que implica que no se podrá cumplir con los horarios pactados con el resto de la ruta. Se debe tener siempre un plan B para superar los inconvenientes que surjan, y cuando este no dé un resultado óptimo, será esa misma presión la que facilite la resolución del problema. Por ello, es fundamental tener la capacidad de trabajar «al límite», aportando soluciones y buscando alternativas ante las adversidades, para mantener la eficacia necesaria.

- **Asumir responsabilidades del personal a su cargo.** «Somos un equipo» y, por lo tanto, no hay culpables sino aportación de soluciones a los problemas. Como responsable del departamento, debe asumir las consecuencias del fallo ante el cliente interno o externo, aunque *a posteriori* se tomen acciones correctivas para evitar que surjan de nuevo los incidentes.

- **Tener experiencia y conocimiento de cada uno de los procesos que han de gestionar.** Es difícil aportar soluciones a todas las circunstancias que puedan surgir. Por esta razón, es tan necesaria la experiencia. Cuando no se ha adquirido previamente una formación práctica *in situ,* el costo de las consecuencias o del aprendizaje es muy elevado, puesto que en la operativa diaria pueden surgir infinidad de circunstancias. Con frecuencia, el hecho de mantener contacto directo con el personal de conducción y almacén compartiendo información ayuda a resolver numerosas situaciones.

- **Saber trabajar en equipo y fomentarlo.** Una empresa está compuesta por un conjunto de procesos interconectados entre sí. Es fundamental fomentar y potenciar el equipo de trabajo, así como conseguir que todo el personal involucrado en el proceso trabaje de manera coordinada. Se trata de «remar todos a una» y de mirar por el beneficio de la organización.

- **Tener empatía sin olvidar las jerarquías.** Ha de ser capaz de preocuparse por los demás, mostrar consideración por su equipo y ofrecer apoyo en el momento que se precise. Ser una persona empática aporta grandes beneficios de carácter social. Con esta habilidad se consigue que las demás personas se sientan comprendidas y escuchadas, lo que motiva al personal con el que se trabaja.

Otras características que también debería mostrar el responsable de tráfico son:

- Tener capacidad de conciliación para resolver conflictos internos externos.
- Ser respetuoso y hacerse respetar.
- Defender los intereses de la empresa y de su equipo.
- Tener habilidades para la negociación.

4 Conocimientos necesarios para la gestión del tráfico de mercancías

La persona responsable del departamento de tráfico debe tener una visión global de todos los procesos que están bajo su dirección, conocer bien las competencias de cada integrante de su equipo y tener perfectamente interiorizados los procedimientos que se llevan a cabo diariamente. Los conocimientos generales para la dirección del departamento de tráfico deben abarcar los ámbitos que se exponen a continuación.

Corporativo y legal

- **La actividad de su empresa y de sus clientes** para poder optimizar la planificación de cargas y rutas. La actividad de distribución se puede corresponder con la de una empresa transitaria, una empresa de transporte de mercancías por carretera o bien una empresa manufacturera que realiza la distribución de sus productos con su propia flota o una subcontratada. En cuanto a los clientes, para focalizar adecuadamente el servicio es imprescindible conocer sus características y necesidades en función del tipo de mercancía a transportar (perecedera, peligrosa, voluminosa, granel, etc.).

- **El marco legislativo** nacional, internacional y comunitario en materia de transporte de mercancías según las leyes y los reglamentos vigentes, como la Ley de Ordenación de los Transportes Terrestres (LOTT) y el Reglamento de Ordenación de los Transportes Terrestres (ROTT), por ejemplo.

- **Las entidades y organismos** que regulan e intervienen en el sector del transporte, tanto públicos como privados, mediante asociaciones, fundaciones, etc. Por ejemplo, la Confederación Española de Transporte de Mercancías (CTEM), el Comité Nacional de Transporte por Carretera (CNTC) o la Organización Internacional de Transporte por Carretera (IRU), entre otras.

Logístico

- **Infraestructuras logísticas** existentes en las áreas geográficas relacionadas con la actividad de la empresa y sus clientes, como pueden ser los centros integrados de mercancías (CIM), las zonas de actividades logísticas (ZAL), las plataformas logísticas, los polígonos industriales, las terminales portuarias, los centros neurálgicos o nodos de transporte *(hubs),* y los puertos secos, entre otras.

- **Diferentes modalidades de transporte** de mercancías: por carretera, ferroviario, aéreo, marítimo, intermodal, etc.

Tipología de mercancías y normativas sectoriales

- **Transporte de mercancías peligrosas,** los tipos y clasificaciones de estas, las normativas que las regulan, los riesgos e incluso las acciones a aplicar en caso de accidente.

- **Transporte de productos perecederos,** mercancías con una caducidad determinada que a menudo necesitan de un control constante de su temperatura.

- **Límites de peso o dimensiones** de las cargas en el transporte, un factor importante para evitar riesgos vinculados con la seguridad y para hacer una estimación óptima de los costos y las tarifas a aplicar, teniendo en cuenta los factores de conversión de cada uno de los medios de transporte.

Conducción y gestión de vehículos de transporte

- **Tacógrafos e instrumentos de control.** En el caso del transporte de mercancías por carretera, es preciso registrar la velocidad del vehículo (km/h), la distancia recorrida y los tiempos de conducción, trabajo, pausas, y descanso del personal de conducción.

- **Costos fijos y variables de la explotación de vehículos.** Los costos pueden determinar la rentabilidad del departamento de tráfico. Por ello, es importante saber diferenciar los costos fijos de los variables, así como optimizarlos. A veces pasar de costos fijos a variables puede suponer un ahorro, pero para poder tomar decisiones acertadas en este ámbito se debe conocer con detalle cada uno de los tipos de costos, la flota de vehículos, la actividad desarrollada y el servicio que se puede ofrecer al cliente.

- **Sistemas de localización y telecomunicación en las flotas de transporte.** Se deben conocer las herramientas existentes en el mercado para la gestión y el control de la flota tanto a nivel económico como de ubicación de los envíos en tiempo real, y ofrecer un valor añadido al cliente para seguir la trazabilidad de su mercancía.

- **Impacto ambiental del transporte por carretera** para buscar las alternativas más sostenibles en cada ocasión, teniendo en cuenta que el sector de la distribución de mercancías es responsable del 25 % de las emisiones del CO_2. Esta cifra puede verse incrementada a corto plazo a causa del aumento de las operaciones de comercio electrónico con entregas inmediatas.

- **Criterios de selección de vehículos.** El conocimiento del peso, el volumen, el tipo de mercancía, su origen y destino, la compatibilidad entre las mercancías, su ruta, etc., es necesario para seleccionar correctamente el vehículo y optimizar así su capacidad de carga y los costos del envío.

- **Reglamentación técnica de los vehículos.** Telemáticamente se puede acceder a aplicaciones que informan de las fechas de revisión de los vehículos de una flota. Se deben interpretar correctamente estas aplicaciones para planificar las flotas y conocer qué vehículos están o no disponibles en unas fechas determinadas.

- **Seguros obligatorios de los vehículos.** Hay que tener en cuenta el seguro propio del vehículo con cobertura a daños propios y a terceros en caso de accidente, así como conocer la información a aportar a la compañía de seguros para poder gestionar los envíos sin riesgo en función del tipo de mercancía, ya sea por su fragilidad, por su elevado valor, por pérdida de la misma e incluso por los posibles daños que pudiera causar al resto de mercancías que comparten una misma ruta.

- **Partes de accidentes, atestados o averías.** Hay que saber cómo actuar frente a situaciones imprevistas, por ejemplo, la sustitución de un vehículo averiado en caso de accidente.

Procesos documentales

- **Documentos de gestión de la operativa de tráfico.** El responsable de tráfico debe conocer todo el proceso documental de una operación de transporte, desde el pedido del cliente hasta el último documento emitido (la factura comercial o bien un abono en caso de incidencia). También existen documentos vinculados al transporte de mercancías en territorio internacional como el documento único aduanero (DUA), el contrato de transporte *(Convention relative au contrat de transport international de Marchandise par Route* o CMR), etc.

Gestión de organizaciones

- **Implantación de sistemas de calidad.** No hay actividad empresarial sin clientes, por lo que se deben marcar unos objetivos medibles a través de unos indicadores para verificar si se está en la línea marcada por la dirección de la empresa. El análisis de la competencia también ofrece información de si la calidad versus el precio se encuentra dentro de los estándares del mercado y si se cumple con la satisfacción del cliente.
- **Protocolos de calidad con proveedores y clientes.** Es fundamental disponer de protocolos específicos para gestionar la actividad con las empresas proveedoras y los clientes. Los protocolos con las empresas proveedoras deberán ser respetados siguiendo unos acuerdos preestablecidos, y aquellas que los incumplan quedarán excluidas de futuros aprovisionamientos. En el caso de los clientes, los protocolos servirán como indicadores del cumplimiento del servicio prestado.

5   La gestión diaria del departamento de tráfico

Dentro de las responsabilidades del departamento de tráfico se incluyen una serie de funciones que deben realizarse a diario y para las cuales es necesario ejercer un control exhaustivo de todos los vehículos de la flota de transporte, así como tener conocimiento del resumen de cumplimiento de recogidas y entregas del día anterior. Estas funciones son:

Distribución de los vehículos

- **En función de las reservas y las previsiones:**
  - Según la capacidad de los vehículos, teniendo en cuenta la naturaleza de las mercancías, el peso y el volumen de cada uno de los envíos a gestionar.

- Según la disponibilidad del personal y la capacidad de adaptarse a las rutas previstas y las necesidades de las mercancías (tipo de mercancía, urgencias, horarios de entregas, distancias, recogida diaria o ruta periódica, etc.).

- **Planificación estratégica de la entrega,** sobre la base de la información relacionada con el cliente de destino, los horarios de entrega, las observaciones indicadas según disponibilidades de equipos y recursos para realizar la descarga, las normativas gubernamentales o locales, etc.

- **Planificación de rutas diarias y semanales,** con el apoyo de las aplicaciones tecnológicas adecuadas para optimizar los costos y los recursos utilizables, por ejemplo, el personal disponible para realizar cada una de las rutas en función de las características de estas y las mercancías. También es necesario conocer la situación en la que se encuentra la zona de destino, que las entregas no coincidan en días festivos, las condiciones climatológicas, las huelgas, etc. Hay que diferenciar entre las rutas fijas y las dinámicas (dependiendo de la demanda y las necesidades de los clientes). Las rutas fijas son aquellas que tienen unos días concretos de salida, independientemente del volumen de mercancía o número de envíos a distribuir. Las rutas dinámicas son las que se adaptan a las necesidades de los clientes y no tienen un trayecto preestablecido.

- **Anotación de las reservas.** Esta información incluye cualquier observación referente a la mercancía, la documentación, etc., y debe reflejarse por escrito. Las reservas se indicarán cuando se detecte que la mercancía o su embalaje se encuentran en «dudosas» condiciones, o bien cuando no coincida el número de palés entregados por la empresa cargadora con los que se ha realizado el contrato del servicio, o bien cuando surja alguna disconformidad con el cumplimiento del contrato de transporte. En estos casos, ante cualquier incidente o queja por parte del cliente a la recepción de la mercancía, si existiera una «reserva» la empresa transportista quedaría exonerada mostrando una imagen (fotografía realizada con el mismo teléfono del personal conductor) más la información escrita en el apartado de reservas. Si no se ha anotado ninguna observación en el documento acreditado para ello, sería la empresa transportista la que asumiría todas las consecuencias. Por lo tanto, es muy importante indicar cualquier anomalía que se detecte para evitar futuras responsabilidades (económicas o que repercutan en la calidad del servicio ofrecido). En el caso de transporte terrestre internacional de mercancías, las reservas se indicarán en la carta de porte CMR (contrato de transporte).

Control y aprobación de la salida de vehículos

- **Planificación de las salidas según las prioridades de entrega.** Previamente se deben revisar y verificar todos los envíos preparados para su salida así como el contenido de cada uno de los emitidos por cada cliente. Se ha de comprobar que la mercancía se haya cargado en el vehículo cumpliendo con la normativa de carga y estiba establecida en el Real Decreto 563/2017, por el que se regulan las inspecciones técnicas en carretera de vehículos comerciales que circulan en territorio español.

- **Confirmación de las existencias o la recepción de las mercancías a expedir.** Una vez recibido el pedido de un cliente, en el caso de que la empresa transportista ejerza también de operador logístico, se debe verificar que existen suficientes existencias en el almacén para cubrir las necesidades de aquel. Es habitual ofrecer al cliente como respuesta de aceptación del pedido un «conforme», expresando que se podrá realizar el envío con la totalidad de la cantidad demandada. En el caso de que no hubiera suficientes existencias para completar el envío, el sistema de gestión del almacén debería indicar un «incompleto o pendiente de servir», por lo que se tendría que informar de inmediato al cliente.

- **Verificación de todos los envíos o salidas según reservas.** Se debe verificar que no ha quedado pendiente de salir ninguna mercancía al final del día o del turno. En el caso de que alguna mercancía no haya podido ser expedida, hay que analizar inmediatamente la causa y confirmar que el cliente está debidamente informado. Si se tratara de una negligencia de la empresa transportista y el cliente necesitara la mercancía de forma inminente, esta debería ponerse a disposición del cliente a la mayor brevedad posible, sin ningún costo adicional, aunque se trate de un transporte urgente, especial o fuera de ruta.

- **Confirmación de pedidos y líneas de cada uno de los pedidos.** Desde el almacén se debe verificar que todas las líneas de cada uno de los pedidos han sido cargadas en el vehículo, utilizando las herramientas tecnológicas que permiten llevar a cabo este control de manera sencilla y eficaz.

- **Comprobación en la zona de preparación de pedidos.** Se ha de comprobar que toda la mercancía haya sido cargada para su expedición y que se ha hecho el seguimiento de cada uno de los pedidos.

- **Chequeo del embalaje.** Cada mercancía, en función de sus características (peligrosas, líquidos, sólidos, etc.) o de su peso, volumen o naturaleza, necesita uno u otro tipo de embalaje que garantice su seguridad. Desde el almacén hay que asegurarse de que el tipo de embalaje es el adecuado, que se encuentra en perfectas condiciones y que es utilizado de forma correcta. Los embalajes deben efectuarse considerando el tipo, la naturaleza y el valor de la carga. Si se trata de carga convencional, se utilizan piezas individuales como cajones, cajas, tambores, sacos, fardos, paquetes, etc. En el caso de tratarse de carga perecedera (hortalizas, verduras, flores, carnes, etc.), se deben utilizar embalajes cuyo material o diseño la conserven a una temperatura adecuada. Para las mercancías de carga frágil, los embalajes deben contener accesorios de protección y etiquetas para su correcta manipulación.

- **Coordinación de grupajes según zonas de entrega.** La agrupación de cargas es un sistema de optimización de recursos y de reducción de costos en el transporte. Los grupajes se pueden considerar una alternativa sostenible, tanto desde el punto de vista del costo para el cliente, ya que así pagará solo por el espacio o el volumen que ocupe su mercancía, como desde el punto de vista medioambiental, ya que se utiliza un mismo vehículo para transportar mercancías de distintos clientes con destino final a una misma área geográfica.

Asignación de vehículos (nacional e internacional)

- **Comprobación de los horarios del tacógrafo.** Existe una normativa que regula los horarios de trabajo y descanso del personal de conducción. Una de las funciones del personal técnico del departamento de tráfico es llevar un control del estado del tacógrafo y evitar que la carga de horas acumuladas de conducción o la falta de horas de descanso exigidas (diaria o semanalmente) impidan cumplir con los tiempos de entrega acordados.

- **Restricción de conducción según horarios o zonas.** Se deben revisar y actualizar de manera sistemática las zonas cuya circulación está afectada, aquellas por las que se tenga que circular para realizar un transporte e incluso las zonas intermedias. Asimismo, se deben conocer las normativas locales que impliquen algún tipo de restricción en la circulación, los distintivos por restricciones de emisiones de CO_2, los horarios permitidos de carga y descarga, etc.

- **Según la naturaleza de la mercancía.** Es necesario verificar que todas las mercancías son compatibles entre sí para poder compartir una misma ruta. El caso más obvio sería el de las mercancías peligrosas, que tendrán un tipo de restricción u otro en función de la clasificación a la que pertenezcan.

- **Permisos de circulación, pesajes, etc.** No todo el personal de conducción dispone de las licencias y autorizaciones para transportar todo tipo de mercancía. En el caso de las mercancías peligrosas, por ejemplo, se requiere de un carnet especial. Los requisitos son los siguientes:

  - Disponer del permiso de conducir clase B con una antigüedad mínima de un año.
  - Superar un curso de formación básico como conductor para el transporte de mercancías peligrosas en un centro autorizado por la Dirección General de Transportes (DGT).
  - Superar las pruebas de aptitud definidas por la Jefatura Provincial de Tráfico.
  - No tener suspendidos los permisos de conducción por resoluciones judiciales.
  - Mostrar las aptitudes psicofísicas requeridas para obtener los permisos de conducción C, C1, D, D1 y E.
  - Ser residente en España.

  El carnet especial para transportar mercancías peligrosas tendrá una vigencia de cinco años y para renovarlo se deberá:

  - Realizar un curso de reciclaje.
  - Superar un examen y unas pruebas.
  - Seguir cumpliendo con los requisitos mencionados anteriormente.

- **Control de descansos y permisos del personal de conducción.** El tacógrafo controla que el personal cumpla la normativa de conducción y descanso establecidas en el Reglamento (UE) 2020/1054:

  - Control de horarios (jornadas laborales de ocho, nueve o máximo diez horas).
  - Horas de conducción acumuladas en tres semanas.
  - Horas disponibles.

- **Control de la asistencia del personal.** Es necesario conocer las horas de trabajo del personal y analizar los resultados según los objetivos de productividad establecidos por la dirección de la empresa. Esto implica controlar:

  - Los horarios de toda la plantilla, tanto de administración y servicios como de conducción.
  - El absentismo, analizando la causa del mismo.
  - Las horas extras del personal de administración y servicio, en caso de que existan.

  En el sector del transporte frecuentemente existe un volumen de carga de trabajo que obliga a hacer horas extras para poder cumplir los objetivos diarios. Si ocurre esto, se debe replantear la situación, puesto que la carga de trabajo por persona se basa en 40-45 horas semanales. En el caso de que esto se haya convertido en una dinámica habitual, se deberían buscar las razones, que podrían ser:

  - Exceso de carga de trabajo por persona, lo que obligaría a redimensionar el equipo.
  - Demasiadas incidencias que no permiten realizar una actividad diaria en condiciones óptimas (acumulación de tareas al final del día).

- Falta de eficiencia del personal.
- Falta de motivación por el trabajo.
- Falta de recursos técnicos.
- Comunicación deficiente entre los miembros del equipo de trabajo.

- **Plan de rotación de los vehículos.** Se debe elaborar un plan de rotación de los vehículos para evitar que el personal de conducción se acomode por defecto a una zona predeterminada.

- **Búsqueda de nuevas rutas y análisis de las existentes.** El departamento de tráfico debe estar al corriente de la situación del mercado para detectar nuevas opciones. Es importante, recopilar información interna y externa para obtener una visión estratégica y detectar oportunidades de mejora.

- **Presentación de informes de las actividades.** El departamento de tráfico debe informar periódicamente a la dirección de la empresa sobre su actividad, realizar estudios y documentarlos mediante indicadores clave de rendimiento (KPI, siglas de *key performance indicator)* así como de histogramas.

- **Control del margen de cada una de las rutas.** Se debe velar por el margen operacional. Para ello, se han de analizar los costos de transporte y detectar las desviaciones que se puedan dar según los costos determinados para cada ruta.

- **Aproximación de los tiempos de los viajes.** Algunas variables pueden hacer una ruta más ágil que otra, como el hecho de conocer las infraestructuras, el tipo de carreteras, las zonas urbanas donde puede haber restricciones horarias para acceder a algunas áreas, etc. Se han de planificar las salidas con tiempo suficiente para cumplir con el cliente, pues a menudo las exigencias de este son incompatibles con una determinada ruta. Se deben controlar las horas de viaje según la disponibilidad que indica el tacógrafo, considerando los tiempos previstos de conducción y de descanso, para cumplir con los horarios previstos.

Test de autoevaluación

Afianza tus conocimientos sobre la gestión de tráfico de mercancías.
Accede a **www.margebooks.com** y supera los test de autoevaluación.

Capítulo 2
Planificación de cargas y rutas.
Gestión de las expediciones y las entregas

Para cumplir el objetivo de que una mercancía llegue a su destino final es necesario seguir un procedimiento que se inicia con la definición de las características que ha de reunir la expedición y la planificación del proceso de transporte.

Ambos aspectos vendrán determinados por la naturaleza de las mercancías y las condiciones de entrega acordadas con el cliente final. Entre los factores que pueden intervenir en dichas condiciones de entrega se encuentran:

- Que el punto de entrega se encuentre en territorio nacional o en un país o región económica distinta del de origen.
- El plazo de entrega, que puede influir en tener la necesidad de utilizar uno u otro medio de transporte.
- Que la expedición tenga como destino un cliente interno o externo.
- Los costos previstos para el transporte.
- La seguridad sobre las mercancías y quién asume los riesgos en la operación.

La casuística es lo suficientemente amplia como para distinguir, cuando menos, dos áreas de gestión de expediciones: las que tienen lugar en territorio nacional y las relacionadas con transacciones internacionales.

1   Planificar las cargas y las rutas de transporte

La ruta de reparto es la trayectoria que recorre un vehículo con carga desde el punto de origen, pasando por todos los puntos de reparto, hasta que regresa vacío o con carga, ejerciendo la logística inversa, al punto de origen. Se necesita una adecuada gestión del transporte para optimizar los recursos de la empresa, lograr los objetivos marcados por ella y ofrecer la flexibilidad que permita adecuarse a los requerimientos de la clientela.

El objetivo de la planificación de cargas y rutas varía en función del tipo de servicio que deba realizarse. Por ejemplo, las empresas de distribución que realizan transporte de carga fraccionada, se orientan a cumplir con una gran cantidad de puntos de distribución capilar, mientras que el objetivo de las empresas que han de realizar una distribución de carga completa se enfoca en los costos, las tarifas que existan según el tipo de servicio (urgente, sin consolidar, etc.) y a cumplir los plazos de tiempo establecidos.

Se deben programar los repartos de manera que se optimice la utilización de los vehículos y queden cubiertas todas las zonas de reparto. Esto se lleva a cabo mediante la edición de una «ficha de ruta» para cada vehículo que indica al personal de conducción la ruta que debe seguir y la mercancía que se debe entregar en destino. La planificación se realiza de la siguiente manera:

- El total de la zona se divide en zonas parciales.
- A cada zona parcial se les asigna el vehículo o vehículos necesarios.
- A cada vehículo se le asigna una ruta de las zonas parciales.

Existen herramientas informáticas que permiten programar rutas y cargas de manera automatizada, aportan seguridad y rapidez, y realizan otras funciones, como la geolocalización de los vehículos, la gestión documental, apoyo a la gestión comercial, etc. Para que estas herramientas sean eficaces, se ha de mantener actualizada la base de datos de la clientela.

Las variables que se deben tener en cuenta en el diseño de las rutas son las siguientes:

- Tiempo dedicado al reparto.
- Tiempo de transporte parcial entre los puntos.
- Tiempo dedicado a la descarga de las mercancías.
- Número de puntos de reparto.
- Frecuencia del reparto (consumo/existencias*)*.
- Situación de los centros de distribución.
- Situación de los puntos de reparto.
- Volumen de mercancías a repartir.

En conclusión, el objetivo de la planificación de cargas y rutas es ofrecer el mayor nivel de cumplimiento de servicio con el menor costo posible.

2   Beneficios de la planificación de cargas y rutas

Toda empresa que realice operaciones logísticas debe considerar la planificación de rutas como un elemento indispensable en su estrategia y como uno de los principales indicadores de calidad. Es muy importante estudiar o calcular la ruta, optimizando la capacidad máxima del vehículo, tanto en peso como en volumen, e intentando realizar los mínimos kilómetros en el menor tiempo posible permitido.

Las principales ventajas que se obtienen al realizar una planificación de cargas y rutas son:

- **Aumento de la productividad.** Al planificar una ruta se hace una inversión inicial en tiempo y dinero que facilita el trabajo, lo que posteriormente redundará en una mayor productividad que compensará los recursos invertidos. La planificación y el estudio de las rutas más convenientes reduce los costos de transporte y minimizan las posibles incidencias, incrementando así la productividad. Aumentar los destinos de entrega dentro de una misma ruta, optimizar el espacio de carga del vehículo y conocer las necesidades de cada uno de los clientes o puntos de entrega, como la hora de recepción de la mercancía o el tipo de producto a transportar, contribuyen a incrementar la productividad de la empresa.

- **Reducción de los costos de transporte.** Uno de los objetivos de la planificación de cargas y rutas es la reducción de los costos, que deben ser analizados previamente para que su disminución no implique un empeoramiento de la calidad de servicio. El consumo de combustible se controla conociendo cuál es la opción más viable, económica y efectiva. La combinación de las cargas para evitar, por ejemplo, un exceso de peso, es esencial para obtener una ruta eficiente y económica. La planificación minimiza la inexactitud del destino o una incidencia de última hora en un cambio de destino, que pueden generar grandes pérdidas a la empresa y que repercuten en sus clientes. Se genera así un efecto dominó, pues cuando el transporte tiene un costo adicional el cliente deberá pagar más para compensarlo. Las rutas rápidas, como autopistas y autovías, o con buenas infraestructuras, favorecen la reducción de los costos de mantenimiento de la flota, puesto que se necesitan menos revisiones y se produce un menor desgaste del vehículo en general.

- **Optimizar las rutas y las cargas.** Reducir los tiempos y el consumo de combustible, y aprovechar al máximo la capacidad del vehículo, sin que ello perjudique su estado, beneficia a todas las partes.

- **Mejora del servicio al cliente.** Conseguir la satisfacción del cliente es fundamental para el éxito de la empresa por lo que se han de eliminar las acciones que no aportan valor añadido al servicio ni a la ejecución de las rutas. La puntualidad y la eficiencia son claves para mantener la satisfacción del cliente.

Esforzarse por disponer de una flota y un personal preparados, y ofrecer una respuesta rápida y unas entregas eficientes no solo aumentan la productividad sino que ofrecen sensación de seguridad, lo que contribuye en mayor medida a fidelizar a la clientela. La planificación de una ruta aporta una flexibilidad que permite hacer frente a posibles cambios de última hora o a los horarios ajustados, manteniendo la calidad del servicio.

3 Tipos de rutas

Los principales tipos de ruta son la fija y la dinámica. No obstante, debido a las tendencias en la distribución de mercancías, se deben incluir los diferentes tipos de rutas vinculadas con el comercio electrónico y la distribución urbana de mercancías (última milla), así como las rutas de corta y de larga distancia.

3.1 Rutas fijas

Son las realizadas con una planificación previa que no se modifica. Se caracterizan porque:

- Los puntos de entrega y recogida son fijos.
- Existe un volumen de carga constante por parte de los clientes, cuando se trata de empresas transportistas, o hacia los clientes, cuando se trata de empresas fabricantes o distribuidoras.
- Se dispone de un volumen de flota y capacidad de personal de conducción estable.

Se trata de rutas preestablecidas, sin cambios significativos en su recorrido, lo que ofrece las siguientes ventajas:

- Al ser una ruta preestablecida, los vehículos siguen (excepto por fuerza mayor) una ruta regular, marcada por unos horarios y unos días predeterminados.
- Se ofrece al cliente una ruta determinada para que él pueda hacer sus previsiones de entrega o de recepción de la mercancía (tanto en hora como en día).
- Supone una menor carga de trabajo administrativo, ya que, al ser estándar, minimiza los cálculos de optimización a diario.
- Gran parte de los costos son fijos, lo que facilita el conocimiento de la rentabilidad de la ruta.

Las desventajas de las rutas fijas son:

- Falta de flexibilidad ante la demanda de un cliente.
- En ocasiones el vehículo debe cumplir la ruta preestablecida, aunque no haya suficiente carga.
- En caso de que la carga sea superior a la capacidad del vehículo, se debe demorar alguna entrega prevista o bien poner a disposición un vehículo adicional, lo que supone un costo extra.
- Los días festivos en fecha de salida o de llegada comportan una alteración de las fechas establecidas, una acumulación de mercancía para la próxima salida o bien una pérdida de tiempo por permanecer parado el vehículo en destino.

3.2 Rutas dinámicas

Se programan en función de las necesidades de la demanda, es decir, se hace una «distribución a la carta» en función del origen, el destino y el volumen de carga. Las principales características de las rutas dinámicas son:

- Distintos puntos de entrega y recogida de la mercancía.
- Oscilaciones entre los volúmenes de carga y de descarga en destino.

Las principales ventajas de las rutas dinámicas son:

- Se puede ofrecer al cliente un servicio personalizado, adaptado a sus necesidades (bajo petición previa)
- Su flexibilidad permite coordinar la recogida y la entrega en el domicilio del cliente.
- Se utiliza la flota en función de la demanda.
- Proporciona un conocimiento previo de la rentabilidad de la ruta (puesto que se suele ofertar la ruta en función de los costos).
- Se pueden considerar los factores externos al transporte antes de la salida.
- Tiene en cuenta las restricciones de horarios de entrega a los clientes.
- Ante la congestión de tráfico, las incidencias climatológicas, etc., permite adaptar la ruta más conveniente.
- Ofrece mayor flexibilidad del personal de conducción y asignación de vehículos.

Las principales desventajas de las rutas dinámicas son:

- Las dificultades que pueden surgir por el desconocimiento del origen y destino.
- La incertidumbre del retorno. En ocasiones, al no ser una plaza fija, es difícil encontrar carga de retorno y evitar kilómetros en vacío.
- La dependencia del cliente respecto a la ruta (rutas más rentables y accesibles, complejas, etc.).

3.3 Otros tipos de rutas

Algunos tipos de rutas dependen del diseño sobre el mapa, es decir, una vez realizado el análisis, el resultado obtenido ofrece diferentes conexiones entre los nodos:

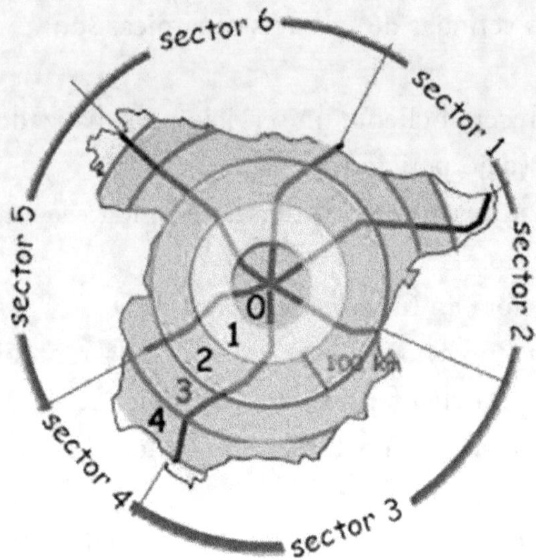

Figura 2.1. Ejemplo de ruta radial.

- **Tipo radial.** La distribución de un área concreta se centraliza en un punto determinado, desde el cual se hace la distribución a los distintos nodos donde se debe entregar la mercancía. En la figura 2.1 se aprecia que toda la mercancía procedente de todas las áreas de un territorio se centraliza en un punto geográfico. Se desconsolidan los vehículos y pasan a una tercera fase donde los mismos camiones retornan a sus puntos de origen cargados con mercancía procedente de cualquier otro punto del territorio.

- **Tipo circunferencia.** Son las rutas que unen a los clientes con distancias similares al almacén central formando arcos. Se utiliza normalmente cuando el vehículo debe regresar al almacén central al final de la distribución. Este tipo de ruta supone siempre un mayor número de kilómetros..

- **Tipo regional.** Son las que unen desde un punto a otro a los clientes concentrados en una zona determinada (véase la figura 2.2).

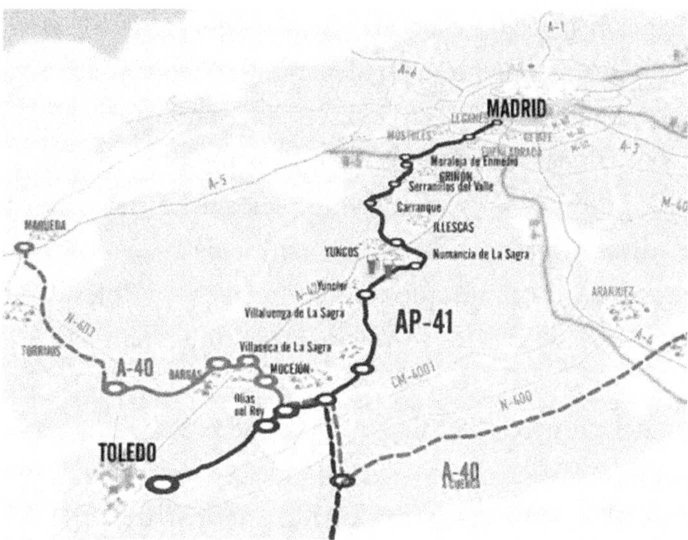

Figura 2.2. Ejemplo de ruta regional.

El tipo de ruta empleada dependerá de los siguientes factores:

- La técnica utilizada para hacer la planificación, manual o mediante un *software* específico. En el caso de tratarse de una planificación automatizada, esta permite introducir todas las variables que se consideren oportunas.
- Las características de la zona geográfica, por ejemplo, no se podrán realizar el mismo número de entregas en una zona de fácil acceso que se ubica en un polígono industrial que en una zona montañosa donde se haya de circular por puertos de montaña.
- La relación entre el volumen de las mercancías y la capacidad del vehículo.

4   Elementos a tener en cuenta para planificar una ruta

La programación de vehículos implica la entrega de una cantidad de envíos en la cual han de ser conocidos tanto la capacidad de los vehículos como el origen del almacén y los puntos de destino.

Puede haber restricciones en el funcionamiento de los vehículos (por ejemplo, zonas por la que no se puede circular o realizar descargas durante unos horarios determinados), en la distancia total de los viajes diarios y en el número de entregas que se pueden realizar durante una jornada normal de trabajo. Por todo ello, es importante conocer las restricciones legales y los recursos disponibles por parte de la empresa.

Para conocer las opciones que ofrecen todas las posibles rutas, se deben tener en cuenta las siguientes condiciones de funcionamiento:

- Límite del número total de entregas que se deben hacer a un cliente en un día.
- Límite de la distancia total recorrida por vehículo en un día.
- Los vehículos tienen una capacidad de carga fija.
- Conocer la demanda de productos de cada cliente.
- La cantidad de productos servidos a los clientes debe ser menor que la capacidad de carga de los vehículos.

Una solución satisfactoria proporcionará una programación de rutas que minimice la distancia total recorrida o el tiempo que los vehículos están en ruta.

Por otro lado, la carga de un vehículo se debe determinar teniendo en cuenta los siguientes condicionantes:

- La ubicación de cada punto de entrega. Se debe cargar la mercancía en el vehículo en función del orden de los puntos de descarga. La primera mercancía que se carga será la última que se descarga, y la última mercancía que se carga será la primera que se descarga (sistema LIFO, acrónimo de *last in-first out,* o "último en entrar, primero en salir").
- El peso de la mercancía de cada uno de los envíos, tratando de realizar los mínimos kilómetros posibles con un elevado peso, con el fin de evitar un excesivo consumo de combustible.

- Que la capacidad de los vehículos es limitada.
- Que el tiempo de conducción de cada conductor es limitado y su disponibilidad dependerá de lo que indique el tacógrafo.
- Que se conoce el tiempo que se necesita para realizar el trayecto desde el almacén de origen hasta el destino de cada pedido y viceversa, o la duración del trayecto hasta el próximo cliente.
- Que cada pedido contiene un volumen y una cantidad determinada de mercancía, por lo que se debe calcular el tiempo necesario para realizar la carga y la descarga, así como los equipos disponibles para hacer las manipulaciones de las descargas en las instalaciones del cliente (carretillas elevadoras, transpaletas, etc.).

Por su parte, para calcular la carga de un vehículo se han de realizar consecutivamente las siguientes operaciones:

- Revisar la disponibilidad del tacógrafo, el tiempo disponible del conductor.
- Determinar el tiempo de viaje desde el almacén hasta el primer punto de entrega.
- Añadir el tiempo de descarga en las instalaciones del punto de entrega.
- Verificar que no se supera la capacidad de carga del vehículo.
- Añadir el siguiente pedido, que será el que generará una secuencia geográfica según su ubicación, es decir, el nodo que esté más cercano.
- Calcular el tiempo de viaje desde el primer punto de entrega hasta el siguiente.
- Añadir el tiempo de descarga en las instalaciones del segundo punto de entrega.

El proceso se debe repetir hasta que se esté cerca de alcanzar alguna de las restricciones de kilómetros máximos realizados en un día, entregas máximas en un día, etc. Este procedimiento se repite hasta que se hayan asignado todos los pedidos o estén completamente cargados todos los vehículos.

Ejemplo de planificación de una ruta

La distribución de los productos desde un almacén ubicado en la ZAL (Zona de Actividades Logísticas) de Barcelona hasta Toulouse, en Occitania (Francia), se realiza con camión tráiler de 20 t (395 km). Las salidas semanales serán lunes, miércoles y viernes por la mañana, con regreso los martes, jueves y sábado respectivamente, o sea, tres viajes semanales de dos días de duración, cubriendo un total de 240 días laborables al año (agosto sin actividad).

Para efectuar el cálculo se disponen de los datos estadísticos de la tabla 2.1, donde las toneladas movidas al año son 6.073. Las estadísticas de ventas ofrecen los siguientes índices multiplicativos de estacionalidad. La primera fila es el mes del año y la segunda el índice:

1,00	2,00	3,00	4,00	5,00	6,00	7,00	8,00	9,00	10,00	11,00	12,00
0,60	0,70	0,80	0,80	1,00	1,30	1,50	0,00	0,90	1,10	1,50	1,80

6073 t/mes				1º sem	2º sem	3º sem	4º sem	
				1,20	0,80	0,80	1,20	4,00
	Índice	%	t/mes	30,00	20,00	20,00	30,00	100,00
1	0,60	5,00	**303,65**	91	61	61	91	
2	0,70	5,83	**354,26**	106	71	71	106	
3	0,80	6,67	**404,87**	121	81	81	121	
4	0,80	6,67	**404,87**	121	81	81	121	
5	1,00	8,33	**506,08**	152	101	101	152	
6	1,30	10,83	**657,91**	197	132	132	197	
7	1,50	12,50	**759,13**	228	152	152	228	
8	0,00	0,00	**0,00**	0	0	0	0	
9	0,90	7,50	**455,48**	137	91	91	137	
10	1,10	9,17	**556,69**	167	111	111	167	
11	1,50	12,50	**759,13**	228	152	152	228	
12	1,80	15,00	**910,95**	273	182	182	273	
	12,00	100,00	**6073,00**	1821,90	1214,60	1214,60	1821,90	

Tabla 2.1.

Para calcular los camiones que se necesitan, se dividen las toneladas transportadas cada semana de cada mes por la capacidad que puede cargar cada camión en cada viaje. De esta manera, como son tres viajes a la semana por 20 t cada uno, se dividen las toneladas semanales entre 60 y se obtiene el número de camiones que se necesitan (véanse la tabla 2.2 y las figuras 2.3 y 2.4).

Mes	1º sem	nº vehíc. 1º	2º sem	nº vehíc. 2º	3º sem	nº vehíc. 3º	4º sem	nº vehíc. 4º
1	91,10	1,52	60,73	1,01	60,73	1,01	91,10	1,52
2	106,28	1,77	70,85	1,18	70,85	1,18	106,28	1,77
3	121,46	2,02	80,97	1,35	80,97	1,35	121,46	2,02
4	121,46	2,02	80,97	1,35	80,97	1,35	121,46	2,02
5	151,83	2,53	101,22	1,69	101,22	1,69	151,83	2,53
6	197,37	3,29	131,58	2,19	131,58	2,19	197,37	3,29
7	227,74	3,80	151,83	2,53	151,83	2,53	227,74	3,80
8	0,00	0,00	0,00	0,00	0,00	0,00	0,00	0,00
9	136,64	2,28	91,10	1,52	91,10	1,52	136,64	2,28
10	167,01	2,78	111,34	1,86	111,34	1,86	167,01	2,78
11	227,74	3,80	151,83	2,53	151,83	2,53	227,74	3,80
12	273,29	4,55	182,19	3,04	182,19	3,04	273,29	4,55
		30,37		20,24		20,24		30,37
		2,76		1,84		1,84		2,76

Tabla 2.2.

Ejemplo de planificación de una ruta *(cont.)*

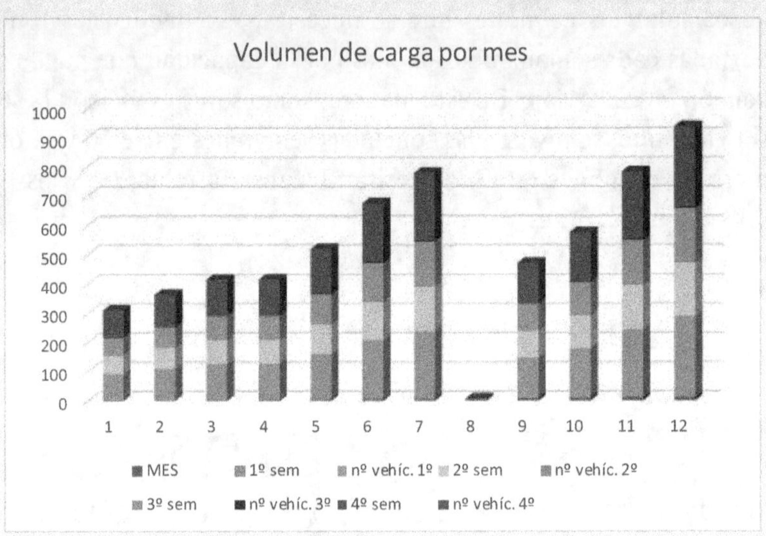

Figura 2.3.

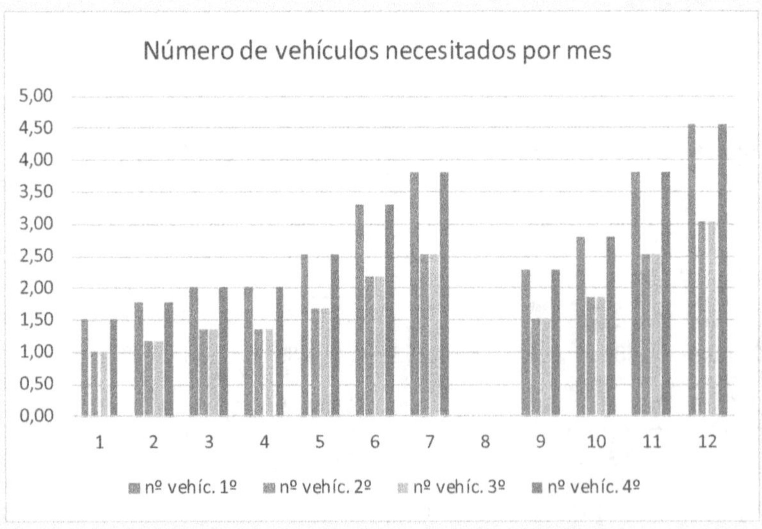

Figura 2.4.

Con esta información se aprecia:

- El promedio de vehículos que se necesitan para el primer y el segundo trimestre del año es de 2,76 por semana, mientras que para los dos últimos del año, el promedio es de 1,84 vehículos por semana (considerando once meses laborables).

- En ocasiones, por ejemplo, la primera semana de los meses mes de junio y septiembre, se necesitaría, para cumplir con todos los pedidos de los clientes, un último camión con poca carga, lo cual no resultaría rentable.

- Se debe tener en cuenta que en el mes de agosto, sin actividad, se deben afrontar igualmente los costos fijos y salarios.

- Se debe optimizar la totalidad de la capacidad de vehículos en cada uno de los viajes, así como el salario del personal de conducción. Por esta misma razón, se ha de hacer un análisis de la cantidad de flota que será propia y la que será subcontratada, y los riesgos y ventajas que ello conlleva.

5 Tipos de flota

Existen dos principales tipos de flota que cada empresa escogerá en función de sus necesidades y sus recursos: la flota propia y la subcontratada, en la modalidad también conocida externalizada u *outsourcing*.

5.1 Flota propia

Existen varias modalidades de hacerse con una flota propia, de manera que cada empresa puede escoger la opción de «propiedad» que le resulte más eficiente: la compra total del vehículo, el *renting* y el *leasing*. En la práctica, en el transporte de mercancías por carretera, el 95 % de los vehículos se compran mediante algún sistema de financiación. El método tradicional de financiación bancaria es menos utilizado desde la aparición del *leasing* y el *renting*, unas fórmulas cada vez más aceptadas en el mercado.

- **El *leasing***

  Es la forma de comprar predominante entre las pequeñas y medianas empresas. El *leasing* se contrata a plazos, suele abarcar una media de cinco a siete años y el valor residual acostumbra a ser bajo, por lo que posteriormente resulta más asequible adquirir el vehículo. Se puede deducir todo su importe en el impuesto de sociedades. sus cuotas pueden deducirse ante Hacienda ya que este gasto se considera propio de su actividad profesional. Las principales ventajas de comprar un camión por *leasing* son:

  - Se financia el precio completo del vehículo, al ir la factura a nombre de la empresa o entidad, y no se adelanta el IVA.
  - El valor del vehículo completo se puede deducir como gasto tributario, no así el valor residual.
  - El valor residual del vehículo suele estar cerca del valor de mer-

cado por lo que al final del contrato la empresa puede decidir quedarse con el vehículo, entregarlo o comprar un camión más nuevo o moderno.

Las principales desventajas de comprar camión por *leasing* son:

- Se ha de pagar una comisión en caso de cancelar la financiación antes de tiempo.
- La propiedad del camión se hace efectiva al finalizar el contrato de leasing.
- Todos los costos generados por el vehículo los debe asumir la empresa transportista (seguros, mantenimiento, reparaciones, etc.).

- **El *renting***

 El periodo de duración del contrato suele ser de tres años, por lo que se puede disfrutar cada tres años de un vehículo nuevo adaptado a las nuevas tecnologías que ofrece el mercado. Las principales ventajas de comprar un camión por *renting* son:

 - Según el volumen de trabajo que tengan, en ciertas épocas van a poder contar con mayor o menor flota.
 - Se puede deducir todo su importe sobre el impuesto de sociedades.
 - Sus cuotas pueden deducirse ante Hacienda ya que este gasto se considera propio de su actividad profesional.
 - Todos los costos vinculados al vehículo están incluidos en este tipo de financiación (mantenimiento, asistencia en carretera, impuestos del vehículo, seguro, etc.).

Las principales desventajas de comprar un camión mediante el procedimiento de *renting* son:

- No se puede subarrendar el uso del vehículo de transporte.
- Los proveedores de mantenimiento y costos vinculados al vehículo son escogidos por la empresa de *renting*.
- Existe una limitación de kilómetros acordados en el precio de la cuota, superados los cuales esta se incrementa, por lo que se deben conocer con exactitud los kilómetros que realizará el vehículo a lo largo de un año.

5.2   Flota subcontratada

La flota subcontratada permite disponer de los vehículos y el personal de conducción para cubrir los picos de la demanda de la clientela sin tener que asumir los costos fijos y las variables que conlleva tener una flota propia. Existe la flota contratada dedicada, que presta servicio en exclusividad, lo que proporciona mayor flexibilidad, menores costos de personal de conducción y menor responsabilidad hacia estos, no requiere inversión en la adquisición del vehículo y reduce los costos de mantenimiento, seguros, etc.

Frecuentemente, las empresas que transportan un gran volumen de mercancías combinan estos dos tipos de flota (la propia y la subcontratada, formada por profesionales independientes con los que trabajan de forma habitual mediante un contrato mercantil).

A la hora de repartir adecuadamente el tipo de ruta o carga entre los distintos tipos de flota, se han de tener en cuenta determinados factores.

- **La ruta.** Se debe repartir de forma equitativa la dificultad de las rutas. Hay que tener en cuenta que las empresas que trabajan con empresas subcontratadas deben «mantener la equidad» con sus proveedores y no generar diferencias entre los profesionales de conducción para así evitar problemas comparativos que puedan perjudicar la satisfacción del personal, lo que acabaría afectando la calidad del servicio ofrecido.

- **El peso de la mercancía.** En este caso, a mayor peso, mayor consumo de combustible, desgaste del vehículo, etc.
- **Las dificultad de cargas y descargas en los puntos de entrega.** Difícil acceso a la planta de carga o descarga del cliente, escasos recursos para realizar las manipulaciones de forma óptima, falta de cumplimiento de los horarios por parte del cliente, etc.
- **El conocimiento del idioma del personal de conducción** para facilitar la comunicación en destino u origen.
- **Las exigencias del cliente.** En el caso de que un cliente exija un vehículo determinado, se debe intentar satisfacerlo.
- **El margen de beneficio de las rutas.** Estas deben quedar compensadas, o al menos evitar que rutas deficitarias o con poco margen de beneficio sean asumidas por el mismo tipo de flota (propia o subcontratada).

Dentro del grupo de los profesionales subcontratados destaca la figura del transportista económicamente dependiente (también conocido como *trade,* en inglés), que trataremos más ampliamente en el capítulo 3, "Acuerdos y responsabilidades con empresas proveedoras".

6 La distribución

La distribución es la fase de la cadena de suministro en la que se gestiona la entrega de una mercancía en un punto determinado o requerido por el cliente, ajustándose a las características del producto y del mercado. En este proceso es necesario aplicar una estrategia que facilite el transporte y la manipulación de las mercancías, por lo que se debe realizar un análisis de distribución horizontal y conocer cuál es la cantidad, el volumen a distribuir y el mercado al cual se quiere acceder. Para conocer el proceso logístico de distribución hay que determinar los modelos, los canales, los recursos y los costos.

6.1   Modelos de distribución

Los modelos de distribución se sustentan en los recursos físicos (infraestructuras, maquinaria, vehículos, etc.) y las tecnologías de la información que utiliza la empresa emplea para entregar los productos al cliente, interno o externo. La empresa tiene la posibilidad de subcontratar dichos recursos o disponer de una estructura propia. Existen operadoras dedicadas a prestar servicios logísticos, lo que permite a las empresas productoras o comercializadoras especializarse en su actividad principal.

- **Modelo descentralizado.** Es el más usual entre los sectores industriales. Una vez finalizada la fase de fabricación, los productos son distribuidos a través de un almacén regulador a diferentes delegaciones, las cuales se encargan de suministrarlos a su respectiva zona. La principal ventaja de este modelo es la cercanía de los productos al punto de destino y la mayor desventaja es su alto costo en infraestructuras.
- **Modelo centralizado.** Gracias a las tecnologías de la información (internet y EDI, siglas de *electronic data interchange*, entre otras) y las infraestructuras (carreteras, autopistas, etc.), que permiten una comunicación directa con los clientes, las organizaciones planifican sus rutas de distribución y así reducen los elevados costos del modelo descentralizado.
- **Distribución mediante sistemas de reexpedición o *cross docking*.** Se sustituyen las delegaciones por plataformas de recepción y reexpedición (carga o descarga) de la mercancía. En ellas, la empresa fabricante entrega los productos y la comercializadora los expide en un máximo de veinticuatro horas. No hay almacenaje de las mercancías por lo que se constituye un circuito rápido desde la empresa proveedora hasta el punto de destino.
- **Plataforma de consolidación.** Muchas empresas no tienen suficiente volumen de cargas para asumir rutas individuales y por ello juntan sus mercancías con las de otras cargadoras consiguiendo así, con varias cargas de distintas empresas proveedoras, el volumen necesario para optimizar una ruta.

Para determinar el modelo de distribución más adecuado para cada organización, es necesario hacer un análisis que tenga en cuenta aspectos como:

- **La ubicación geográfica:** la distancia que hay entre el punto de origen hasta el destino.
- **La zona que se quiere suministrar:** el número de almacenes que se necesitan para cubrir el área de productos.
- **Las características técnicas del producto a transportar:** los requisitos necesarios o recomendaciones especiales para la manipulación, el transporte, la estiba y el almacenamiento de los productos.
- **El nivel de servicio:** la urgencia de los envíos (servicio *express* o servicio regular).
- **Los medios de transporte requeridos para entregar los productos:** en función del tipo de mercancía, peso, volumen, distancia, etc. (por ejemplo, un vehículo con temperatura controlada, un volquete, una cuba, etc.).
- **Las etiquetas especiales:** que identifican la naturaleza de la mercancía cuando esta requiere tratos especiales.

Aunque todos estos aspectos influyen a la hora de decidir el modelo de distribución, el factor más importante en el resultado de la actividad de transporte es el costo de distribución. Hay que tener en cuenta que se deben contemplar los costos de almacenamiento, transporte, manipulación, mantenimiento del vehículo, gastos de personal e, incluso, el costo del retorno del vehículo vacío, si fuera el caso.

6.2 Canales de distribución

Los canales de distribución son las vías que utiliza una empresa para hacer llegar su producto a la empresa cliente o persona consumidora final. Cada canal está formado por una o varias empresas intermediarias que realizan el transporte de las mercancías.

La elección del canal es importante para optimizar los costos sin reducir la calidad de servicio. Se deben tener en cuenta variables como: naturaleza del producto, costo de la distribución, costo del producto versus costo del transporte y fiabilidad de la empresa intermediaria en caso de haberla. Los canales de distribución pueden utilizar tanto los medios tradicionales como los digitales (internet).

Los canales de distribución pueden variar dependiendo del sector al que pertenece la empresa productora o vendedora. Los más frecuentes son:

- **Canal propio o directo:** la empresa productora o vendedora se hace cargo de la distribución de sus productos, es decir, es la responsable de todo el flujo logístico desde el almacenaje de los productos y el transporte en el que viajan hasta la entrega al destino final (empresa cliente o persona consumidora).
- **Canal externo o ajeno:** la distribución se realiza mediante una empresa subcontratada. En este caso, las intermediarias y la cantidad de ellas que participen pueden influir en el costo final del producto

Dependiendo del número de participantes que intervienen, los canales de distribución se clasifican en:

- **Corto:** el producto va de la empresa productora al punto de venta, la minorista. Por ejemplo, productos de consumo (alimentación en general como panificadoras, carnes, etc.).
- **Largo:** el producto sale de la empresa productora y llega a los almacenes de una mayorista (intermediaria) que los distribuye a la minorista o cliente final. Por ejemplo, equipos informáticos, productos industriales, textil multimarca, etc.
- **Doble:** la empresa productora concede a un agente exclusivo la comercialización de productos y servicios. Por ejemplo, las franquicias, las agencias de viaje, etc.

CANAL			RECORRIDO			
Propio		Productora	→			
Externo	Corto	Productora	→		Minorista	Cliente final o persona consumidora
	Largo	Productora	→	Mayorista	Minorista	
	Doble	productora	Agente exclusivo	Mayorista	Minorista	

Tabla 2.3.

7   Condicionantes en la entrega de las mercancías

Cada año la Dirección General de Tráfico (DGT) establece medidas especiales de regulación de tráfico que son publicadas en el Boletín Oficial del Estado (BOE). Siempre incluyen restricciones que impiden realizar la actividad de transporte de mercancías de manera indiscriminada, por lo que se debe analizar su impacto y gestionarlas para que no afecten a la optimización de las rutas. Las principales restricciones se derivan de la mercancía o tipo de carga que se transporta y de las condiciones de entrega.

7.1   Restricciones derivadas de las condiciones de carga

- **Según el tipo de vehículo y su capacidad.** Por ejemplo, en enero de 2020 se publica una restricción de la circulación de vehículos de más de 7.500 kg que se dirijan desde el centro de España hacia el País Vasco y la frontera de Irún. Se establece un importante número de domingos y otros días del año en los que los camiones deberán permanecer retenidos a la altura de Burgos (a más de 250 km de la frontera francesa), entre las 16:00 y las 21:00 horas. Estas restricciones se basan en el volumen de circulación que discurre por esas vías en determinadas fechas y horarios.

- **Según el volumen de carga.** La circulación de mercancías especiales está limitada por unos requisitos y autorizaciones que garantizan la seguridad, incluida la de los demás usuarios de las vías. Para poder transportar estas mercancías especiales se necesita coordinar medios entre la agencia transportista, el personal de conducción y el personal responsable, así como las autoridades del transporte. Los vehículos de transporte especial deben circular acompañados de un «coche piloto» o guía que suele ir delante o detrás de la carga, según sea el tamaño de esta, a una distancia de seguridad que varía entre 40 o 50 m del vehículo principal. También se requiere participación de agentes de tráfico, siempre que el transporte especial tenga una autorización excepcional o no alcance una velocidad de 40 km/hora. Con todas estas medidas se trata de asegurar que la mercancía llegue a su destino en perfectas condiciones y evitar posibles incidentes. Lo mismo sucede con la disponibilidad de fechas para la circulación de estos vehículos, por lo que las autorizaciones tienen en cuenta el área de circulación, la congestión de las vías, los horarios para prevenir retenciones en horas punta, etc.

- **Según la naturaleza de la carga**
  - *Carga peligrosa:* productos explosivos, combustibles, oxidantes, venenosos, radioactivos o corrosivos que pueden causar accidentes y daños a personas, medio ambiente u otros medios de transporte. Por esa misma razón, la Dirección General de Tráfico publica la Red de Itinerarios para Mercancías Peligrosas (RIMP), donde se muestran las vías por las cuales se puede circular en función de la clasificación de la mercancía, horarios, etc.
  - *Carga sobredimensionada y de pesos especiales:* esta clase de carga suele ser voluminosa y pesada, está afectada por restricciones de transporte en función del tipo de vía a circular y genera sobrecostos en fletes.
  - *Animales vivos:* existen unos requisitos para poder transportar animales vivos:

- No se pueden transportar animales vivos en un trayecto superior a 50 km realizado por la persona física o jurídica propietaria (ganadera).
- Deben cumplir con los requisitos generales en materia de bienestar animal (no sufrimiento, duración del viaje, animales aptos, transporte e instalaciones apropiadas de carga y descarga, personal formado, espacio adecuado y alimentación y bebida suficientes).
- Tanto la empresa transportista como la propietaria de los animales deben estar autorizadas y cumplir con las condiciones higiénico-sanitarias y de protección animal. La autorización de la transportista y del medio de transporte se mostrará a requerimiento de las autoridades. En el caso de los animales de compañía, el vehículo no necesita estar autorizado y registrado.
- Se ha de disponer del documento de movimiento o tarjeta de movimiento equina (excepto para los animales de compañía).
- Se ha de contar con la guía sanitaria de los animales que están siendo transportados, es decir, el certificado sanitario de los animales emitido por un veterinario oficial. Este requisito no se aplica al transporte de animales domésticos.
- Se ha de tener el certificado (talón) de limpieza y desinfección del medio de transporte.

- **Según zona geográfica**

  Hay varios factores que influyen en las restricciones según el área por donde se ha de circular. Por ejemplo, en algunas zonas urbanas, debido a la afluencia de peatones, solo se permite circular durante unas horas determinadas, e incluso se delimitan unas franjas horarias para realizar la carga y descarga, pasadas las cuales se puede sancionar a la empresa transportista. Estas limitaciones son marcadas por el ayuntamiento de cada población. Algunas fechas se consideran no operativas para la circulación de vehículos de transporte. Asimismo, la circulación de determinadas mercancías puede estar restringida en determinados tramos de vía durante algunos días u horas. Otra limitación frecuente es la prohibición de circular vehículos de un determinado volumen por carreteras locales o interiores de población.

- **Según etiquetas**
Toda mercancía tiene que estar perfectamente etiquetada y marcada. Existen dos grupos de etiquetas:

  - **Etiquetas de identificación:** proporcionan información sobre el número de expedición, destino, número de bultos, peso, etc. Todos los bultos disponen de esta etiqueta.
  - **Etiquetas especiales:** identifican la naturaleza de mercancía y el tratamiento especial que requiere.

7.2   Restricciones derivadas de las condiciones de entrega

A menudo es el cliente el que marca el horario de recogida o entrega de la mercancía. El personal de conducción debe estar informado previamente de las condiciones de entrega en las instalaciones, el equipo necesario para realizar la carga y descarga, los horarios, la autorización por parte de las autoridades en el caso de que se requiera una paralización temporal de la vía, así como la necesidad de alquilar un vehículo (grúa) para realizar la carga o descarga.

7.3   Condiciones de entrega en el comercio internacional: las reglas Incoterms

En el comercio internacional, existe otro tipo de variables según las condiciones de entrega. Se trata de las reglas Incoterms, mediante las que se determina en qué sitio y en qué momento los riesgos y gastos de las mercancías van por cuenta de la parte exportadora y cuándo y en qué lugar se traspasan a la importadora. Estas cláusulas se utilizan principalmente a escala internacional y contienen las condiciones de entrega que ambas partes hayan suscrito en el documento de compraventa de las mercancías, aunque también pueden emplearse para fijar condiciones de entrega de ámbito nacional. Las reglas Incoterms regulan lo siguiente:

- En qué momento y lugar se produce la transferencia de riesgos sobre la mercancía del vendedor al comprador.
- El lugar de entrega de la mercancía.
- Quién contrata y paga los gastos de transporte y seguro.
- Qué documentación tiene que tramitar cada una de las partes.

Las reglas Incoterms utilizadas en el transporte multimodal, que incluye el transporte terrestre, aéreo y marítimo, son: EXW, FCA, CPT, CIP, DPU, DAP y DDP (véase la tabla 2.4).

Existen unos Incoterms que única y exclusivamente se utilizan en el transporte marítimo, estos son: FAS, FOB, CFR y CIF.

EXW	*Ex works*	Entrega en locales del vendedor
FCA	*Free carrier*	Entrega al transportista
CPT	*Cost paid to*	Costo (flete) pagado hasta
CIP	*Cost inssurance paid*	Costo (flete) y seguro pagado hasta
DAP	*Delivery at place*	Entrega en destino acordado
DPU	*Delivery at place unloaded*	Entrega en destino, descargada
DDP	*Delivery dutty paid*	Entrega e impuestos en destino, pagados

Tabla 2.4.

- **EXW:** La parte vendedora debe poner la mercancía a disposición de la compradora en sus propias instalaciones, junto con la documentación vinculada a la mercancía (factura comercial, *packing list* o lista de empaque), pero no tiene ninguna obligación de cargar la mercancía en el vehículo que venga a recogerla, ni tampoco la despachará para la exportación. Representa la mínima obligación para la parte vendedora.

- **FCA:** La parte vendedora debe entregar la mercancía a la empresa porteadora (la responsable de realizar el porte) o a otra persona designada por la compradora en las instalaciones de la vendedora o en otro lugar acordado. Se tiene que especificar con todo detalle el lugar de entrega acordado, ya que el riesgo se le transmite a la compradora en ese punto. La regla FCA exige que la vendedora despache la mercancía para la exportación (si se requiere), pero le exime de cualquier otra obligación y responsabilidad. Se debe utilizar FCA (nunca EXW) en el caso de que la vendedora tuviera que cargar la mercancía en el vehículo de recogida, para evitar riesgos y responsabilidades innecesarias.

- **CPT:** La parte vendedora entrega la mercancía a la empresa transportista o a otra persona designada por ella en un lugar acordado. Debe contratar y asumir los costos del transporte para llevar la mercancía hasta el lugar acordado. La regla CPT exige que la vendedora despache la mercancía para la exportación (si se requiere) y asuma el costo del transporte principal, así como el seguro del transporte principal, pero le exime de cualquier obligación de despachar la mercancía en la importación, los pagos de impuestos y las tasas o trámites aduaneros de importación.

- **CIP:** La parte vendedora deberá preparar la mercancía según se haya acordado en el contrato, deberá aportar la documentación según la propia norma, así como ayudar a la compradora en caso de que esta solicite algún documento que debe ser emitido en origen. Contratará el transporte principal y asumirá su costo, así como el seguro (siendo tomadora la parte vendedora y beneficiaria la compradora).

- **DAP:** La parte vendedora pone la mercancía a disposición de la compradora en el vehículo de entrega y preparada para la descarga en el lugar de destino acordado. Corre con todos los riesgos de llevar la mercancía hasta el lugar acordado, por lo que es recomendable especificar con todo detalle dicho punto de destino. Si se desea que la parte vendedora despache la mercancía para la importación o realice algún trámite aduanero de importación, se debería utilizar la regla DDP.

- **DPU:** La parte vendedora se hace cargo y se responsabiliza de la mercancía entregada y descargada en lugar de entrega acordado en destino. Para enfatizar que el lugar de destino podría ser cualquier lugar y no solamente una «terminal», la vendedora debería comprobar que se pueda descargar la mercancía en el punto donde está previsto hacerlo.

- **DDP:** La parte vendedora pone la mercancía a disposición de la compradora, ya despachada para la importación en el punto de destino, incluida la descarga. Corre con todos riesgos y responsabilidades desde el inicio de la expedición hasta la entrega en la dirección acordada. La regla DDP no es muy recomendable cuando la vendedora no tiene la seguridad de que las empresas proveedoras en destino puedan realizar sus gestiones eficazmente, o cuando no hay una compensación por asumir los impuestos en el país de destino. Si se quiere que la compradora asuma todos los riesgos en destino, es recomendable usar DAP (los impuestos, como el IVA y los aranceles, los asumirá la parte compradora. Existe la posibilidad de detallar DDP, excluidos tasas y aranceles.

Las reglas Incoterms que corresponden al transporte marítimo son: FAS, FOB, CFR y CIF (véase la tabla 2.5).

FAS	*Free alongside ship*	Pagado hasta el costado del buque en origen
FOB	*Free on board*	La mercancía se sitúa sobre el buque
CFR	*Cost and freight*	Pagado hasta la llegada en destino, sobre el buque. (no incluye seguro)
CIF	*Cost, inssurance and freight*	Pagado el flete hasta destino y el seguro

Tabla 2.5.

- **FAS:** La parte vendedora debe entregar la mercancía en el muelle de carga del puerto de origen al lado del buque donde se transportará la mercancía. Asume todos los gastos hasta la entrega, incluidos los trámites aduaneros de exportación. Por otra parte, la parte compradora se encarga de la carga mientras vaya a bordo del buque, además de su estiba, flete y demás gastos hasta que se entrega en destino, incluido el despacho de importación y el seguro. Es decir, asume todos los riesgos en el momento en que la mercancía se encuentra en el muelle de carga antes de subirla al buque.

- **FOB:** La parte vendedora asume todos los gastos y riesgos hasta que la mercancía se sube a bordo del buque, así como el despacho de exportación y otros gastos en origen. La parte compradora se encarga de los costos del flete, flete, el seguro, la descarga, los trámites de importación y la entrega en destino. Los riesgos se transmiten en el momento en que la mercancía está a bordo. No es aconsejable utilizar FOB cuando la mercancía viaja en contenedor, ya que la responsabilidad se transmite cuando la mercancía se carga a bordo del buque, es decir, cuando los productos tocan físicamente el suelo del buque, pero en el caso de los contenedores no se cargan en cuanto llegan a la terminal, por lo que si la mercancía sufre algún daño mientras está en el contenedor sería muy complicado establecer el momento en el que ocurrió.

REGLAS INCOTERMS 2020	EXW	FCA local vendedor	FCA otro lugar	FAS	FOB	CFR	CIF	CPT	CIP	DAP	DPU	DDP
Envase y embalaje	V	V	V	V	V	V	V	V	V	V	V	V
Otros costos de exportación: documentos, certificaciones...	V	V	V	V	V	V	V	V	V	V	V	V
Carga de la mercancía en el vehículo de transporte inicial	C	V	V	V	V	V	V	V	V	V	V	V
Despacho de exportación	C	V	V	V	V	V	V	V	V	V	V	V
Transporte inicial	C	C	V	V	V	V	V	V	V	V	V	V
Transporte hasta terminal	C	C	V	V	V	V	V	V	V	V	V	V
Costos en terminal de origen: THC, tasas y otros	C	C	C	V	V	V	V	V	V	V	V	V
Carga a bordo	C	C	C	C	V	V	V	V	V	V	V	V
Transporte principal	C	C	C	C	C	V	V	V	V	V	V	V
Seguro de transporte	(C)	(C)	(C)	(C)	(C)	(C)	(C)	(C)	(C)	(V)	(V)	(V)
Descarga en terminal	C	C	C	C	C	C	C	C	C	V	V	V
Costos en terminal de destino: THC, tasas y otros	C	C	C	C	C	C	C	C	C	V	V	V
Despacho de importación	C	C	C	C	C	C	C	C	C	C	C	V
Transporte de terminal a destino	C	C	C	C	C	C	C	C	C	V	V	V
Descarga de la mercancía del vehículo de transporte final	C	C	C	C	C	C	C	C	C	C	V	C

V ● Costo a cargo de la empresa vendedora.

C ○ Costo a cargo de la empresa compradora.

(C) ● / (V) ○ No es obligatoria la contratación del seguro como condición de una regla Incoterms, pero se indica la parte, vendedora o compradora, a la que le conviene plantearse su contratación por soportar mayoritariamente los riesgos del transporte. En general, es conveniencia de la compradora desde EXW a CPT, mientras que convendrá mayoritariamente a la vendedora desde DAP a DDP.

Tabla 2.6. Obligaciones asumidas por las empresas vendedora
y compradora según cada regla Incoterms.

- **CFR:** La parte vendedora se encarga de todos los costos hasta que la mercancía llega al puerto de destino, incluyendo el despacho de exportación, los gastos en origen, el flete y, normalmente, los gastos de descarga. La parte compradora corre con los trámites de importación y el transporte interior hasta el destino. Asume los riesgos desde que la mercancía está a bordo, por lo que la responsabilidad de contratar el seguro recae sobre su figura (aunque no es obligatorio).

- **CIF:** La parte vendedora se encarga de todos los costos hasta que la mercancía llega al puerto de destino, incluyendo el despacho de exportación, los gastos en origen, el flete, el seguro del transporte principal y los gastos de descarga. La parte compradora corre con los trámites de importación y el transporte interior hasta el destino. Asume los riesgos desde que la mercancía está a bordo, aunque como indica la propia regla Incoterm, se contrata una póliza de seguro.

8   El tacógrafo

El tacógrafo digital es un dispositivo inteligente cuyo objetivo es mejorar la seguridad de los vehículos pesados que circulan por tierra, es decir, aquellos cuya MMA (masa máxima autorizada) es superior a las 3,5 t, como los camiones o aquellos vehículos de transporte de pasajeros que superen las nueve plazas, como los autobuses y los autocares. El tacógrafo debe de ser capaz de almacenar al menos 365 días naturales de actividad. Una vez agotada su memoria, los nuevos datos generados se escribirán sobre los más antiguos. Las empresas son las responsables de almacenar los datos descargados de sus vehículos durante un mínimo de 365 días, teniendo la obligación de asegurar el mantenimiento del dispositivo y el almacenamiento de la información que aporta, considerándose dichos también supuestos cuando haya:

- **Cambio de vehículo:** deberá descargarse la información del tacógrafo digital antes de transferir el vehículo o antes de que este vuelva a la empresa arrendadora en el supuesto de que fuera alquilado.
- **Fallo del tacógrafo:** cuando se detecte un mal funcionamiento, pero aún puedan descargarse los datos.
- **Inspección:** cuando sea necesario para dar cumplimiento a los requerimientos de la Administración.
- **Plazo de tiempo:** al menos cada noventa días.

Por lo que se refiere a las normas que regulan los tiempos de conducción y descanso, el reglamento del tacógrafo es único, independientemente de la antigüedad del aparato de control (analógico o digital). El tacógrafo analógico, ya prácticamente en desuso, ha dejado paso al digital (véanse las figuras 2.5 y 2.6).

Las principales normas en vigor son dos reglamentos de la Comunidad Europea: CE 3820/1985 y CE 561/2006. El segundo es una actualización del primero por lo que, a día de hoy, posee una mayor relevancia.

En el futuro inmediato todos los vehículos industriales deberán llevar instalado un tacógrafo inteligente, con un enfoque hacia el transporte internacional, y cumplir los requisitos de homologación exigibles. De no

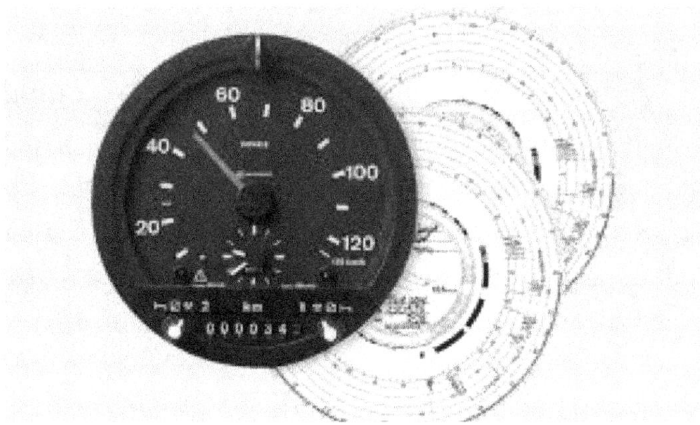

Figura 2.5. Modelo de tacógrafo analógico.

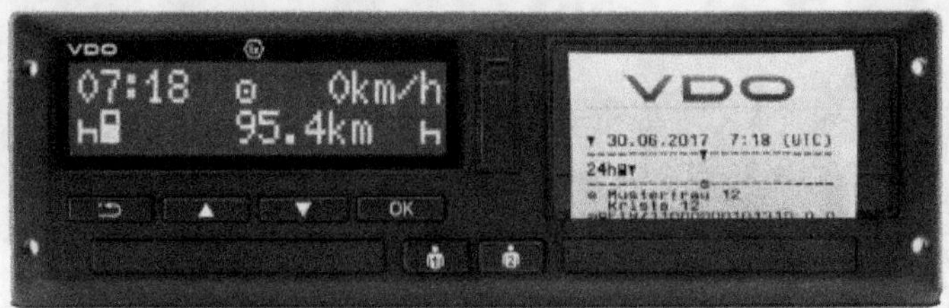

Figura 2.6. Modelo de tacógrafo digital.

ser así, podría suponer una sanción muy grave, de acuerdo con el baremo sancionador. Entre las innovaciones de los tacógrafos inteligentes figuran:

- Informar si el tacógrafo pertenece a un vehículo que transporta personas o mercancías
- Informar si se están realizando operaciones de carga y descarga de mercancías.
- Detectar automáticamente los cruces de fronteras, con el objetivo de saber si se están realizando operaciones de cabotaje en el transporte por carretera.
- Detectar la posición del vehículo. Esta certificación de la posición estará validada por el sistema OSNMA *(Open Service Navigation Message Authentication)*, enlazado al GNSS (*Global Navigation Satellite System* o sistema global de navegación por satélite) del que forma parte el sistema europeo Galileo.
- Permitir agregar nuevas funciones para proporcionar un mayor flujo de datos de entrada y salida.
- Ofrecer mayor seguridad en los sellos de los precintos, pudiendo ser detectados por todas las autoridades europeas en caso de manipulación.
- Se pueden instalar en vehículos dedicados al transporte (furgonetas), de 2,5 y 3,5 t como máximo, que realicen transporte internacional.

Entre las infracciones más comunes por el incumplimiento de la legislación sobre el tacógrafo están las relativas a las horas de conducción y descanso, la manipulación del tacógrafo y las carencias de tarjeta del conductor, que pueden implicar cuantiosas multas e incluso la inmovilización del vehículo y de la carga.

Según la Comisión Europea, La Dirección General de Movilidad y Transporte, se refiere al cansancio como un factor relevante en las colisiones donde están involucrados vehículos comerciales pesados. Por ello, mantener la seguridad de los profesionales de la conducción y su descanso son los principales objetivos de la normativa europea sobre el tacógrafo.

Los responsables de tráfico han de priorizar el descanso del personal de conducción ante cualquier otra opción. Deben llevar un estricto control de todos los vehículos utilizables, los permisos que tiene el personal de conducción y los horarios disponibles y consumidos semanalmente o en el transcurso de tres semanas por parte de cada conductor.

En el llamado «paquete de movilidad Europeo de 2020» se incluyen una serie de medidas actualizadas a la normativa actual del tacógrafo. Por ejemplo, flexibilizar los tiempos de conducción y descanso si se están realizando rutas internacionales, evitar la deslocalización de las empresas para evadir impuestos y lucrarse de ello, y la obligación de instalar tacógrafo en las furgonetas, entre otras.

8.1 Exenciones del tacógrafo

Según el Reglamento (CE) 561/2006, tienen que llevar tacógrafo los vehículos de mercancías, cuando la masa máxima autorizada (MMA) sea superior a 3,5 t, incluido cualquier remolque o semirremolque, y los vehículos de viajeros fabricados o adaptados de forma permanente para transportar a más de nueve personas, incluido el conductor y destinados a tal fin. Existen excepciones en la obligatoriedad del uso del tacógrafo, pero si alguno de los vehículos afectados por esas excepciones está obligado a llevar limitador de velocidad que toma la señal de velocidad del tacógrafo, ambos deben estar activados y calibrados y con sus revisiones periódicas correspondientes, aun cuando no se utilice en el transporte el control de tiempos (RD 640/2007, por el que se establecen excepciones a la obligatoriedad de las normas sobre tiempos de conducción y descanso y el uso del tacógrafo en el transporte por carretera, artículo 3).

Los vehículos que no están obligados a cumplir con los tiempos de descanso y conducción, ni a instalar el aparato de control o tacógrafo, aunque sobrepasen las 3,5 t de MMA, son:

- Los que realizan servicios regulares destinados a transporte de viajeros cuando el trayecto no supere los 50 km.
- Aquellos cuya velocidad máxima autorizada no supere los 40 km por hora.
- Los adquiridos o alquilados sin conductor por las fuerzas armadas, la protección civil, los cuerpos de bomberos y las fuerzas responsables del mantenimiento del orden público, cuando el transporte se realice como consecuencia de la función propia encomendada a estos cuerpos y bajo su responsabilidad.
- Los utilizados en casos de urgencia o destinados a operaciones de salvamento, incluidos los empleados para el transporte no comercial de ayuda humanitaria.
- Los especiales utilizados con fines médicos.
- Los especializados en la reparación de averías cuyo radio de acción sea de 100 km alrededor de su centro de explotación.
- Los que se sometan a pruebas en carretera con fines de mejora técnica, reparación o conservación y los nuevos o transformados que aún no se hayan puesto en circulación.
- Los vehículos o conjuntos de vehículos con una MMA no superior a 7,5 t utilizados para el transporte no comercial de mercancías.
- Los comerciales que se consideren históricos con arreglo a la legislación del estado miembro en el que circulan y que se utilicen para el transporte no comercial de viajeros o mercancías.

El resto de los vehículos deberán adecuarse a las normas establecidas sobre tiempos de conducción y descanso.

8.2 Tiempos de conducción y tiempos de descanso

Dentro de la jornada laboral del personal de conducción existen dos bloques de tiempo de trabajo: el trabajo efectivo y el tiempo de presencia. A menudo, el modo disponibilidad del tacógrafo es confuso (está en tierra de nadie). La disponibilidad no es conducción, pero tampoco descanso. Por eso, se pueden plantear dudas a la hora de elegir el modo en el tacógrafo.

- **El tiempo de trabajo efectivo:** es aquel en el que el personal de conducción está conduciendo o realizando actividades auxiliares vinculadas al vehículo o a la carga, por ejemplo:

  - La carga y la descarga.
  - La limpieza del vehículo y parte del mantenimiento.
  - Los periodos de espera de carga y descarga (si se desconoce previamente el tiempo a consumir).
  - Cualquier periodo de conducción de un transporte exento de tacógrafo.
  - El tiempo utilizado en el desplazamiento para recoger el vehículo a conducir.
  - Las tareas para garantizar la seguridad del vehículo o de la carga.

- **El tiempo de presencia:** implica la disponibilidad del personal de conducción sin realizar un trabajo efectivo. En estos periodos de «disponibilidad» no realiza ninguna actividad de conducción, ni está obligado a permanecer en la empresa, pero tiene que estar localizable y disponible. Algunos ejemplos concretos serían:

– Los servicios de guardia, las averías y las situaciones expectantes.

– Los tiempos de espera en fronteras.

– Los tiempos de retenciones largas o cortes de las vías por causas varias.

– En el caso de ser el acompañante de un vehículo que está siendo transportado por tren o por barco.

– Cuando se vaya dentro de un vehículo en ruta ejerciendo de copiloto.

La disponibilidad está recogida en el Reglamento (CE) 561/2006, manual básico de tiempos de conducción y descanso. Este, a su vez, usa la definición de la Directiva 2002/15/CE. Los tiempos de presencia no podrán superar en ningún caso las 20 horas semanales de promedio en un periodo mensual. Esto significa que se calcula la media entre varias semanas. Por ello, si en una semana se registran 30 horas de disponibilidad y a la siguiente 10, la media sigue siendo correcta. No es obligatorio tener periodos de disponibilidad todas las semanas. Esas 20 horas son solo el máximo establecido.

En los ejemplos se presentan algunas situaciones que pueden afectar al personal de conducción.

Para una correcta aplicación de los tiempos de conducción y descanso, se han de tener en cuenta las siguientes normas, así como las consecuencias de su incumplimiento.

- **Jornadas de conducción**
  - ***Conducción ininterrumpida:*** tras un periodo de conducción de 4 horas y 30 minutos, se deberá hacer una pausa ininterrumpida de 45 minutos como mínimo, a menos que se tome un periodo de descanso. Estos 45 minutos se pueden sustituir por dos pausas, una de 15 minutos como mínimo seguida de otra de al menos 30 minutos, ambas intercaladas en el periodo de conducción.
  - ***Conducción diaria:*** el tiempo máximo de conducción diario no puede exceder las 9 horas, salvo dos veces a la semana que puede llegar a las 10 horas.

- ***Conducción semanal:*** el tiempo de conducción semanal no puede superar las 56 horas (se considera una semana el periodo de tiempo comprendido entre las 00:00 h del lunes y las 24:00 h del domingo).
- ***Conducción bisemanal:*** el tiempo de conducción en dos semanas consecutivas no puede exceder de 90 horas.

NOTA: Los tiempos diario y semanal de conducción incluirán todas las horas de conducción en el territorio comunitario o de un país tercero.

Ejemplos de tiempos de conducción y descanso

Ejemplo 1: Acaba de comenzar el descanso diario y se contacta con el personal de conducción para realizar una carga de última hora (que no estaba prevista). En este caso no sería disponibilidad, ya que ya habría finalizado la jornada laboral (no se estaba en modo disponible, si no de descanso diario). La interrupción del descanso diario se considera falta.

Ejemplo 2: Cuando el transporte llega a una empresa para cargar, se informa al profesional de conducción que hay un tiempo de espera de 1 hora 45 minutos. Este caso sí sería disponibilidad, ya que no se está conduciendo, ni realizando otros trabajos. El profesional de conducción dispone de este tiempo para realizar cualquier actividad libremente, aunque estará pendiente de recibir instrucciones en cualquier momento.

Ejemplo 3: El personal de conducción se traslada en un vehículo propio (automóvil) a la base donde se encuentra el vehículo comercial que sí lleva tacógrafo. En este caso no será disponibilidad, ya que no está pendiente (expectante) de recibir instrucciones de manera inmediata y tampoco se encuentra en modo descanso. Conducir un vehículo fuera del ámbito del tacógrafo se considera «otros trabajos».

- **Hechos sancionables por mala gestión de los tiempos de conducción**
  La Ley de Ordenación de Trasportes Terrestres (LOTT) y su Reglamento establecen como hechos sancionables:

  - *Faltas muy graves* (sanciones de 3.301 a 4.600 €): cuando se superen en un 50 % los tiempos máximos de conducción o de conducción ininterrumpida. Cuando esta infracción sea detectada durante su comisión en carretera deberá ordenarse la inmediata inmovilización del vehículo hasta que se supriman los motivos determinantes de la infracción.

  - *Faltas graves* (sanciones de 1.501 a 2.000 €): cuando se superen en un 20 % los tiempos máximos de conducción o de conducción ininterrumpida, salvo que dicho exceso deba ser considerado infracción muy grave, de conformidad con lo previsto en el artículo 140.20 de la LOTT. Si este tipo de infracción se detectada mientras el vehículo está en ruta, se debe ordenar su inmediata inmovilización hasta que se resuelvan los motivos que provocan la infracción.

  - *Faltas leves* (sanciones de 301 a 400 €): cuando se exceden los tiempos máximos de conducción o de la conducción ininterrumpida, salvo que este exceso deba ser considerado infracción grave o muy grave. Si esta infracción se detecta mientras el vehículo está en ruta, se puede resolver la incidencia y continuar hasta destino final siempre que la distancia hasta el destino más próximo no supere los 30 km.

- **Jornadas de descanso**
  - *Descanso diario.* En las 24 horas siguientes al final de su periodo de descanso diario o semanal anterior, el personal de conducción deben tomarse un nuevo periodo de descanso diario que podrá ser normal o reducido:

- Periodo de descanso diario normal: cualquier periodo de descanso de al menos once horas. Se puede tomar en dos periodos, el primero de al menos tres horas ininterrumpidas y el segundo de nueve horas ininterrumpidas como mínimo. Durante este periodo, el personal conductor debe tener acceso a una cama fuera del habitáculo del vehículo.
- Periodo de descanso diario reducido: cualquier periodo de descanso de al menos nueve horas, pero inferior a once horas.

No se puede disfrutar más de tres periodos de descanso diario reducidos entre dos periodos de descanso semanales (es decir, se deben hacer alternativamente). Cuando la conducción la realiza un equipo de dos profesionales, estos deben tomarse un nuevo periodo de descanso diario de nueve horas como mínimo en el espacio de 30 horas desde el final de su periodo de descanso diario o semanal anterior. El periodo de descanso diario normal de la persona que acompañe un vehículo transportado por transbordador o tren podrá interrumpirse dos veces como máximo para llevar a cabo otras actividades que no superen en total una hora. Durante el periodo de descanso diario normal, el personal conductor deberá tener acceso a una cama o litera.

— ***Descanso semanal.*** El periodo de descanso semanal tiene que empezar antes de que hayan finalizado seis jornadas consecutivas de 24 horas desde el final del anterior periodo de descanso semanal. Este periodo de descanso semanal puede ser normal o reducido:

- Periodo de descanso semanal normal: cualquier periodo de descanso de al menos 45 horas.
- Periodo de descanso semanal reducido: cualquier periodo de descanso inferior a 45 horas que dure un mínimo de 24 horas consecutivas.

Resumen de las normas de conducción y descanso

• Conducción ininterrumpida

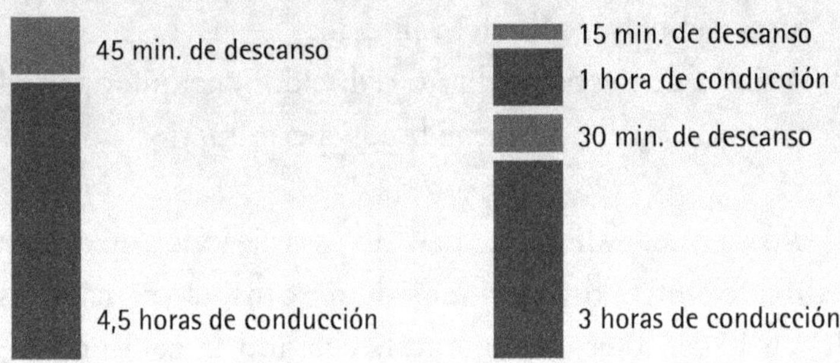

• Conducción diaria

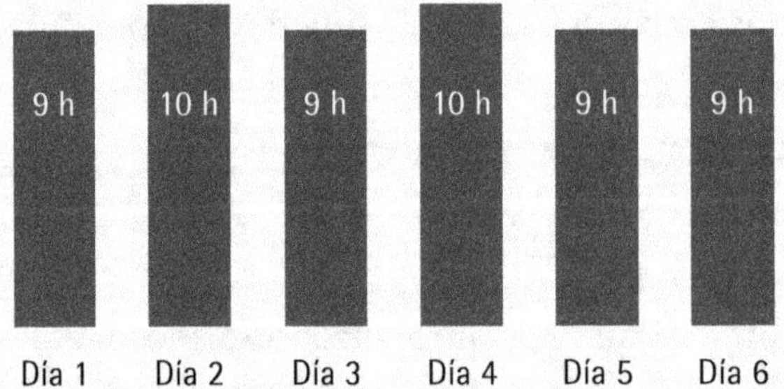

El tiempo máximo de conducción diaria no puede exceder de 9 horas, a excepción de dos días por semana, en que puede alcanzar las 10 horas diarias. Semanalmente no podrá exceder las 56 horas.

- **Descanso diario**

  - Descanso diario

  - Descanso diario fraccionado

  - Descanso diario (semana en curso)

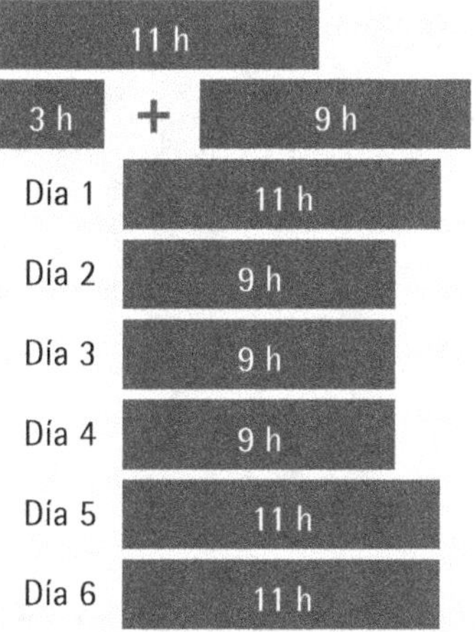

> **Descanso diario:** mínimo 11 horas consecutivas. El periodo de descanso fraccionado se toma en dos fracciones, la primera de 3 horas ininterrumpidas como mínimo y la segunda de al menos 9 horas ininterrumpidas.
>
> **Descanso diario reducido:** cualquier descanso mínimo de 9 horas sin llegar a realizar las 11 horas.

- **Conducción bisemanal**

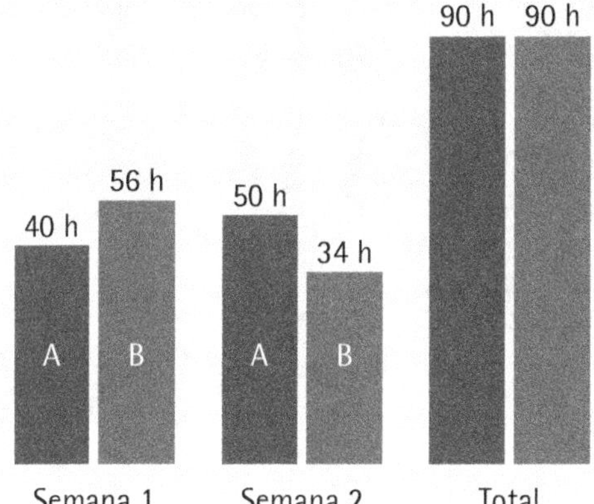

> Combinación posible de horas de conducción en dos semanas. Total máximo de horas conducidas en dos semanas = 90 horas.
>
> $\sum A = 40\,h + 50\,h = 90$ horas.
>
> $\sum B = 56\,h + 34\,h = 90$ horas.

Resumen de las normas de conducción y descanso *(cont.)*

- **Descanso semanal (45 horas de descanso semanal)**

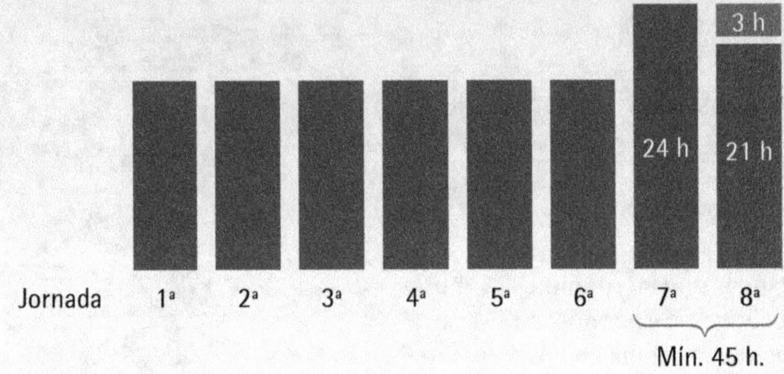

Descanso mínimo semanal de 45 horas, aunque está permitido (opcional) disponer de las últimas 3 horas de las dos jornadas consecutivas de descanso. Por lo tanto, la segunda jornada de descanso puede ser de 21 horas y empezar una nueva jornada de conducción computables para la semana en curso.

- **Descanso semanal reducido (mínimo de 24 horas)**

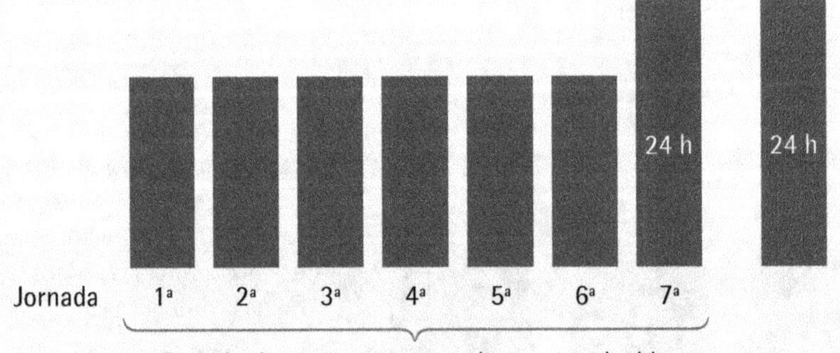

Periodo de descanso semanal reducido: cualquier periodo de descanso inferior a 45 horas que se puede reducir hasta un mínimo de 24 horas consecutivas.

- **Compensación de horas después de un descanso reducido**

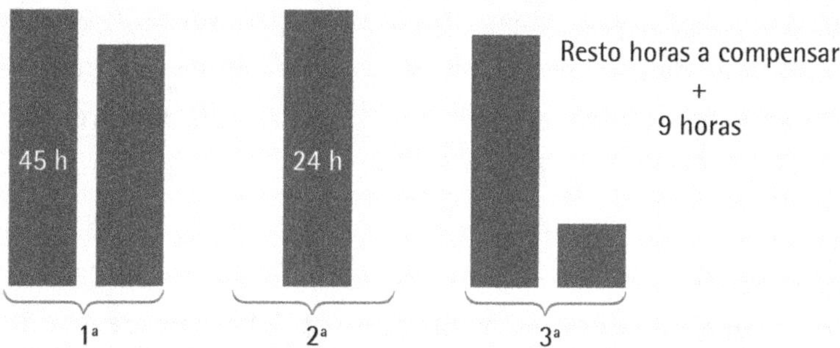

> **Periodo de descanso bisemanal:** implica que se debe realizar un periodo de descanso semanal normal de 45 horas y otro reducido de al menos 24 horas. Se debe compensar el descanso semanal reducido realizando un descanso equivalente disfrutado de una sola vez antes de finalizar la tercera semana siguiente a la semana de que se trate. Los descansos disfrutados como compensación por un periodo de descanso semanal reducido deberán tomarse junto con otro periodo de descanso de al menos 9 horas.

- **Descanso diario con doble personal de conducción (doble tripulación)**
  Período de 30 horas

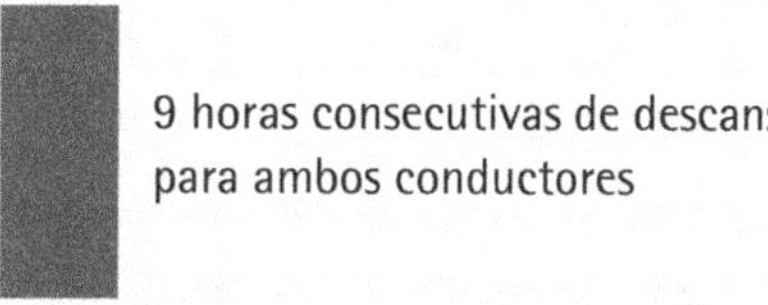

- **Descanso durante el viaje en tren o trasbordador**

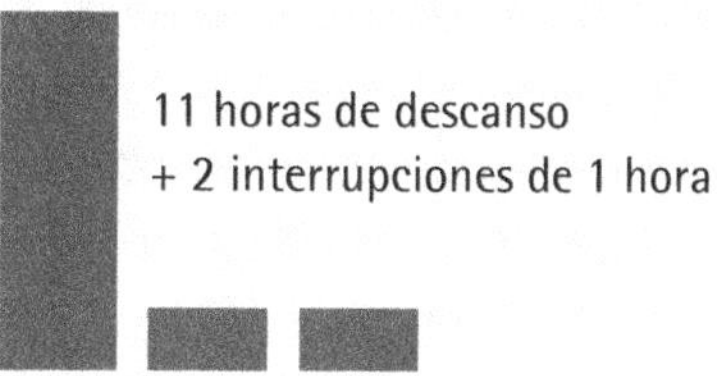

En el transcurso de dos semanas consecutivas, el personal conductor tendrá que disfrutar, como mínimo, de dos periodos de descanso semanal normal o de un periodo de descanso semanal normal y un periodo de descanso semanal reducido de al menos 24 horas. No obstante, la reducción se compensará con un descanso equivalente tomado de una sola vez antes de finalizar la tercera semana siguiente a la semana de que se trate. Los descansos disfrutados como compensación por un periodo de descanso semanal reducido deberán tomarse junto con otro periodo de descanso de al menos nueve horas. Cuando se elija esta opción, los periodos de descanso diarios y los semanales reducidos tomados fuera del centro de explotación de la empresa podrán efectuarse en el vehículo, siempre y cuando este vaya equipado adecuadamente para el descanso de cada profesional y se encuentre estacionado.

8.3 El tacógrafo digital y la gestión de flotas

La tecnología aporta un volumen de información que ayuda a gestionar de forma completa y asequible todo tipo de flotas de empresas de transporte. Los sistemas GPS de localización y gestión de flotas permiten a los gestores de flota o jefes de tráfico tener un acceso remoto a los datos del tacógrafo y al estado del conductor, lo que favorece el control de las horas de conducción y los tiempos de descanso, promueve la seguridad del personal conductor y contribuye a evitar errores como olvidar insertar la tarjeta del conductor lo que implicaría una sanción económica. Las ventajas de la gestión de la flota son:

- Favorece una mejor visibilidad de toda la flota.
- Identifica los responsables de conducción.
- Proporciona un acceso total y remoto al estado del personal, si está en otras actividades, conduciendo, etc.

- Informa del tipo de conducción practicado al vehículo (lenta, rápida, agresiva, con frenazos, etc.), lo que indicará o justificará niveles de consumo de combustible, el cumplimiento de los horarios pactados con los clientes, el exceso costo de mantenimiento, etc.
- Proporciona los datos del vehículo.
- Aporta los datos del motor.
- Ofrece acceso a los datos del tacógrafo digital en cualquier momento.
- Registra el kilometraje, lo que indica, por ejemplo, el costo de combustible por kilómetro recorrido.
- Realiza la descarga remota del tacógrafo desde la propia oficina promoviendo la seguridad del equipo y los vehículos en carretera.

8.4 Verificación e inspección del tacógrafo

El tacógrafo genera registros muy útiles para la Administración. Los datos registrados en el tacógrafo y en las tarjetas del personal de conducción confirman el cumplimiento (o no) de la legislación, una información que debe estar siempre disponible por si hay una inspección de las autoridades. Las inspecciones realizadas a las empresas transportistas suelen estar relacionadas, además de con el control de la información del tacógrafo, con los siguientes aspectos:

- Autorizaciones de transporte: son la acreditación de que se cumplen los requisitos para dedicarse a la actividad del transporte. Deben renovarse o visarse cada dos años.
- Requisito de capacitación profesional del personal conductor y de la persona responsable de la gestión de la empresa, para cumplir con la Ley de Ordenación de los Transportes Terrestres (LOTT) y el Reglamento de Ordenación de los Transportes Terrestres (ROTT).
- Formación del personal de conducción.
- Cumplimiento de las obligaciones con la Seguridad Social.

- Carga: excesos de peso y transporte de mercancías peligrosas.
- Viajeros: transportes discrecionales, escolares y de menores.

Es obligación y responsabilidad de la empresa de transporte disponer de la información del tacógrafo, así como demostrar que se está utilizando correctamente y recibe las inspecciones pertinentes para verificar su correcto funcionamiento. Estas comprobaciones exigidas deberán hacerse en los siguientes casos:

- En cada nueva instalación.
- En cada reparación.
- En cada modificación del número de vueltas de recorrido del vehículo.
- En cada modificación que se produzca en el perímetro de los neumáticos motivado por su cambio de tamaño.

Se llevarán a cabo controles periódicos de los aparatos al menos cada dos años para comprobar:

- Su correcto funcionamiento.
- La presencia de la marca de homologación.
- La presencia de la placa de instalación.
- La integridad de los precintos y de los demás elementos de la instalación.
- La circunferencia efectiva de los neumáticos.

Se comprobará el cumplimiento de los errores máximos tolerados en el uso del aparato de control al menos una vez cada seis años. Este control incluye obligatoriamente la sustitución de la placa de instalación.

- **Reconocimiento de las marcas de homologación**
  Los tacógrafos deben estar homologados y serán instalados en el vehículo por un taller o un instalador autorizado. Llevarán una placa que será indeleble y deberá permanecer siempre legible. Esta placa debe contener los elementos que se ven en la figura 2.7, donde destacan:

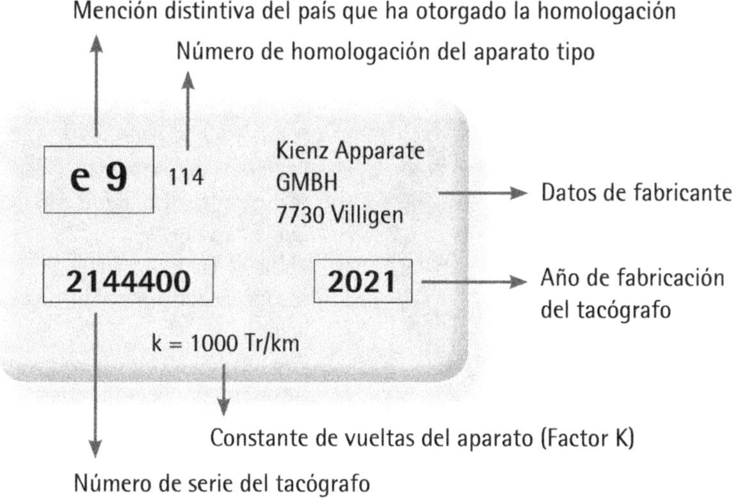

Figura 2.7. Elementos indicadores del tacógrafo.

– Un rectángulo en el interior del cual la letra «e» minúscula está seguida de un número distintivo o de letras distintivas del país que haya otorgado la homologación (véase la figura 2.8).

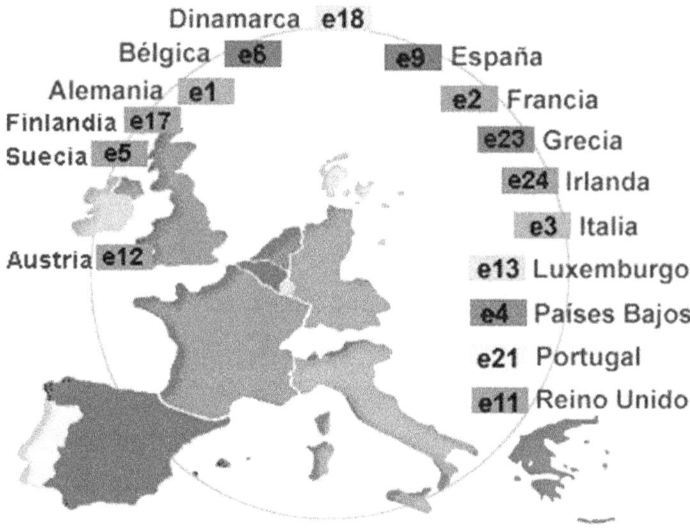

Figura 2.8. Indicativos de los países que pueden otorgar una homologación del tacógrafo.

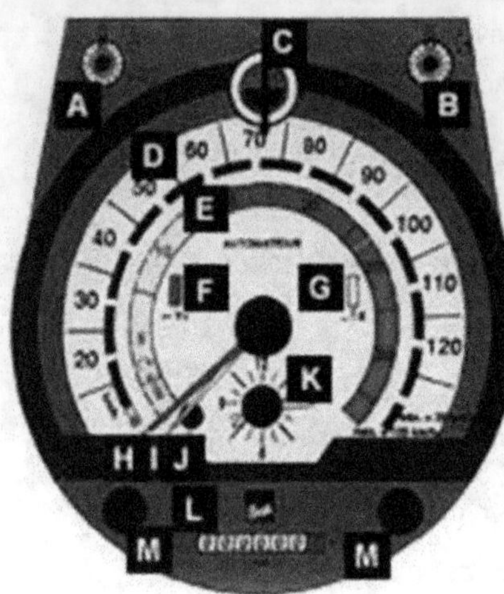

Figura 2.9. Muestra de los indicadores de la cara delantera del tacógrafo.

– Un número de homologación correspondiente al número de la ficha de homologación establecida para el prototipo del aparato de control o de la hoja de registro, colocado próximo al rectángulo antes mencionado.

La presentación de la cara delantera del tacógrafo es la que se muestra en la figura 2.9.

- **Normativas reguladoras sobre la manipulación del tacógrafo régimen sancionador**

  El Código Penal considera delito de falsedad en documento oficial «la manipulación fraudulenta de un tacógrafo que dé como resultado la alteración de los registros del instrumento, realizada con la finalidad de sortear los controles policiales y administrativos», penado con hasta tres años de cárcel. La manipulación permitiría variar la velocidad y modificar las horas de descanso, vulnerando la legislación. Caben en este delito todas las formas de complicidad, por lo que la investigación no se limitará solo al personal conductor, sino a la persona titular, encargada o dueña de la empresa propietaria del vehículo o del taller o de cualquier persona que lleve a cabo estas manipulaciones. El exceso de horas es la denuncia más frecuente en este campo, seguido por las infracciones relacionadas con el uso del tacógrafo.

Test de autoevaluación

Afianza tus conocimientos sobre la gestión de tráfico de mercancías.
Accede a **www.margebooks.com** y supera los test de autoevaluación.

Capítulo 3
Acuerdos y responsabilidades con empresas proveedoras

1 Responsabilidades de la empresa contratante

Toda empresa de transporte tiene la obligación legal de cubrir unas responsabilidades respecto a la mercancía desde el momento en que la empresa cargadora (la que realiza la entrega efectiva de la mercancía) carga la mercancía en el vehículo de la transportista hasta que esta realiza la entrega a la destinataria, e igualmente ha de cumplir con las obligaciones a las que se haya comprometido (bajo contrato).

Las principales figuras, físicas o jurídicas, que intervienen en un servicio de transporte de mercancía son:

- **Cargadora:** aquella que contrata en nombre propio la realización del transporte.
- **Porteadora:** aquella que asume la obligación de realizar el transporte en nombre propio, bien lo haga efectivamente o lo subcontrate.
- **Destinataria:** persona a quien la porteadora deberá entregar las mercancías en destino.
- **Expedidora:** aquella que, por cuenta de la cargadora, hará entrega de la mercancía a la porteadora (en el lugar desde donde se carga la mercancía), pudiendo coincidir la figura de la cargadora con la de expedidora.

- **Empresa subcontratada:** la que realiza el transporte efectivo y hace la función de porteadora, si bien es contratada por la transportista inicial, la que suscribe el contrato con la cargadora.

La parte porteadora responderá frente a la cargadora, tanto si lo hace por cuenta propia como si lo realiza por medio de terceras partes (es decir, la subcontratada), por las que también responderá, sin perjuicio de su ulterior derecho de repetición, en su caso.

El contenido de este contrato y las obligaciones se plasmarán en una carta de porte, que se emitirá en tres ejemplares originales, exigibles en forma escrita o digital. La carta de porte deberá incluir la fecha, detalles de la empresa cargadora, naturaleza de la mercancía, número de bultos, etc. Firmada por ambas partes, dará fe de la conclusión y el contenido del contrato, y en ausencia de anotaciones y reservas, se presumirá que las mercancías y su embalaje se encuentran en perfecto estado de mantenimiento.

El vehículo deberá ser el adecuado para el tipo de transporte o carga a transportar, y puesto a disposición de la cargadora con «antelación suficiente», aunque a falta de fecha y hora especificada, podrá presentarse la transportista hasta las 18 horas del día señalado.

En el caso de que la entrega de las mercancías se demore por parte de la cargadora, esta deberá indemnizar a la porteadora en una cuantía equivalente al precio del porte, u ofrecer a esta un transporte de similares características.

Existen plazos para manifestar las reservas, las cuales son fundamentales cuando se activa algún proceso de reclamación, como por ejemplo:

- Los daños aparentes que se detectan en el momento de la entrega.
- Los daños que no son aparentes pero que se pueden detectar hasta los siete días siguientes de la recepción de la mercancía.

2 Obligaciones y responsabilidades de los principales agentes del contrato de transporte

2.1 Empresa porteadora

Es quien asume en su nombre la obligación de realizar el traslado de las mercancías de un punto a otro. Puede ser contratada por una de las dos principales partes implicadas en la operación (empresa compradora o vendedora, o cargadora y consignataria) o bien por una empresa intermediaria, con lo que la porteadora o transportista actuaría como subcontratada. La obligación de traslado puede ser llevada a cabo por ella misma, a través de sus propios medios, o mediante otras personas/empresas. En cualquier caso, la porteadora es responsable, dentro de determinados límites, de la ejecución del transporte y también de la custodia de las mercancías que le son entregadas, si bien puede rechazar las mercancías que estén mal embaladas, los bultos que contengan materias peligrosas y no se hayan previsto con antelación o cuyas etiquetas sean insuficientes. El régimen de la responsabilidad de la porteadora se rige por la normativa propia del medio en que se ha de realizar el transporte. Las obligaciones de la empresa porteadora incluyen:

- Recibir las mercancías para cuyo transporte se ha contratado y poner a disposición de la empresa cargadora el vehículo en el lugar y fecha pactados. El vehículo deber ser el adecuado para el tipo y circunstancias del transporte. Conocer el estado de las mercancías a su recepción e informar en caso de reservas (imprescindibles para quedar cubierto ante cualquier incidencia detectada en la entrega).
- Realizar el transporte por el itinerario previsto en el contrato, y si no existiera mención al respecto, se empleará el itinerario más adecuado atendiendo a las circunstancias de la operación.
- Entregar las mercancías en el mismo estado en que se hallaban al ser recibidas.

- Entregar la mercancía transportada a la destinataria en el lugar y plazo pactado en el contrato. A falta de determinación de ese plazo, la mercancía deberá entregarse dentro del término que emplearía una porteadora diligente en realizar el transporte, atendiendo a las circunstancias del caso.

Las situaciones en las que la empresa porteadora deberá asumir la responsabilidad son los siguientes:

- Por incumplimiento de su obligación de hacer el transporte, lo que sucede cuando no se ha realizado total o parcialmente la prestación de transporte acordada (las mercancías no son transportadas o solo lo han sido una parte de ellas) o cuando se entregan las mercancías con retraso a la destinataria, es decir, después del plazo pactado.
- Por incumplimiento de la obligación de custodia, que puede originarse por el deterioro del embalaje total o parcial, o por averías que sufran las mercancías transportadas.
- En los supuestos de pérdida parcial de la mercancía o avería de la misma, la destinataria podrá rechazarla si demuestra que no le es de utilidad sin la totalidad de la mercancía.

La porteadora no responderá en todos los casos de incumplimiento, sino solo en aquellos que sean causados por ella. Por lo tanto, no responderá cuando la avería, pérdida o retraso se han ocasionado por culpa de la empresa cargadora o de la destinataria, por causa propia de la mercancía o por circunstancias que la porteadora no pudo evitar. Por ejemplo, si el embalaje no fuera el adecuado al tipo de mercancía, si la mercancía no estuviera flejada correctamente o si no hubiera recibido información de los requerimientos y las características específicas del tipo de mercancía.

2.2 Empresa cargadora

Es quien contrata a la porteadora para la realización del transporte y le hace entrega o pone a disposición de la empresa transportista las mercancías que han de ser transportadas. Si no existe la figura de la destinataria, la cargadora será la acreedora de la relación contractual.

Entre sus responsabilidades se incluye llevar a cabo con buena praxis las siguientes operaciones:

- Entregar a la empresa transportista los documentos y la información que esta pueda necesitar para realizar el envío correctamente, y disponer de toda la documentación necesaria en caso de ser requerida por las autoridades, así como proporcionar los documentos precisos para transportar mercancías a terceros países.
- Informar a la porteadora de las características y los requerimientos que pueda precisar la mercancía para su transporte.
- Acondicionar, embalar e identificar la mercancía, según el acuerdo pactado entre cliente y proveedor. Asimismo, el embalaje deberá atenerse a la normativa vigente para asegurar un acondicionamiento seguro.
- Incluir en la carta de porte las indicaciones oportunas, la información requerida por el propio documento, así como las observaciones adicionales que sean necesarias.
- Declarar la peligrosidad o la naturaleza de la mercancía. Cuando se trate de una mercancía peligrosa, debe reflejarse la clasificación a la que pertenece así como posibles riesgos y procedimientos de actuación en caso de incidente.
- Cumplir los tiempos de entrega y la disponibilidad de la mercancía. Una vez acordada la hora de llegada del vehículo para realizar la carga, la empresa cargadora deberá respetar los horarios para no que no se vean alterados los tiempos de conducción marcados por el tacógrafo.

- No sobrepasar las dos horas de espera en el momento de la carga. En el supuesto de que hubiera una demora porque no está disponible la mercancía en la hora pactada o bien porque existen demasiados vehículos esperando su turno de carga u otra causa ajena al transportista, la empresa cargadora deberá compensar a este el tiempo excedido pasadas las dos horas de demora.
- El pago del precio y demás gastos del transporte (salvo pacto en contrario).

En caso de producirse algún incidente provocado por el incumplimiento de la responsabilidad de la empresa cargadora en algún punto, esta deberá indemnizar a la transportista o a su propio cliente (demoras, pérdidas de material, roturas, etc.) para compensar los daños causados. Las compensaciones pueden ser económicas, o bien consistir en reponer mercancías o generar abonos.

2.3 Operador logístico

Es la empresa que realiza servicios logísticos en nombre de otra. Organiza actividades logísticas de sus clientes, tales como el aprovisionamiento de materiales, la distribución de productos, el almacenaje de mercancías, el control de inventarios, el despacho de aduanas, el transporte nacional o internacional, etc.

Existen también operadores de transporte, empresas que comercializan el servicio de transporte de mercancías por carretera en sus modos de explotación habituales (carga completa o fraccionada).

2.4 Empresa o persona destinataria

Es a quien la porteadora ha de entregar las mercancías en el lugar de destino, con la solicitud de entrega.

Las obligaciones de la parte destinataria son:

- Aceptar la mercancía si está en las condiciones pactadas.
- Firmar el documento que acredite la recepción de la mercancía en el lugar, fecha y hora.
- Revisar la mercancía en el plazo estimado para confirmar su validez (que no exista incidencia alguna con la mercancía).
- En caso de que la mercancía no esté en las condiciones acordadas, deberá reflejarlo mediante una reserva en el documento de transporte informando por escrito y añadiendo una imagen de la mercancía, siempre que sea posible.
- Podría no aceptar la mercancía si esta no corresponde a lo acordado entre la cargadora y ella misma.

2.5 Operaciones de carga y descarga

La carga de las mercancías corresponderá a la empresa cargadora, y la descarga a la persona física o jurídica receptora, salvo que expresamente se asuman dichas obligaciones por la porteadora.

Se puede originar un problema cuando la cargadora o la receptora carecen de los medios adecuados para realizarlas y es la porteadora quien se ve obligada a asumirlas. Si las operaciones de carga y descarga las realiza la porteadora, es imprescindible que esta o la cargadora lo hagan constar en el contrato de transporte. En caso de producirse posteriormente daños en la mercancía como consecuencia de una deficiente carga/descarga o estiba/desestiba, quedaría constancia por escrito de que la responsable es la porteadora. Se deben seguir las indicaciones de las reglas Incoterms, que llevan implícito a quién corresponde la responsabilidad de la carga y descarga.

En el supuesto de que la porteadora no asumiera la responsabilidad de carga y descarga, y por algún motivo la parte cargadora o receptora de la mercancía no pudieran o no debieran hacerlo (según la regla Incoterms pactada), se deberá subcontratar a una empresa externa para que realice la carga o descarga y dejar justificación de ello por escrito. En este caso, la empresa externalizada deberá disponer de una autorización para ejercer manipulaciones dentro de los almacenes de la empresa cargadora y de la receptora, así como el uso de sus equipos de mantenimiento en caso de ser necesario.

Por lo que se refiere a las incidencias ocurridas en los procesos de carga y descarga, es común que estas operaciones tengan habitualmente (aunque no siempre) cobertura en las pólizas de transporte. Por este motivo, la acreditación de quién ha realizado las operaciones resulta fundamental.

2.6   Paralizaciones

La paralización del vehículo por causas no imputables a la empresa porteadora dará derecho a una indemnización en cuantía equivalente al IPREM/día (Indicador Público de Renta de Efectos Múltiples) multiplicado por 2 por cada hora o fracción, con una carencia de dos horas y un máximo de diez horas/día. Tomando como ejemplo el IPREM diario en el año 2021, su valor fue de 18,83 €, por lo que la paralización por hora ascendería a 37,66 €/hora.

En caso de paralizaciones superiores a un día, las cuantías se incrementarán en un 25/50 %, según la siguiente información:

- IPREM/día: 18,83 € (este valor siempre deberá multiplicarse por 2).
- 1.er día: por hora 37,66 €, máx./día 376,60 €.
- 2.o día: por hora 47,08 €, máx./día 470,80 €.
- 3.er día: por hora 56,49 €, máx./día 564,90 €.

Condiciones:

- Dos horas de carencia desde la hora pactada.
- Máximo diez horas/día.
- La indemnización no podrá superar el valor del porte.

Este derecho a indemnización por paralización comenzará a entrar en vigor pasadas dos horas desde la puesta a disposición del vehículo para su carga. Dicha paralización no está sujeta a IVA, pues es una indemnización y no una contraprestación por un servicio, por lo que se podrá facturar por separado, pero sin dicho impuesto.

Para acreditar la misma, se recomienda su consignación en la carta de porte, incluyendo la fecha y hora convenidas y el momento del retraso. Asimismo, cualquier otro documento o medio electrónico que acredite la puesta a disposición y retraso será útil a la hora de reclamar correctamente la paralización.

Este criterio de indemnización puede servir para reclamar en caso de paralización del vehículo. En otros casos, como por ejemplo un accidente con otro vehículo, la compañía aseguradora de la parte culpable tendrá que reclamar o asumir la paralización, además de los propios daños sufridos.

2.7 Averías

Las averías podrán ser totales o parciales, y serán responsabilidad de la empresa transportista desde la recepción para el transporte hasta su entrega en destino. Sin embargo, no responderá de los daños que sean culpa de la empresa cargadora o de la destinataria, por instrucciones de estas, causa propia de las mercancías o fuerza mayor.

En caso de daños a la mercancía, el valor de esta vendrá determinado por la que haya resultado «dañada o no entregada», salvo que la parte interesada acredite que parcialmente resultan inútiles para su uso o consumo.

El valor en sí será determinado por el valor de factura de venta, el valor de mercado o el valor de mercancías de la misma naturaleza y calidad.

2.8 Limitación de responsabilidad

La indemnización por daños a la mercancía vendrá limitada por 1/3 del IPREM por cada kilogramo de peso bruto de mercancía perdida o dañada, es decir, 6,28 €/kg, salvo que se haya hecho constar un valor superior o pactado un límite superior, y contra pago de un suplemento en el precio del transporte por tal motivo.

La indemnización por retraso no excederá del precio del transporte, y requerirá prueba previa del perjuicio que ocasiona dicho retraso.

Dicha limitación podrá ser evitada o ampliada hasta el valor total de la mercancía, declarando, en la carta de porte y contra el pago de un suplemento del precio del transporte a convenir, el valor de las mercancías que sustituirá al límite de indemnización.

2.9   Reservas

La formulación de reservas en los plazos y forma establecidos es un aspecto fundamental para cualquier reclamación por daños. Las reservas deberán formularse por escrito en los siguientes plazos:

- Daños aparentes: en el momento de la entrega a la empresa o persona destinataria.
- Daños no aparentes: dentro de los 7 días naturales a la entrega en destino.
- Retraso: dentro del plazo de 21 días desde el siguiente a la entrega a la destinataria.

Estas reservas se deberán formular:

- A la porteadora contractual.
- A la porteadora efectiva.

La no formulación de reservas supondrá que la mercancía se entregó en el estado descrito en la carta de porte, sin perjuicio de la prueba en contrario. Por lo tanto, la no formulación de reservas, en caso de que haya alguna información relevante sobre la mercancía, supone asumir la responsabilidad de los cargos que la parte destinataria impute en la recepción.

2.10   Traspaso de responsabilidades

Ya se ha indicado que será la porteadora quien deba responder por los daños a la mercancía. El artículo 4 de la Ley de Ordenación de Transporte Terrestre (LOTT) indica que el servicio lo podrá realizar por sus propios medios o por medio de terceros, es decir, mediante empresas subcontratadas, que se convertirán en porteadoras efectivas, sin perjuicio de la primera porteadora, contractual, que seguirá siendo responsable frente a la cargadora.

Esta circunstancia y la utilización generalizada de internet, así como la búsqueda de competitividad en el sector del transporte, hace que muchas empresas porteadoras traten lícitamente de obtener la máxima rentabilidad de sus viajes, buscando portes de ida, pero también de vuelta, sobre todo cuando se trata de viajes largos. En este caso, a menudo aparecen las llamadas «bolsas de carga», donde las responsabilidades van pasando de una transportista a otra, y a veces son difíciles de delimitar ante un incidente. Estos traspasos de la mercancía, a pesar de los sistemas de control de las bolsas de carga, en ocasiones dan lugar a fraudes que suponen la desaparición total de la mercancía, que a menudo no llega a destino.

No obstante, la porteadora contractual sigue siendo responsable por los daños o la pérdida de la mercancía, por lo que su responsabilidad seguirá existiendo aun cuando haya podido ser víctima de una estafa.

Debido a que las compañías de seguros se han encontrado con numerosos casos de este tipo, algunas de ellas rechazan estos siniestros con distintos argumentos, lo que genera una gran incertidumbre e indefensión entre las partes afectadas.

2.11 Protocolo del proveedor de transporte

Según el Código Penal español sobre la responsabilidad de las sociedades y personas jurídicas, muchas empresas dudan sobre cómo cumplir con las exigencias legales.

Cuando una empresa de transporte es contratada para la realización de un servicio de transporte, esta debe de ofrecer un servicio eficiente, con la máxima atención personalizada y también, con la cobertura legal necesaria tanto si utiliza sus propios medios o lo hace por medios de otras empresas colaboradoras. De este modo, el vehículo elegido para la realización del servicio, ya sea propio o contratado, no deberá afectar a la calidad global del servicio.

Por este motivo, se tiende a la homologación de los proveedores de transporte (lo que supone una gran inversión de tiempo y dinero), entre otras, medidas establecidas en un protocolo de prevención, para evitar tener responsabilidad jurídica cuando el personal que va en nombre de una empresa, ya sea en plantilla o subcontratado, cometa un «delito» durante la ejecución de servicio para la cual ha sido contratado

Es importante elegir y decidir los métodos más adecuados de homologación en función de las necesidades de cada empresa de transporte.

Disponer de un proveedor homologado y controlado genera un nivel de seguridad que el cliente apreciará como parte de la calidad del servicio que se le ofrece.

2.12 La prescripción de acciones

Las reclamaciones derivadas del contrato de transporte tienen un plazo general de un año. Ahora bien, para el caso de actuaciones dolosas o con dolo eventual de la empresa porteadora, el plazo se amplía un año más.

Excepcionalmente y, solo en el caso de que la reclamación se ampare en un incumplimiento intencionado o gravemente negligente, el plazo de prescripción se amplía a dos años, en los transportes sujetos a la Ley del Contrato de Transporte Terrestre de Mercancías (LCTTM) o a tres años en los transportes internacionales a los que resulte aplicable el Convenio relativo al Contrato de Transporte Internacional de Mercancías (CMR).

Estos plazos se pueden considerar como breves, en comparación con el plazo de cinco años que, con carácter general, se establece por incumplimiento de otros tipos de contratos.

- En los casos de avería o pérdida parciales y retraso, el plazo se inicia desde la entrega de la mercancía a la parte destinataria.
- En el supuesto de pérdida total de la mercancía, este plazo se inicia a partir de 20 días para transportes sujetos a la LCTTM, y a partir de 30 días para los sujetos al Convenio CMR, tras el plazo convenido para la entrega.
- En caso de no haberse pactado plazo o día de entrega, este cómputo se inicia a partir de 30 o 60 días en transportes sujetos a la LCTTM o al CMR respectivamente, desde que la empresa transportista se hace cargo de la mercancía.
- En todos los demás casos, el cómputo del plazo se inicia a partir de los tres meses de la finalización del contrato de transporte, tanto en aquellos sujetos a la LCTTM como al CMR, o desde el día en que la acción pudiera ejercitarse, si fuera posterior a esos tres meses, únicamente en transportes sujetos a la LCTTM.

2.13 Subcontrato de transporte y responsabilidad de la empresa porteadora por los actos y omisiones de la subporteadora en el CMR

En caso de subcontratación, la empresa subcontratada puede ser la transportista efectiva o simplemente el siguiente eslabón de una cadena de transportistas. En todo caso, la primera transportista, es decir, quien fue contratada directamente por la cargadora, no queda exonerada de responsabilidad del resultado de transporte, sino que responde de los actos realizados por esta subcontratada.

Esto queda reflejado, para el transporte internacional, en el artículo 3 del Convenio CMR, y para España, en el artículo 6.1 de la Ley del Contrato de Trabajo (LCT). Entre las transportistas sucesivos, el artículo 34 del CMR establece una responsabilidad solidaria ante la cargadora (la cual tiene derecho a pedir la correspondiente indemnización a cualquiera de ellas).

En muchos sectores la externalización se ha establecido cada vez más de forma regular. En el sector del transporte existe la empresa que dispone de flota propia para realizar servicios a sus clientes y paralelamente puede existir la denominada flota subcontratada. Hay también empresas mixtas, que disponen de flota propia y, en momentos concretos, subcontratan algunos vehículos para cubrir un aumento de la demanda.

Otro caso es el de las empresas que disponen de vehículos con los que trabajan única y exclusivamente para otra empresa, bajo el amparo de un contrato de servicio. A menudo se trata de profesionales independientes que trabajan para una sola empresa y que ya tienen prefijadas unas rutas e incluso un presupuesto anual en cuanto a facturación o bien un número de viajes/año. La proliferación de este tipo de relaciones empresariales ha llevado a que algunas empresas cometen fraude utilizando la figura del trabajador autónomo económicamente dependiente *(trade)*.

3   Transportista autónomo dependiente *(trade)*

Se trata de un tipo de profesional del transporte que ha proliferado en el sector del transporte de mercancías en España, al cual se aplica el régimen común establecido por el Estatuto del Trabajo Autónomo sin perjuicio de algunas peculiaridades que presenta su régimen profesional. Esta categoría viene regulada en la Ley 20/2007 del Estatuto del Trabajador Autónomo y el Real Decreto 197/2009, sobre el trabajador autónomo económicamente dependiente.

3.1 Requisitos para ser *trade*

El *trade* es una persona física que realiza una actividad económica o profesional a título lucrativo y de manera personal, directa y predominante para una persona física o jurídica de la que depende económicamente al percibir de esta como mínimo el 75 % de sus ingresos por rendimientos de trabajo y de actividades económicas o profesionales, siempre que se demuestre que 25 % restante de la facturación es emitida a otros clientes. Solo si se cumplen estos requisitos, podrá acceder al régimen específico de autónomos *trade*.

Deberá disponer de infraestructura productiva y material propios, necesarios para el ejercicio de la actividad e independientes de los de su cliente, cuando en la actividad a realizar sean relevantes económicamente.

Debe ejecutar su actividad de manera diferenciada respecto al personal que preste servicios bajo cualquier modalidad de contratación laboral por cuenta del cliente, es decir, que la actividad que desarrolle el *trade* para sus clientes no puede ser igual a la que realice su propio personal porque, si ello fuese así, la contratación como *trade* sería fraudulenta y, como hemos señalado al principio, esta persona debería integrarse en la plantilla de la empresa cliente.

Un transportista autónomo dependiente no podrá tener a su cargo personal por cuenta ajena, ni contratar o subcontratar con terceras partes todo el trabajo para el que ha sido contratado, salvo en los supuestos de:

- Periodos de descanso por nacimiento, adopción, guarda con fines de adopción y acogimiento familiar.
- Cuidado de menores de siete años que tenga a su cargo.
- Tener a su cargo un familiar, por consanguinidad o afinidad hasta el segundo grado inclusive, en situación de dependencia, debidamente acreditada.
- Tener a su cargo un familiar, por consanguinidad o afinidad hasta el segundo grado inclusive, con una discapacidad igual o superior al 33 %, debidamente acreditada.

Habrá de percibir una contraprestación económica en función del resultado de su actividad, de acuerdo con lo pactado con el cliente y asumiendo el riesgo de aquella. Si el *trade* percibe una retribución no vinculada al resultado de su actividad, se puede considerar que realmente percibe una nómina y que se trata de una persona empleada por cuenta ajena de la empresa cliente, es decir, lo que se conoce como «falso autónomo».

Deberá desarrollar su actividad con criterios organizativos propios, sin perjuicio de las indicaciones técnicas que pudiese recibir de su cliente. La ley limita la dependencia del *trade* solo al aspecto económico, pero en el resto de las cuestiones debe ser independiente de la empresa cliente y por ello exige que sea el que organice su propia actividad para realizar el trabajo encargado por el cliente, ello sin perjuicio de que este pueda proporcionar al *trade* determinadas indicaciones de carácter técnico.

3.2 Formalización de la relación

Es necesario formalizar un contrato por escrito que el transportista autónomo dependiente debe comunicar al Servicio Público de Empleo Estatal (SEPE) en el plazo de los siguientes diez días hábiles y al cliente en cinco días hábiles después del registro. Si transcurre un plazo de quince días hábiles sin que el *trade* lo comunique, será obligación del cliente el hacerlo dentro de los diez días hábiles siguientes. El contrato deberá contener los siguientes datos:

- Identificar a las partes.
- Objeto y causa.
- Vacaciones, descanso semanal y festivos, con derecho a 18 días hábiles mínimo, siendo mejorable por contrato.
- Duración máxima de la jornada.

- Acuerdo de interés profesional que le sea de aplicación, dando siempre el *trade* su conformidad de forma expresa.
- Hacer constar la condición de *trade* respecto al cliente que lo contrata.

Los litigios que pudieran surgir de la relación del *trade* con el cliente serán resueltos por la jurisdicción social.

Los motivos que dan lugar a la extinción de la relación pueden ser:

- Mutuo acuerdo de las partes o causas establecidas en el contrato.
- Muerte y jubilación o invalidez incompatibles con la actividad que se desarrolla.
- Voluntad del *trade* fundada en un incumplimiento contractual grave del cliente.
- Voluntad del cliente con causa justificada o por desistimiento del *trade*, con preaviso o conforme a usos y costumbres.
- Decisión de la *trade* cuando se vea obligada por ser víctima de violencia de género.
- Cualquier otra cauda legalmente establecida.

Según el Estatuto de los Trabajadores, se consideran incluidas en el ámbito regulado por la ley las personas prestadoras del servicio del transporte al amparo de autorizaciones administrativas de las que sean titulares, realizado al correspondiente precio con vehículos comerciales de servicio público cuya propiedad o poder directo de disposición ostenten, aun cuando dichos servicios se realicen de forma continuada para una misma empresa cargadora o comercializadora.

Como mencionábamos al inicio de este apartado, para ser considerado *trade*, solo es necesario ser titular de las autorizaciones administrativas necesarias y cumplir el requisito de percibir al menos el 75 % de los ingresos de un único cliente y no tener personal por cuenta ajena. No le será exigible el resto de condiciones establecidas en el artículo 11.2 del Estatuto del trabajo autónomo.

4 Formación y requisitos para trabajar por cuenta propia

Indistintamente que se trate de una persona física o jurídica, para poder ejercer de transportista se debe cumplir unos mínimos requisitos comunes de formación, establecidos en el Real Decreto 70/2019 por el que se modifica el Reglamento de la Ley de Ordenación de los Transportes Terrestres (ROTT).

En primer lugar, el profesional independiente ha de disponer del certificado de aptitud profesional (CAP), obligatorio para profesionales del transporte de mercancías y de viajeros que ejerzan la profesión los países miembros de la Unión Europea.

Si además de ejercer como profesional de conducción se quiere trabajar como transportista autónomo, también es preciso:

- **Estar registrado en la Agencia Estatal de Administración Tributaria (AEAT):** para ello se debe presentar documentación personal y documentación del vehículo con el cual se realizará la actividad económica, que ha de estar ajustada al IAE (impuesto sobre actividades económicas).
- **Estar dado de alta como autónomo en la Seguridad Social:** en la Tesorería de la Seguridad Social se ha de presentar el impreso TA. 0521 con el DNI y la tarjeta de afiliación a la Seguridad Social. En caso de no disponerse de esta última, se debería tramitar para conseguir la documentación necesaria.
- **Disponer de la tarjeta de transportes correspondiente:** la tarjeta MDL de transporte de mercancías para cargas inferiores a 3.500 kg o la tarjeta MDP para cargas superiores a los 3.500 kg.
- **Título de competencia profesional para el transporte:** certificado emitido por las comunidades autónomas, necesario para obtener autorizaciones administrativas de transporte de mercancías y de transporte de viajeros.
- **Honorabilidad:** ni la empresa ni el gestor de transporte podrán haber sido «condenados» por la comisión de delitos o infracciones vinculadas al ámbito mercantil, social, laboral o de seguridad vial.

- **Capacidad económica:** se precisa de una capacidad económica mínima de 9.000 € para el primer vehículo y de 5.000 € para los siguientes.

5   Las relaciones entre empresa porteadora y subporteadora

La subcontratación del transporte constituye un instrumento jurídico que permite a la empresa porteadora que ha asumido una operación de transporte cumplir la prestación con eficiencia técnica y económica, mediante el recurso a terceras personas que la ejecutarán, en todo o en parte, en función de lo convenido. La entrada de transportistas subcontratados o «subtransportistas» se produce, según se menciona en el artículo 3 del Convenio CMR, en la fase de ejecución del contrato de transporte.

El subcontrato de transporte, desde un punto de vista jurídico, trae causa de un contrato de transporte previo, o mejor, de su ejecución. Ello permite dar entrada en la misma operación de transporte a otras porteadoras (personas físicas o jurídicas) que se subrogan, con las consecuencias jurídicas que ello implica, en la posición de la primera porteadora contractual. La porteadora puede encomendar así la realización efectiva del transporte a otra persona, y de hecho así se realiza en infinidad de ocasiones por cuestiones organizativas. El de transporte no se entiende como contrato *intuitu personae,* que significa que deba necesariamente ser ejecutado de forma personal por la porteadora.

La relación jurídica existente entre la porteadora y la subporteadora es una relación de servicios profesionales. Se aplica un contrato de transporte «nuevo» (en el que la parte cargadora sería la porteadora contractual, y la parte porteadora, la porteadora efectiva) o un subcontrato (si admitiéramos la existencia de una categoría normativa de «subcontrato»).

Lo que sí presupone el subtransporte es la actuación por cuenta propia de la empresa subtransportista. Diferente caso es aquel en que la persona que realiza el transporte efectivo mantiene una relación laboral, del tipo que sea, con la porteadora contractual. En este caso no hay subtransporte, sino realización efectiva del transporte por la empresa transportista a través de su personal, que jurídicamente forma parte y constituye la misma empresa.

El Convenio CMR no regula expresamente el subtransporte. Únicamente afirma, a este respecto, en su artículo 3, que «a efectos de aplicación de este Convenio, la empresa transportista responderá de los actos y omisiones de su personal y de todas las de otras personas a cuyo servicio recurra para la ejecución del transporte cuando realizasen dichos actos y omisiones en el ejercicio de sus funciones». La porteadora responde, pues, de lo que haga su personal (laboral) y las personas a cuyos servicios recurra (subtransporte). La norma convencional no califica la relación con el subporteador, ni por qué responde de sus actos, solo le hace responsable, sin prejuzgar ni determinar la razón jurídica. Esto resulta muy propio de una norma que puede aplicarse en países con tradiciones jurídicas y construcciones contractuales muy diversas.

En cambio, la Ley 15/2009 del Contrato de Transporte Terrestre de Mercancías regula parcialmente el subtransporte, al menos de forma indirecta, conforme a su artículo 6, donde se dice:

«El porteador que contrate con el cargador responderá frente a este de la realización íntegra del transporte conforme a lo previsto en esta ley, aun cuando no la lleve a cabo por sí mismo en todo o en parte.

»Cuando el porteador que haya contratado directamente con el cargador contrate, a su vez, la realización efectiva de la totalidad o una parte del transporte con otro porteador, quedará obligado frente a este como cargador conforme a lo dispuesto en esta ley y en el contrato que con él haya celebrado».

Como se aprecia, se presupone que el «subtransporte» no es más que un contrato de transporte celebrado entre la empresa transportista del primer contrato de transporte (porteadora contractual) y otra transportista que va a realizar efectivamente el traslado de la mercancía (porteadora efectiva). La empresa transportista contractual responde frente a su cargadora como porteadora, aunque no realice efectivamente el traslado, mientras que quedará obligada, a su vez, como cargadora frente a la porteadora efectiva.

5.1 Supuestos de la responsabilidad de la porteadora por actos de la subporteadora

El artículo 3 del Convenio CMR parte de un supuesto para hacer responsable a la porteadora por los actos y omisiones de las personas a cuyo servicio recurre para la ejecución del transporte, cuando estas realizasen dichos actos y omisiones en el ejercicio de sus funciones. Es decir:

- La empresa auxiliar ha de actuar dentro del marco de la obligación de ejecución del transporte asumida. Se entienden incluidos los supuestos en los que se aprovecha o se utiliza el hecho del transporte para poner en peligro, de algún modo, las mercancías que le son confiadas en custodia a la porteadora.
- Del daño que se genere fuera de ese límite, será responsable esta por la vía de la responsabilidad extracontractual.
- El incumplimiento de la subporteadora ha de ser injustificado y conllevar un resultado material (pérdida, retraso o avería) que pudiera resultar atribuible a la porteadora contractual en el caso de haber ejecutado ella misma materialmente el transporte.

Cumplidos los requisitos anteriores, la imputación de responsabilidad a la porteadora contractual por la actuación de la subporteadora será automática. Resulta indiferente que la porteadora haya contratado a una tercera empresa con la seguridad de que esta reúna todas las condiciones para la realización del servicio. La porteadora inicial (contractual con la empresa cargadora) no podrá exonerarse ni limitar su responsabilidad por cuanto que la obligación asumida contractualmente es con la cargadora.

Ahora bien, el hecho de que la responsabilidad de la porteadora contractual se despliegue de manera automática frente a terceros por la actuación de la porteadora efectiva no significa que no pueda acceder a una indemnización abonada en aplicación del artículo 3 del Convenio CMR. La existencia de la relación interna fruto del subcontrato de transporte así lo exige. Sea una relación de servicios, un transporte, un subcontrato, etc., la porteadora (efectiva) debe responder frente a la contractual del cumplimiento de la prestación a la que se ha comprometido.

Sin embargo, el Convenio CMR únicamente prevé de manera expresa el derecho de repetición de la porteadora en relación con el transporte sucesivo (artículos 37 a 39), lo que ha llevado en ocasiones a interpretar, contrariamente a lo que hemos expresado, que tal derecho no es extensible al subcontrato de transporte. Consideramos que la exclusión del derecho de repetición en tal caso resultaría contradictoria con la naturaleza contractual de la obligación que la subporteadora asume frente a la porteadora.

El artículo 37 hace referencia a que la empresa transportista que haya pagado una indemnización en virtud de las disposiciones del Convenio CMR tiene el derecho a repetir por el principal, los intereses y los gastos contra las transportistas que hayan participado en la ejecución del contrato de transporte, de acuerdo con las disposiciones siguientes:

- La empresa transportista por el hecho imputable que ha causado el daño habrá de soportar ella sola la indemnización, ya la haya pagado ella, ya la haya pagado otra transportista.
- Cuando el hecho causante del daño sea imputable a dos o varias transportistas, cada una deberá pagar una suma proporcional a su parte de responsabilidad; si no cabe la posibilidad de valorar dicha proporción, cada una pagará una suma proporcional al precio que cobraron por el transporte.

- Si no se puede determinar quiénes son las partes responsables, la carga de indemnizar se repartirá entre todas las empresas transportistas en la proporción fijada en el párrafo b) de este artículo.

El artículo 38 se refiere a que si una de las empresas transportistas es insolvente, la parte que le corresponde y que no haya sido pagada se repartirá entre las demás transportistas en proporción a la remuneración de cada una. Según el artículo 39:

- La empresa transportista contra la que se utilice el derecho de repetición previsto en los artículos 37 y 38 no podrá promover discusión sobre la validez del pago efectuado por la transportista que ejerce contra ella el derecho de repetición, en el caso de que la indemnización haya sido fijada por decisión judicial y siempre que ella haya sido debidamente informada del proceso y que haya podido intervenir en el mismo.
- La empresa transportista que quiera ejercer la repetición puede formularla ante el tribunal competente del país en el que una de las empresas interesadas tenga su residencia habitual, su domicilio principal o la sucursal o agencia por medio de la cual se concluye el contrato. La repetición puede ser interpuesta en una sola instancia contra todas las empresas interesadas.
- Las disposiciones del artículo 31, párrafos 3 y 4, se aplicarán a las sentencias recaídas sobre las repeticiones de que se trata en los artículos 37 y 38.
- Las disposiciones del artículo 32 serán aplicables a las acciones de repetición entre las empresas transportistas. La prescripción comienza a contarse a partir del día en que se haya dictado una sentencia definitiva que fije la indemnización a pagar en virtud de las disposiciones del Convenio, o bien, si no existe tal fallo, a partir del día en que se efectuó el pago.

5.2 *Esquema del sistema de responsabilidad de la porteadora*

La empresa porteadora responderá de:

- La pérdida total o parcial o de la avería que se produzca entre el momento de la toma en carga de la mercancía y el de la entrega.
- Del retraso en la entrega (art. 17.1 del Convenio CMR). No obstante, queda exonerada de esta responsabilidad si la pérdida, la avería o el retraso han sido ocasionados por culpa de quien tiene derecho sobre la mercancía o por una instrucción de este no resultante de una acción culposa de la empresa transportista, por vicio propio de la mercancía o por circunstancias que la transportista no pudo evitar y cuyas consecuencias no pudo impedir (art. 17.2 del Convenio CMR). Ahora bien, la prueba de que la pérdida, la avería o la demora han sido causadas por uno de los hechos previstos en el artículo 17, párrafo 2, incumbe a la empresa transportista (art. 18.1 del Convenio CMR). Esto muestra el rigor del sistema. Aunque inicialmente la porteadora solo responda de daños y retrasos culpables o dolosos, al tener que demostrar ella que concurre alguna causa de exoneración, en realidad la regla es que responde, salvo que pruebe la exoneración.

Por otra parte, la porteadora no responderá de todo el daño causado, sino que:

- En caso de pérdida, la indemnización se calculará en función del valor de la mercancía y no podrá exceder de 8,33 unidades de cuenta por kilogramo de peso bruto faltante.
- En caso de retraso, el límite es el precio del transporte.
- En el supuesto de avería, la indemnización se determina conforme a la depreciación del bien, con los límites que se determinan en los artículos 23 y 25 del Convenio CMR. Ahora bien, esta limitación no se aplica «si el daño ha sido causado por dolo o por culpa que sea equipa-

rada al dolo por la ley de la jurisdicción a que se refiera» (art. 29.1 del Convenio CMR).

Por último, esos límites se aplican también cuando la reclamación que se dirija contra la empresa porteadora o sus auxiliares tenga naturaleza extracontractual (art. 28 del Convenio CMR). Esta calificación deberá hacerse conforme a la ley aplicable, si bien el propio Convenio CMR no indica cuál ha de ser esta. La regla es importante porque unifica el sistema para la reclamación contractual (la de la destinataria, por los daños sufridos por la pérdida, avería o retraso) y extracontractual (la de otras personas perjudicadas distintas a la destinataria). En ambos casos, la porteadora se rige por las mismas exoneraciones, límites y exclusiones de los límites. Como es sabido, en la jurisprudencia del derecho español, por ejemplo, no está claro si existe una «unidad de culpa civil» o si la reclamación entablada debe expresar claramente y ceñirse a una responsabilidad contractual o extracontractual. El hecho de que el régimen sea común hace que la porteadora responda o deje de responder, de igual forma, tanto le reclame la parte contractual como la perjudicada extracontractual. Las consecuencias son importantes sobre todo por lo que respecta a la subporteadora.

5.3 El derecho de reclamación de la empresa porteadora frente a la subporteadora

No está claro si resulta posible para la empresa destinataria perjudicada actuar directamente contra la subporteadora cuando la actuación de esta ha causado averías, daños o retraso en la entrega, por tratarse de una «porteadora subcontratada» y no existir así una relación jurídica directa entre la subporteadora y dicha destinataria. De hecho, buena parte de la doctrina reconoce el problema de la inexistencia de una relación contractual que pueda fundamentar una acción de este tipo, y de la inexistencia de una acción directa contra la subporteadora en el Convenio CMR (que sí se recoge en otros ámbitos convencionales).

No obstante, lo expuesto anteriormente presupone que la responsabilidad del personal de la porteadora y de las personas «de las que responde la transportista en los términos del artículo 3» (art. 28.2 del Convenio CMR) o «de cualesquiera otras personas a las que la transportista haya recurrido para la realización del transporte» (art. 29.2 del Convenio CMR) se rige por las mismas reglas que la de la porteadora. Esto es, que tales sujetos (entre ellos, la subporteadora) podrán prevalerse de las reglas del Convenio CMR cuando se les exija responsabilidad extracontractual por pérdida, avería o retraso, y que pierden ese derecho si el daño ha sido causado por dolo o culpa que sea equiparada al dolo. Si bien esto no supone, de forma expresa, admitir la existencia de una acción directa de la parte perjudicada contra la subporteadora, al menos presupone que cabría una reclamación de esa perjudicada basada en culpa extracontractual (ya que no hay relación contractual), a la que resultarían aplicables las reglas de determinación, limitación o exclusión de la responsabilidad de la porteadora. La práctica muestra que el artículo 29 del Convenio CMR se aplica fundamentalmente cuando intervienen en la ejecución del transporte las empresas auxiliares a las que se refiere el artículo 3. En tales casos, la parte perjudicada, cuenta con la posibilidad de reparar el daño reclamando indistintamente a la porteadora contractual y a la porteadora efectiva.

Aparte de esto, otro de los problemas que se plantean es qué ocurre en el caso de que la subporteadora haya causado averías, daños o retraso en la entrega, de los que haya tenido que responder la porteadora. De hecho, lo más común es que en tales supuestos la parte destinataria reclame directamente a la porteadora o, sobre todo, a su aseguradora, que sean quienes satisfagan la indemnización correspondiente. ¿Tendría derecho en tal caso la porteadora, o su aseguradora, a reclamar el pago de la subporteadora?

El artículo 37 del Convenio CMR, dentro del capítulo VI (Disposiciones relativas al transporte efectuado por transportistas sucesivos), reconoce al transportista que haya pagado una indemnización en virtud de las disposiciones del Convenio, el derecho a repetir el principal, los intereses y los gastos de las porteadoras que hayan participado en la ejecución del contrato de transporte. Este precepto se refiere al supuesto de «transporte sucesivo», por el cual, en un transporte sometido a un solo contrato ejecutado por sucesivos transportistas por carretera, «cada uno de estos asumirá la responsabilidad por la ejecución del transporte total. El segundo transportista y cada uno de los siguientes resultan, por la aceptación de la mercancía y de la carta de porte, partes del contrato en las condiciones de la carta de porte» (art. 34 CMR). Sin embargo, la ratio del mismo es aplicable también al subtransporte.

En el transporte sucesivo, es posible que una de las porteadoras sucesivas tenga que responder de unos daños no causados por su culpa o dolo, en virtud de la regla legal que hace responsables a todas las porteadoras. Por lo tanto, esa porteadora que paga sin haber causado el daño puede «reproducir» el pago de quien sí lo causó, o si no se puede determinar quién ha sido, de todos en la parte proporcional (art. 37 del Convenio CMR).

En el subtransporte la situación es similar: la porteadora ha tenido que satisfacer una indemnización por averías, daños o retrasos que no son imputables a su actuación «material» (aunque sí responda de ellos jurídicamente, por ser porteadora contractual). Por eso debe poder, a su vez, repetir el pago a la parte subporteadora, que es quien ha realizado la conducta dolosa o negligente que dio lugar a la indemnización.

De cualquier forma, el artículo 37 del Convenio CMR no es el único recurso para justificar esta conclusión. Lo mismo se deduce de la existencia de un contrato entre porteadora y subporteadora. Se califica a este subtransporte como una relación de servicios, como un transporte, como un subcontrato, etc.; lo que está claro es que la subporteadora responde frente a la porteadora de cumplir correctamente su encargo. Por lo tanto, si la porteadora ha tenido que satisfacer a terceros una indemnización a consecuencia de hechos de la subporteadora, dispone de un «derecho de repetición», que es simplemente la reclamación contractual por el incumplimiento o cumplimiento defectuoso de su prestación. La porteadora tiene derecho a repetir el pago porque la subporteadora responde de esa prestación.

Por otra parte, hay que señalar que la responsabilidad de la subporteadora es específica, pues no solo responde (frente a la porteadora) en virtud del contrato que les une, sino que también, en la responsabilidad frente a terceros, se rige por las reglas de vinculación de la porteadora (aplicación de las reglas de determinación, limitación y exclusión en el caso de reclamación extracontractual, art. 28 del Convenio CMR, y no limitación de la responsabilidad en casos de dolo o culpa equiparable, art. 29). Existe así una íntima relación en el régimen de ambas, lo cual justifica aún más que la porteadora pueda, si ha satisfecho una indemnización por hechos causados por la subporteadora, reclamar a esta su propia responsabilidad. Si, por ejemplo, ha existido dolo de la subporteadora, y esto ha hecho que la porteadora no pueda prevalerse de la limitación de responsabilidad, esta debe posteriormente poder exigir a aquella toda la indemnización satisfecha (como un mínimo, y sin perjuicio incluso de poder añadir otros daños que el incumplimiento contractual haya podido causarle).

5.4   *El derecho de subrogación de la aseguradora en la posición de la porteadora*

Reconocida la existencia del derecho de repetición de la porteadora contractual a la porteadora efectiva, procede valorar si, en caso de que la aseguradora de la transportista contractual haya satisfecho al tercero la indemnización por pérdida, avería o retraso, como consecuencia de la actuación dolosa o culposa de la transportista efectiva, puede subrogarse en la posición de su asegurada para repetir lo pagado a la subporteadora.

La norma aplicable es el artículo 43 de la Ley 50/1980, de Contrato de Seguro (LCS) que, dentro de sus Disposiciones Generales, establece:

- La aseguradora, una vez pagada la indemnización, podrá ejercitar los derechos y las acciones que por razón del siniestro correspondieran a la asegurada frente a las personas responsables del mismo, hasta el límite de la indemnización.
- La aseguradora no podrá ejercitar en perjuicio de la asegurada los derechos en que se haya subrogado. La asegurada será responsable de los perjuicios que, con sus actos u omisiones, pueda causar a la aseguradora en su derecho a subrogarse.

El Tribunal Supremo de España ha tenido en cuenta las diferentes cuestiones que plantea la subrogación de la aseguradora:

- Evita que la parte asegurada, que tiene una doble vía de compensación del daño (contra la aseguradora y contra la causante del daño) como consecuencia del siniestro, pueda enriquecerse ejercitando ambos derechos (el principio indemnizatorio a que se refiere el art. 26 de la LCS).
- Impide que el tercer responsable se vea libre de su obligación de compensar el daño por la protección que obtiene la parte asegurada merced al contrato de seguro.
- Reconoce un beneficio para la aseguradora, pero también para la asegurada en la medida en que la primera obtiene unos recursos que favorecen una mejor explotación de su actividad, y la segunda no verá incrementada la prima que debiera soportar en caso de insolvencia del responsable del daño.

Por lo tanto, una consecuencia del contrato de seguro es el derecho que asiste a la aseguradora de la porteadora contractual para reclamar a la porteadora efectiva la cantidad abonada a la parte perjudicada. Si la aseguradora de la porteadora ha satisfecho una indemnización será porque tal porteadora tenía que responder del daño causado. Y la porteadora, a su vez, es titular del derecho a reclamar a la subporteadora.

5.5   *Prescripción de la acción*

Por lo que respecta al cómputo del plazo de prescripción:

- Las disposiciones del artículo 32 del Convenio CMR serán aplicables a las acciones de compensación entre transportistas. La prescripción comienza, en todo caso, a contarse a partir del día en que se haya dictado una sentencia definitiva que fije la indemnización a pagar en virtud de las disposiciones del presente Convenio, o bien, si no existe tal fallo, a partir del día en que se efectuó el pago.
- Para las acciones derivadas del transporte regulado por dicho Convenio, prevé un plazo de prescripción de tres años en el caso de dolo o de falta equivalente a dolo, según la ley de la jurisdicción escogida.
- La reclamación escrita interrumpe la prescripción hasta el día en que la empresa transportista rechace por escrito dicha reclamación y devuelva los documentos que acompañan a la misma. En el caso de aceptación parcial de la reclamación, la prescripción no vuelve a retomar su curso más que por la parte reclamada que continúa en litigio. La prueba de la recepción de la reclamación o de la respuesta y de la devolución de documentos corren a cargo de quien invoque este hecho. Las reclamaciones ulteriores que tengan el mismo objeto no interrumpen la prescripción.

6   Los tipos de seguros imprescindibles para empresas de transporte y logística

- **Seguro de transporte de mercancías**
  En función de la actividad, su frecuencia de viajes, su operativa de transporte, etc., existen diferentes modalidades de seguro. Por ejemplo, seguro de viaje aislado, seguro por declaración de valor a través de avisos de seguro o flotante, seguro por facturación anual, etc. Por otro lado,

también existen diferentes coberturas en base a las responsabilidades en el transporte, los contratos con los clientes o las preferencias de la propia empresa; por ejemplo, cobertura de daños o responsabilidad legal.

- **Seguro de flota de vehículos**
  Muchas empresas disponen de su propia flota de vehículos y otras la subcontratan a otras empresas. En ambos casos, se necesita contratar un seguro de circulación para todos los vehículos que formen la flota, ya que, en caso de accidente, será la empresa propietaria de la flota la responsable de los daños que se produzcan.

- **Seguro de responsabilidad civil general**
  Cualquier empresa puede ocasionar un daño a una tercera en el ejercicio de su actividad, con consecuencias económicas muy graves, capaces de afectar incluso al patrimonio de la empresa y a su continuidad. El seguro de responsabilidad civil actúa como un seguro de vida de la empresa y, por lo tanto, será imprescindible fijar un límite de indemnización adecuado.

- **Seguro de almacenes e instalaciones**
  Muchas empresas poseen almacenes e instalaciones propios o como arrendatarias, con elevados volúmenes de mercancías. En ambos casos, es fundamental negociar un seguro adecuado que, ante cualquier incidencia, garantice los daños, tanto de las propias instalaciones, como de las existencias almacenadas.

- **Seguro de accidentes convenio, salud y vida**
  Este tipo de seguro es obligatorio, si lo indica el convenio colectivo al que pertenece la empresa, y protege a su personal ante posibles accidentes laborales. También existen otros seguros opcionales que ayudan a garantizar la tranquilidad y el futuro de la plantilla, como los seguros de vida y de salud.

- **Seguro de crédito y caución**
  Para muchas empresas este tipo de seguro es fundamental para protegerse de posibles riesgos de impago.

- **Seguro de defensa jurídica o reclamación de daños**
  Asegura los gastos judiciales o posibles consultas con profesionales de la abogacía..

- **Seguro de responsabilidad civil de directivos y administradores (D&O)**
  Cada vez es más habitual asegurar las posibles reclamaciones que cualquier persona del equipo directivo pueda recibir por una decisión tomada como consecuencia de su responsabilidad en la empresa. Protege el patrimonio de esta persona, en caso de que se juzgue como negligente la decisión tomada, y asume los gastos judiciales que se deriven.

- **Seguro de responsabilidad medioambiental**
  Es obligatorio para algunas actividades específicas y asegura la responsabilidad medioambiental de la empresa en caso de que, en el transcurso de su actividad, cause daños medioambientales y esté obligada al correspondiente pago de la sanción y la reparación del daño causado.

- **Seguro de ciberriesgo**
  Es cada vez más recomendable debido a los elevados volúmenes de información que se gestionan y al uso de complejos sistemas logísticos informáticos. Este tipo de seguro protege a las empresas de sufrir ciberataques.

7 Reglamento General de Protección de Datos (RGPD)

Esta normativa europea, que entró en vigor el 25 de mayo de 2018, tiene como objetivo velar por los derechos de las personas físicas en relación con el tratamiento de datos de carácter personal en la Unión Europea. Recordemos que en España se encarga de su cumplimiento la Agencia Española de Protección de Datos (AEPD).

Las empresas tratan datos personales de su clientela, como los bancarios, de consumo o localización, al igual que los de sus proveedoras.

Los tres criterios primordiales en que se basa el reglamento son:

- **Informar a la persona usuaria:** las empresas tienen que informarle, explicarle la legislación sobre tratamiento de datos, las posibilidades de reclamar, el tiempo de conservación y los derechos que reconoce el RGPD. Esto se ha de tener en cuenta especialmente en servicios de logística de último minuto o mensajería, que utilizan datos de manera intensiva.
- **Contar con un consentimiento verificable:** el consentimiento para la utilización de los datos personales ha de ser inequívoco y verificable.
- **Informar de violaciones de la política de datos:** las empresas están obligadas a notificar a la AEPD cualquier fallo que aparezca en el sistema de seguridad de las bases de datos. Para ello se establece un período máximo de 72 horas.

Test de autoevaluación

Afianza tus conocimientos sobre la gestión de tráfico de mercancías.
Accede a **www.margebooks.com** y supera los test de autoevaluación.

Capítulo 4
Cálculo de los costos de transporte y la flota

Uno de los principales objetivos empresariales es reducir al máximo los costos y obtener el máximo beneficio. En el caso de las empresas de transporte, su principal reto es disponer de un vehículo o una flota de vehículos en ruta que le permitan obtener el máximo de rentabilidad posible.

Los costos dependerán de las características de cada empresa y de la zona en la que opere, del personal que conduzca estos vehículos e incluso el tipo de rutas que se realicen. Existen otros factores importantes a considerar en la optimización de los costos que dependen de la situación del mercado y no tanto de la estrategia de la propia empresa: por ejemplo, el combustible, la amortización del vehículo y su financiación, los seguros, los costos fiscales, los neumáticos, el mantenimiento y las reparaciones, las dietas del personal, los peajes y otros costos indirectos, como el mantenimiento de las instalaciones y el personal de otros departamentos no directamente vinculados con el transporte (gerencia, personal administrativo, departamento comercial, etc.).

El seguimiento de los costos debe hacerse de forma regular a lo largo de un ejercicio para detectar aquellos conceptos que fluctúan constantemente (por ejemplo, el precio del combustible) y llevar un control de los ingresos y gastos. El control de algunos factores que *a priori* no parecen tener un gran impacto en los costos puede traducirse en un gran ahorro. Por ejemplo:

- *El personal de conducción y la elección de los combustibles.* El tipo de conducción influye en el gasto en carburante, que junto con el aceite del motor y los aditivos pueden aportar una mayor rentabilidad a la flota. Utilizar productos de calidad ayuda a reducir los consumos.
- *El mantenimiento y la reparación de la flota,* además de implicar un costo, también suponen la paralización del vehículo afectado, lo que impide facturar durante este periodo. Se trata de un tiempo improductivo que perjudica el resultado de la gestión de la flota.

Así, el consumo de aceite de calidad puede ampliar el periodo entre las revisiones y los cambios de aceite, y alargar la vida del motor. De esta manera, se reduce el costo del mantenimiento y la mano de obra, lo que implica que el vehículo estará más tiempo en ruta y ofrecerá un rendimiento mayor. En la figura 4.1 se detallan un conjunto de recomendaciones que se deben tener en cuenta como pautas para reducir de manera significativa el consumo de combustible.

1   Costos de transporte

El costo de un transporte es la valoración monetaria del consumo de los diversos factores necesarios para la prestación del servicio. Estos costos se pueden presentar esquematizados como se ve en la figura 4.2.

Los costos pueden observarse y clasificarse desde perspectivas muy diversas. En la tabla 4.1 se detallan en función del criterio aplicable.

El análisis de los tipos de costos más importantes permite llevar un estricto control del departamento de tráfico:

- **Costos indirectos:** no son directamente imputables a la explotación del vehículo, pero son necesarios para el funcionamiento de la empresa. Se incluyen los siguientes conceptos:

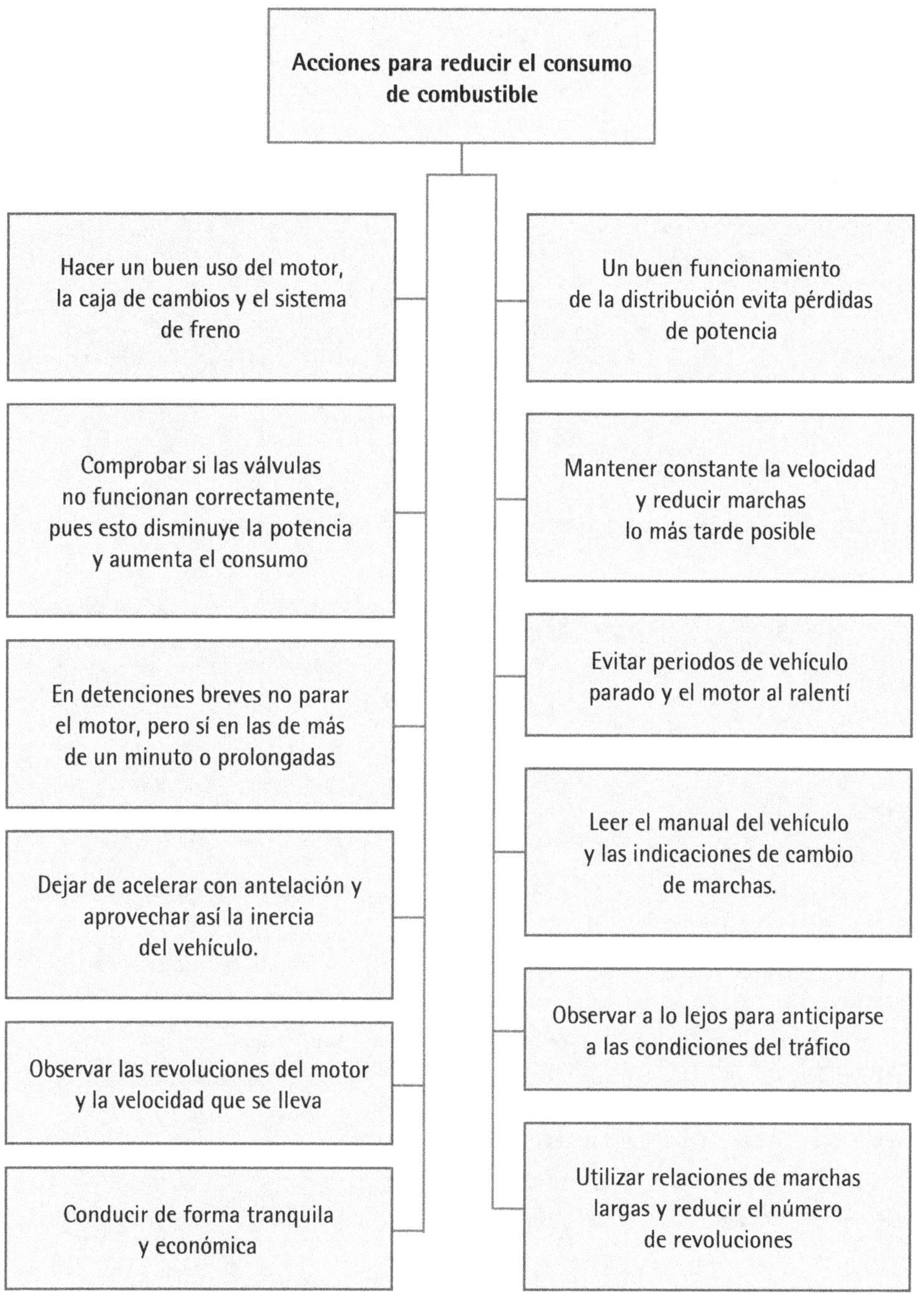

Figura 4.1. Conjunto de acciones que permiten reducir de manera significativa el consumo de combustible.

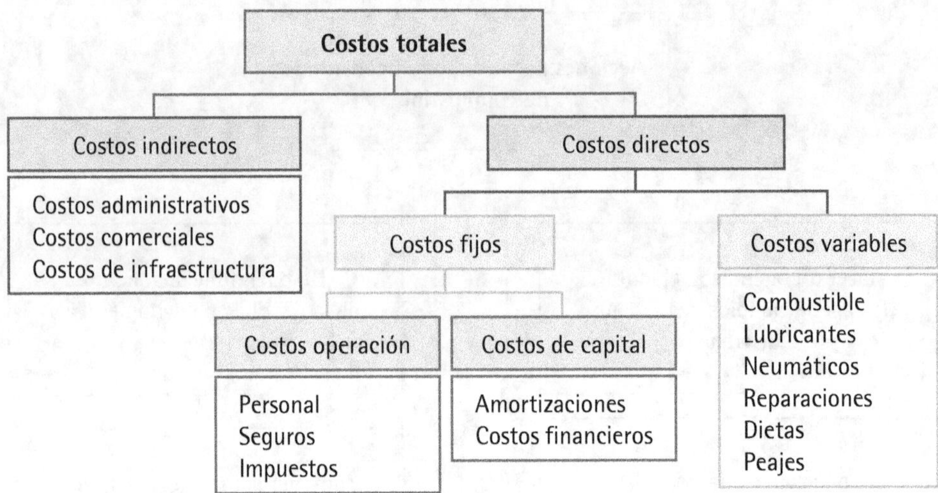

Figura 4.2. Estructura de los costos de transporte.

TIPOLOGÍA DE LOS COSTOS DE TRANSPORTE	
Criterio	Clasificación
Según su naturaleza	– Aprovisionamientos – Servicios exteriores – Costos de personal – …
Según su funcionalidad	– Costos de aprovisionamiento – Costos de producción – Costos de comercialización – Costos de administración
Según su identificación con el producto o servicio obtenido	– Costos directos – Costos indirectos
Según la relación con el nivel de actividad	– Costos variables – Costos fijos
En función del momento de su formulación	– Costos históricos – Costos preestablecidos
Según la imputación al producto o servicio obtenido	– Costos inventariables – Costos no inventariables

Tabla 4.1. Tipología de los costos de transporte.

  – ***Costo de infraestructura:*** amortización y gastos financieros de las instalaciones, gastos de mantenimiento y seguros de la infraestructura.
  – ***Costos de administración:*** personal administrativo, equipos de oficina, comunicaciones y gastos de gestión administrativa.
  – ***Costos comerciales:*** gastos de personal y otros gastos comerciales.

- **Costos directos:** están directamente incluidos en la actividad principal de la empresa y son necesarios para el funcionamiento de los vehículos que prestan el servicio y otras actividades directamente implícitas en el transporte. Se pueden clasificar en los siguientes tipos:

  – ***Costos variables:*** los que inciden en la actividad de la flota en carretera, aunque su aparición dependerá del grado de actividad, el peso de la carga de la mercancía, el mantenimiento periódico de la flota, el costo del combustible, las reparaciones, etc.
  – ***Costos fijos:*** los relacionados con la posesión de la flota, por ejemplo, el costo de compra y financiación de un vehículo, los salarios del personal de conducción, el seguro, los impuestos de circulación, etc.

1.1 Costos fijos

Los costos fijos de la flota son aquellos en los que se incurre por la posesión de los vehículos. Cabe distinguir entre los costos de capital y los de operación.

- **Costos de capital:** son los costos de adquisición y financiación del vehículo, y comprenden:

  – ***La amortización:*** es el periodo de tiempo que el vehículo es utilizado por la empresa de transportes y ha aportado un rendimiento para ella.

- ***La financiación:*** se trata de recursos externos utilizados para la adquisición de un bien (un vehículo o la maquinaria necesaria para realizar la actividad de la empresa).
- ***Los costos financieros:*** son los repercutidos por la financiación de un tercero, como consecuencia de la deuda.

- **Costos de operación:** son los generados por la propia actividad, por ejemplo:

  - El costo del personal de conducción (el salario bruto más la aportación a la Seguridad social).
  - El seguro que da cobertura a los profesionales, la maquinaria, los vehículos, las mercancías, etc.
  - Los impuestos.
  - Las tasas, que son los impuestos que se deben hacer efectivos anualmente por realizar la actividad de transporte, por ejemplo, la ITV (inspección técnica de vehículos), las inspecciones del tacógrafo, etc.

1.2   Costos variables

Aplicando la tabla 4.2 a un caso práctico, supongamos un vehículo articulado que transporta carga general. Para desarrollar este ejemplo, se utilizan los costos estimados en 2021, mientras que el resto de los datos están basados en un promedio, como el consumo de combustible, kilómetros realizados por año, etc. (véase tabla 4.3).

Existe una aplicación informática, Acotram, creada por el Ministerio de Transportes, Movilidad y Agenda Urbana, donde pueden realizarse este tipo de consultas adaptándolas a las características de cada flota (www.mitma.gob.es).

Amortización del vehículo	Costo anual en € de la depreciación del vehículo y todos sus elementos, calculado en cuota constante para el número de años de vida y teniendo en cuenta su valor residual	*A:* amortización *C:* costo del vehículo *N:* valor de neumáticos *R:* valor residual del vehículo *v:* años de vida útil	$$A = \dfrac{C - R - N}{v}$$
Financiación del vehículo	Costo financiero anual de la inversión en el vehículo y todos sus elementos, calculado con el sistema de cuota constante	*F:* financiación *n:* años de financiación *i:* tipo de interés del préstamo en tanto por uno *P:* montante del préstamo *v:* años de vida útil *j:* $(1 + i)^n$	$$F = \dfrac{\left(n \cdot \dfrac{P \cdot i \cdot j}{j - 1}\right) - P}{v}$$
Personal	Costo anual del personal de conducción sin tener en cuenta las dietas	Los salarios brutos anuales del personal de conducción, más las cotizaciones empresariales anuales a la Seguridad Social (las dietas se contemplan en otro apartado)	
Seguros	Costo anual del seguro de todos los vehículos	Suma de todas las primas de seguro de los vehículos de la flota	
Costos fiscales	Costo total anual de los impuestos y tasas imputables a cada uno de los vehículos	Suma de todas las tasas e impuestos de todos los vehículos	

Continúa

Continuación

Combustible	Suma de los costos totales de combustible (considerando vehículos de tracción, equipos de manutención, maquinaria, etc.)	C: costo anual de combustible (€) C_e: costo anual de combustible de los equipos C_v: costo anual de combustible del vehículo de tracción (€) p_v: precio de adquisición del combustible del vehículo de tracción sin IVA menos la devolución del impuesto del gasóleo de uso profesional (€/litro) c_v: consumo medio de combustible del vehículo de tracción (litros/100 km) K: kilómetros recorridos anualmente por el vehículo de tracción (kilómetros) p_e: precio de adquisición del combustible de los equipos (€/litro) sin IVA c_e: consumo medio de combustible de los equipos (litros/hora) h: horas anuales del funcionamiento de los equipos	$C = C_v + C_e$ $C_v = \dfrac{P_v \cdot c_v \cdot K}{100}$ $C_e = p_e \cdot c_e \cdot h$
Mantenimiento	Costo anual del mantenimiento del vehículo y de los equipos.	M: costo anual de mantenimiento m: costo kilómetro del mantenimiento del vehículo y de los equipos (€/km) sin IVA k: kilómetros recorridos anualmente por vehículo	$M = m \cdot k$

Neumáticos	Suma de los costos anuales de los diferentes tipos de neumáticos del vehículo. La fórmula del cálculo del costo anual de un tipo de neumático	N: costo anual del tipo de neumático p: precio sin IVA de la sustitución de un neumático por otro del mismo tipo n: número de neumáticos del mismo tipo k: kilómetros recorridos anualmente por un vehículo d: duración media del tipo de neumáticos (km)	$$N = \frac{p \cdot n \cdot k}{d}$$
Reparaciones	Costo total anual de las reparaciones del vehículo y de los equipos	R: costo anual de las reparaciones r: costo kilométrico de las reparaciones del vehículo y de los equipos (€/km) sin IVA k: kilómetros recorridos anualmente por vehículo	$R = r \cdot k$
Dietas del conductor	Costo anual de las dietas	Pueden ser una cantidad fija diaria o bien los costos reales de cada conductor en función de la ruta, días de trabajo (laborables, festivos, etc.)	
Peajes	Costo total anual de los peajes utilizados por cada vehículo sin IVA (se puede analizar el costo total de peaje por kilómetro recorrido)	P: costo de los peajes p: costo por kilómetro de los peajes (€/km) k: km recorridos n: Porcentaje total de kilómetros en que se han pagado peajes	$$n = \frac{P \cdot 100}{k} \; (\%)$$ $$p = \frac{k}{p}$$
Costos indirectos	Costo total anual de los costos indirectos repercutibles a este vehículo		

Tabla 4.2. Tipología de los costos variables.

	Costes anuales	
	Euros (€)	Distribucion (%)
Costes totales	**137.316**	**100,0%**
Costes directos	127.604	92,9%
Costes por tiempo	58416,42	42,5%
Amortizacion del vehículo	16005,44	11,7%
Financiación del vehículo	2800	2,0%
Personal de conducción	32045,85	23,3%
Seguros	6765,12	4,9%
Costes fiscales	800,01	0,6%
Costes kilométricos	69.188	50,4%
Combustible	40.013	29,1%
Consumo de disolución de urea	1745,39	1,3%
Neumáticos	5356,29	3,9%
Mantenimiento	1765,98	1,3%
Reparaciones	4321,08	3,1%
Dietas	13972,45	10,2%
Peajes	2013,71	1,5%
Costes indirectos	9.712	7,1%
	Total	Cargados
Costes unitarios		
Kilometraje anual (km/año)	125000	109234,00
Horas anuales (horas/año	1800	1572,97
Costes unitarios		
Costes por kilómetro: Costes totales / km (€/km)	1,10	1,26
Costes por hora : Costes totales /hora (€/hora)	76,29	87,30
Costes por kilómetro y hora. Suma de:		
Costes kilómetros /kilómetros (€/km)	0,55	0,63
Costes temporales e indiretcos/hora (€/hora)	34,78	42,98

Tabla 4.3.

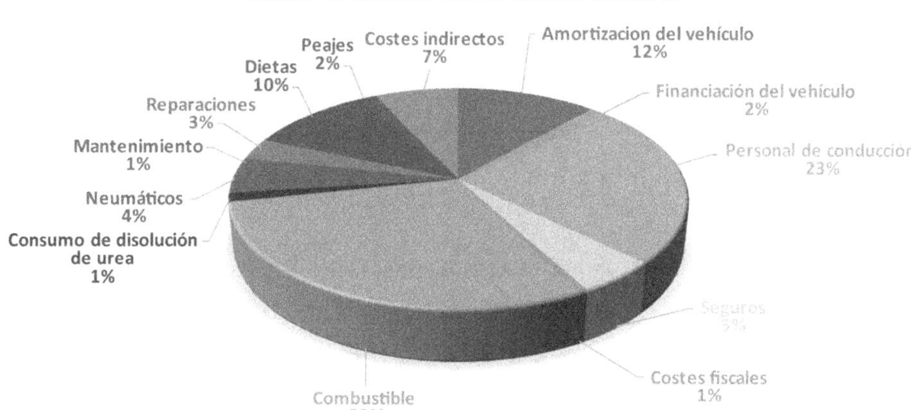

Figura 4.3. Ejemplo de los costos totales de cada una de las partidas de un vehículo.

En la figura 4.3, se representa un ejemplo del porcentaje de los costos totales de cada una de las partidas de un vehículo, según los cálculos realizados en la tabla 4.3.

1.3   Diferencia entre costo, gasto y pago

Hay que diferenciar entre el costo, el gasto y el pago. La diferencia entre costo y gasto en contabilidad es que los costos son considerados inversiones que se identifican directamente con los ingresos, mientras que los gastos no se asocian con el retorno de la venta del producto o servicio. Además, los costos y los gastos se contabilizan de forma diferente.

Para poder llevar un buen control contable, es importante no confundir los términos pagos, compras e inversión. Dependiendo de en qué contexto se contemplen (contable, fiscal, financiero, real, etc.), pueden tener un sentido diferente.

Lo que distingue fundamentalmente un gasto de una pérdida es precisamente la contraprestación, ya que en el caso de las pérdidas no se obtiene nada a cambio de la salida de dinero, pero sí se pierde dinero o se deja de recibir, mientras que con el gasto se recibe un producto o servicio a cambio.

Un pago es el abono de una cantidad de dinero destinada a liquidar una obligación, mientras que el gasto es voluntario, ya que se puede consumir o no (el pago es aquella cantidad de dinero que va a cubrir esa obligación).

El término inversión es la puesta en práctica de unos recursos con los que se espera obtener una rentabilidad, beneficios e ingresos, mientras que de un gasto solo puede esperarse una contraprestación y el consumo de esta. En una compra, se considera gasto aquel producto (o mercancía) que va destinado al consumo, mientras que el resto se considera un activo, es decir, inversión.

Veamos un ejemplo donde aparecen todos estos conceptos, cada uno de ellos con su propio significado. Se adquiere un vehículo, es decir, se está comprando un bien, lo que se considera un gasto, puesto que el vehículo tiene un costo, y el uso de este vehículo generará una depreciación. Es decir, se ha realizado una inversión que se hará efectiva al efectuar el pago mediante una transacción de dinero.

Por lo tanto, la definición de estos conceptos es (véase la tabla 4.4):

- **Costo:** es la medida y la valoración del consumo realizado o previsto para la aplicación racional de los factores para la obtención de un producto o servicio.
- **Medida y valoración:** el concepto medida está asociado a parámetros físicos y el concepto valoración a unidades monetarias. Así pues, para determinar el costo asociado a un determinado factor será necesario conocer el parámetro físico (unidad) que mide el consumo (kg, l, h, km, etc.) y su correspondiente valoración económica (€/kg, €/l, €/h).
- **Consumo realizado:** es la acción y el efecto de consumir o gastar, sean productos, bienes o servicios, por ejemplo, el combustible, entendiendo por consumir como el hecho de utilizar estos productos y servicios para satisfacer necesidades

Costo	Valor económico real de un producto o servicio
Medida y valoración	Componente técnico (medida) Componente económico (valoración)
Consumo realizado o previsto de factores	Principio de meritación* Costos históricos y costos previstos
Para la obtención de un producto o servicio	Concepto de valor añadido

*El principio de meritación o principio de devengo es una norma contable que establece que las transacciones o hechos económicos se registran en el momento en que ocurren, con independencia de la fecha de su pago o de su cobro.

Tabla 4.4.

- **Para la obtención de un producto o servicio,** solo se consideran costos los consumos o aplicaciones de factores que están relacionados o vinculados con la actividad productiva de la empresa, y que en definitiva aportan un valor añadido al producto o servicio.

1.4   Tipos de costos que no son gastos

Son aquellos que se originan en la empresa y no tienen una contrapartida en el exterior de la misma. Son costos denominados internamente calculados:

- **Costo de oportunidad:** es el costo de la opción a la que se renuncia cuando se toma una decisión, incluyendo los beneficios que se podrían haber obtenido con la opción no escogida. Por lo tanto, el costo de oportunidad son aquellos recursos que no se perciben o que representan un costo por el hecho de no haber elegido la mejor opción. Cuando se tienen unos recursos limitados, estos recursos suelen ser generalmente dinero y tiempo. El término costo de oportunidad también se le conoce como «el valor de la mejor opción no seleccionada».

- **Cálculo de la amortización:** se calcula atendiendo criterios de utilización efectiva del inmovilizado. Es lo que determina cuál va a ser la cuota que se va a descontar en cada ejercicio como gasto de la base imponible.

1.5 Los gastos que no son costos

Existen gastos que no tienen la consideración de costo, ya que se refieren a las actividades de explotación antes de los cargos financieros. Se puede destacar los siguientes:

- **Gastos financieros:** forman parte de la partida de gastos deducibles de la actividad económica, tanto del profesional independiente como de las sociedades mercantiles. Se entienden como gastos financieros todos aquellos en los que incurre una empresa a consecuencia del uso de recursos económicos aportados por terceras personas físicas o jurídicas (la más habitual suele ser una entidad bancaria).
- **Tributos:** es la aportación que todos los entes (persona física o jurídica) deben pagar al Estado. Se pueden agrupar en tres categorías: impuestos, contribuciones y tasas.
- **Gastos excepcionales:** son aquellos provocados por sanciones y multas, incendios, averías, accidentes, etc.

En la tabla 4.5 se aprecia la correlación entre los conceptos de gasto/pago y costo, y su reflejo en la cuenta de pérdidas y ganancias o en la cuenta de explotación.

2 La amortización

En el ámbito de los costos es importante conocer el concepto de amortización, la razón de su existencia y su funcionamiento. Están sujetos a amortización la mayor parte de los activos fijos materiales de una empresa, como la flota de vehículos, el mobiliario, las máquinas, las instalaciones, etc., es decir, los bienes que pertenezcan a la empresa y puedan utilizarse durante un periodo determinado de tiempo, puesto que se deterioran progresivamente y pueden quedar incluso obsoletos. Estas devaluaciones van reduciendo el activo de una empresa, lo que se refleja en una disminución de sus beneficios y, por lo tanto, deberán constar en el balance anual. A este proceso por el que se cuantifica el deterioro de los bienes se le denomina amortización.

Por ejemplo, una empresa realiza una compra de un vehículo ligero y opta por una gama media, valorando el consumo de combustible y el impacto que esta tiene en el medio ambiente. Sustituir el vehículo actual por uno de bajo consumo implicará un ahorro de 1.300 € al año aproximadamente. El vehículo adquirido tiene un valor de 26.000 € en el momento de su adquisición, aunque una vez matriculado parte de ese valor disminuye

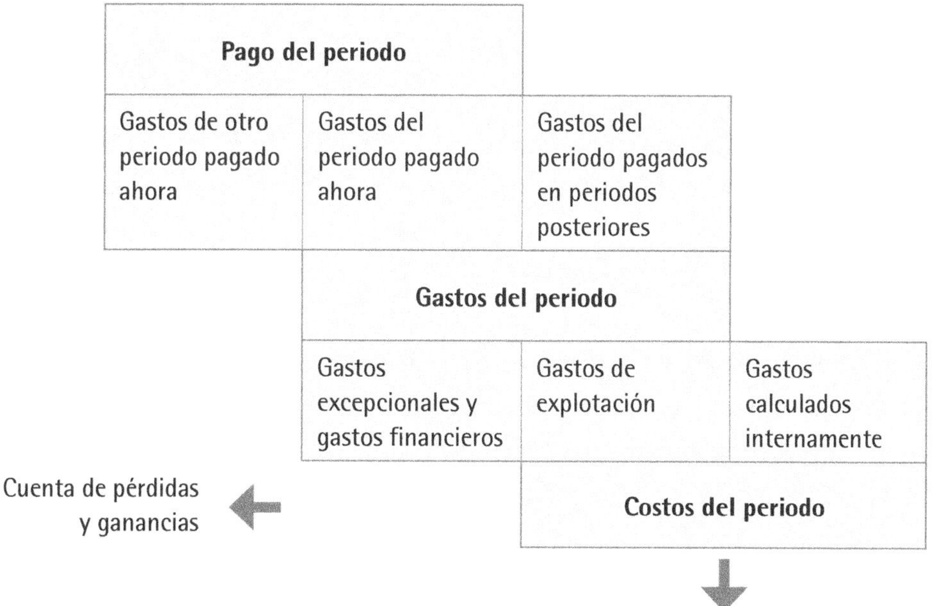

Tabla 4.5.

y pasa a ser un vehículo de segunda mano. La intención de la empresa es usarlo a lo largo de toda su vida útil, por lo que esta depreciación inicialmente no es significativa hasta el momento en que este vehículo, por el desgaste, tenga averías o bien deje de funcionar. Se le presume una vida útil de unos siete años, por lo que si por este vehículo se pagaron 26.000 €, se dispone de 3.714,28 €/año para él. A cada una de estas divisiones se le llama amortización, y puede usarse de diversas maneras.

En este caso, la amortización anual del vehículo es de 3.714,28 €. Pero, ¿qué significa esto?, ¿para qué sirve? Veamos con detalle el proceso de esta operación:

- **Momento de la sustitución de un bien**

  En este caso, la empresa compra un vehículo y al cabo de siete años, cuando deja de funcionar, no dispone de recursos económicos para sustituirlo. Para que esto no ocurra, se usa el concepto de amortización. Imaginemos que compramos el vehículo por 26.000 €, el mejor modo de poseer esa cantidad dentro de siete años es hacer una reserva de 3.714,28 cada año. Así dispondría de capital suficiente para sustituir el vehículo por uno nuevo sin necesidad de recurrir a financiación externa. Este concepto de amortización es el llamado amortización técnica o económica.

- **¿Cómo calcular una amortización?**

  En la amortización lineal, se presupone que el valor del dinero al cabo de siete años es el mismo que en el momento de realizar la compra (algo que no es cierto, aunque sirva de orientación). A menudo las empresas hacen una estimación de incrementar entre un 5-10 % el valor del dinero para el futuro. Por ejemplo, que el vehículo que se compró por 26.000 € costará 28.600 € dentro de siete años. En el caso de que el vehículo cueste igual o menos, habremos ahorrado 2.600 € al cabo de ese tiempo, y si el costo del vehículo es superior a 26.000 €, entonces el impacto del gasto será menor.

Al final, la amortización contable habla del dinero que se tiene que guardar o ahorrar para reponer de nuevo el mismo bien, o dicho de otra manera, la amortización será el importe que cuesta cada año de utilidad el vehículo. En el caso del anterior vehículo ligero, supone un costo de 3.714 €/año:

$$Amortización = \frac{Valor\ del\ bien}{Tiempo\ que\ dura}.$$

2.1 Tipos de amortización

- **Amortización lineal.** El método de amortización lineal, también llamado método de amortización de cuotas constantes o fijas, es una forma de depreciar los activos mediante cuotas de amortización anuales iguales. Esta manera de calcular el desgaste anual de un activo (una máquina, un edificio) se hace con el fin de reflejar contablemente el gasto por amortización y el valor neto contable del activo en el balance. Aplicando este método, el gasto por amortización será el mismo cada año, y se calcula asignándole un porcentaje anual fijo al precio de adquisición del inmovilizado o asignándole una vida útil. El método lineal de amortización se calcula de una de estas dos maneras:

  - *Porcentaje:* para realizar el cálculo de la cuota de amortización anual mediante porcentaje, se asigna un coeficiente (%) anual que se aplica sobre el valor de adquisición del inmovilizado. La fórmula es la siguiente:

    Amortización anual = Valor adquisición × Coeficiente (%).

  - *Vida útil:* en este caso no se establece un porcentaje sino que la empresa estima los años que espera que el bien comprado le genere ingresos, y divide el costo inicial del elemento entre los años que considere oportunos:

$$Amortización\ anual = \frac{Valor\ de\ adquisición}{Años\ de\ vida\ útil}.$$

- **Amortización contable decreciente.** El método de amortización contable decreciente es una forma de depreciar los activos que consiste en asignar a cada año de vida útil un dígito correlativo que corresponda a la serie de números naturales de forma decreciente. También es conocido como método de número de dígitos decreciente o método de suma de dígitos decreciente. Se caracteriza por contar en cuotas de amortización cada vez menores, de manera que los primeros años el activo se deprecia mediante un gasto de amortización superior al resto de los años de vida útil asignada siguiendo una tendencia decreciente. Esto suele utilizarse para aquellos bienes en los que el riesgo de obsolescencia es muy elevado, por ejemplo, los ordenadores de una oficina, los vehículos de una flota, etc. Para conocer el gasto anual por la amortización de los activos, se deben realizar los siguientes pasos:

  - Asignar los años de vida útil en los que se amortizará totalmente el activo en función del periodo estimado que generará ingresos en la empresa.
  - Calcular la suma de dígitos decreciente. Si un activo tiene una vida útil de tres años, al primer año se le asignaría el dígito 3, al segundo el 2 y al tercero el 1. La suma total dígitos sería: 3 años + 2 años + 1 año = 6.
  - La fórmula para conocer la cuota de amortización será:

$$Cuota\ de\ amortización = \frac{Valor\ de\ adquisición}{\sum de\ dígitos} \times Dígito.$$

2.2 Métodos de amortización: cómo calcular las cuotas de depreciación

En el cálculo de la depreciación o amortización intervienen tres variables:

- **Valor amortizable:** precio de adquisición o producción (también denominado costo histórico).
- **Vida útil:** el tiempo estimado durante el cual el bien o las unidades de producción que se esperan obtener de él podrán utilizarse.
- **Valor residual:** el valor remanente al final de su vida útil, que equivale al precio que la empresa esperaría obtener por su venta en el momento actual. En el ámbito contable, el valor residual es el valor que tiene un inmovilizado al final de su vida útil, una vez deducidos los gastos por amortización y depreciación.

2.3 Factores a tener en cuenta para calcular el valor residual

Es necesario analizar una serie de factores para definir el valor residual:

- El valor residual únicamente se calcula sobre los inmovilizados, es decir, sobre edificios, maquinarias, elementos de transporte, etc.
- Se parte del valor inicial del inmovilizado, que será el valor de adquisición o el costo de fabricación.
- Del valor del inmovilizado se deducen los gastos de amortización y depreciación, que se imputan al inmovilizado por el uso o por el paso del tiempo. La amortización se calcula durante los años de vida útil de inmovilizado; una vez que se ha agotado la vida útil, no se imputan gastos de amortización ni de depreciación.

2.4 *Fórmulas para realizar los cálculos contables en la adquisición de un bien, su amortización y el valor residual*

Valor amortizable = Coste de adquisición – Valor residual.

Valor residual = Valor de adquisición – Valor amortizable.

$$\textit{Amortización acumulada} = \frac{\textit{Valor amortizable} - \textit{Tiempo usado del vehículo}}{\textit{Vida útil del vehículo}}.$$

Valor contable: Costo de adquisición – Amortización acumulada.

Valor amortización por año si se vende al final de la vida útil = .

$$\textit{Valor amortización por año si se vende al final de la vida útil} = \frac{\textit{Valor de adquisición}}{\textit{Años de vida útil}}.$$

2.5 *Implicaciones del valor residual en el cálculo de la amortización*

En ocasiones el valor residual es una cantidad que estima la propia empresa. Por ejemplo, se puede establecer que el valor residual de un bien es del 5 % de su valor de adquisición. Esto tiene una serie de implicaciones en el cálculo de la amortización anual. Por ejemplo, la adquisición de un bien por 50.000 €, cuyo valor residual es del 20 % del valor de adquisición. La vida útil es de siete años y se practica una amortización lineal. ¿Cuál es la amortización anual del vehículo?

El valor residual es de 20 % de 50.000 €. Para calcular la amortización hay que minorar este valor residual del valor de adquisición: (50.000 – 10.000).

Ejemplo de cálculo de amortización y valor residual

Se compra un vehículo por un costo de adquisición de 50.000 €, al que se le supone una vida útil de siete años. Se prevé vender el vehículo a los tres años de su uso. Se considera que hay una amortización acumulada de 8.000 €. ¿Cuál será su valor residual en el momento de la venta?
Los datos aportados por el enunciado son:

– Precio de adquisición: 50.000 €.
– Vida útil total: siete años (a partir de ese punto el valor residual sería 0 ya que se habría amortizado en su totalidad).
– Tiempo de uso en años: 3.
– Amortización acumulada: 8.000 €.

Valor residual = 50.000 – *Valor amortizable.*

$$\textit{Amortización acumulable} = \frac{\textit{Valor amortizable} \cdot \textit{Tiempo utilizado}}{\textit{Tiempo total de vida útil}};$$

$$8.000 = \frac{\textit{Valor amortizable} \cdot 3}{7}; \quad 56.000 = \textit{Valor amortizable} \cdot 3.$$

$$\textit{Valor amortizable} = \frac{56.000}{3} = 18.666,66 \text{ €}.$$

Valor residual = 56.000 – 18.666,66 = 31.333,33 €

De este cálculo, se observa que en tres años se ha amortizado un valor de 18.666,66 €, por lo que el valor residual para vender el vehículo es de 31.333,33 €.

$$Valor\ amortización\ anual = \frac{Valor\ adquisición - Importe\ residual}{Tiempo\ total\ de\ vida\ útil} =$$

$$\frac{50.000 - 10.000}{7} = 5.714,28\ €$$

3 Mantenimiento de una flota de transporte terrestre

El mantenimiento de una flota es fundamental para cualquier empresa de transporte. Hacerlo de manera deficiente puede conllevar riesgos en la seguridad del personal, además de generar un gran costo a medio y largo plazo. Existen dos tipos de mantenimiento de una flota de vehículos: preventivo y correctivo:

- **Mantenimiento preventivo:** es aquel que sugiere el fabricante de cada marca de vehículos, con una frecuencia marcada o definida normalmente por el kilometraje del vehículo. Este mantenimiento no implica elevados costos y es previsible.
- **Mantenimiento correctivo:** se genera por una avería o por el desgaste de alguno de los componentes del vehículo y puede conllevar a una reparación de bajo costo o de precio más elevado. Las ventajas de implementar el sistema de acciones preventivas son, entre otras:

  - Reducción de costos.
  - Aumento de la seguridad.
  - Fiabilidad.
  - Disponibilidad de los vehículos.

Hay que tener en cuenta que los avances tecnológicos en la gestión de flotas facilitan la planificación y el seguimiento de las labores de mantenimiento. Por ejemplo:

- Las tecnologías más avanzadas permiten identificar y notificar cuándo se deben programar las labores de y supervisar los intervalos. Es posible generar órdenes de mantenimiento puntuales o labores de repetitivas en el tiempo o cada cierto número de kilómetros. De esta forma, la sede de la empresa recibe la información en tiempo real de las previsiones de mantenimiento de los vehículos, lo que ayudará a conservar el valor de la flota.

- Otra información relevante que se puede controlar mediante las nuevas tecnologías desde la sede es el tipo de conducción, ya que esta influye en el estado de los vehículos. Una conducción brusca acelerará el desgaste de los frenos y de los neumáticos, mientras que no respetar una distancia de seguridad adecuada puede llevar a un accidente. Por esta razón, es fundamental formar a los conductores y supervisar su forma de conducción.

Así pues, es imprescindible llevar un exhaustivo mantenimiento de la flota para evitar costos elevados y averías o inmovilizaciones inesperadas de los vehículos, ya que permite detectar con anterioridad anomalías que, de no ser resueltas a tiempo, pueden desencadenar en desperfectos mecánicos graves.

4 Tarifas del transporte de mercancías por carretera

Las tarifas del transporte de mercancías por carretera se pueden calcular mediante dos supuestos:

- El importe económico lo fija la empresa transportista como precio de sus servicios por el transporte de las mercancías por carretera.
- Se suma el costo del transporte, el beneficio industrial y los impuestos indirectos que gravan el servicio de transporte (IVA).

4.1   Tipos de tarifas

En el transporte de mercancías por carretera, existen los diferentes tipos de tarifas:

- **Tarifa de carga completa:** precio del transporte de mercancías para el contrato de un vehículo en carga completa perteneciente a un solo cargador. El cálculo de esta tarifa se realiza multiplicando el costo por kilómetro recorrido del tipo de vehículo contratado por el número de kilómetros del trayecto. A este importe hay que añadirle el beneficio industrial esperado por la empresa (habitualmente entre 15-20 % del costo total) más el 21 % del IVA (tipo general) con el que se grava el servicio de transporte de mercancías.

- **Tarifa de carga fraccionada:** precio del transporte de mercancías para una determinada carga en grupaje, que no ocupa más que una parte del vehículo por un trayecto completo. El cálculo de esta tarifa tiene el siguiente proceso:

  - *Cálculo del costo por kilómetro y tonelada.* Se divide el costo kilométrico del vehículo entre el número de toneladas de su carga útil.
  - *Cálculo del peso de la carga.* El peso que se aplica es el mayor de los dos siguientes: el peso físico o real de la carga expresado en kilogramos y el peso volumétrico expresado en metros cúbicos. El peso volumétrico es el peso de la carga teniendo en cuenta su volumen. Se calcula multiplicando las dimensiones de la mercancía junto con su embalaje. (Este cubicaje lo determina la empresa en función del tipo de servicio (paquetería, carga general, etc.) como medida estándar y suele oscilar entre 150 y 200 (en el caso de paquetería, y en el caso de carga completa, la conversión equivale a 333,33.

- ***Cálculo del costo por volumen.*** Se multiplica el costo kilométrico por tonelada por el peso calculado (el mayor del peso físico y volumétrico).
- ***Cálculo de la tarifa.*** Se suma el beneficio industrial y el IVA al costo por volumen.

- **Tarifa de paquetería:** precio del servicio puerta/puerta. El cálculo de esta tarifa es complejo. Se trata de una tarifa de carga fraccionada en la que además hay que tener en cuenta el tipo de paquete (medidas estándar o especiales) y el tipo de servicio (urgente con reintento de entregas, servicio con hora limitada, cobro a portes debidos, seguros especiales, etc.). La mayoría de las empresas de paquetería disponen de simuladores de tarifa que se pueden utilizar en línea.

Hay que tener en cuenta que el exceso de oferta supone un decrecimiento en los precios del transporte, como ocurrió en el transporte por carretera durante el periodo de la covid-19. Una mayor oferta de servicio que demanda implica una competencia sobredimensionada, lo que tiende a generar una bajada de precios.

Test de autoevaluación

Afianza tus conocimientos sobre la gestión de tráfico de mercancías. Accede a **www.margebooks.com** y supera los test de autoevaluación.

Capítulo 5
Planificación del servicio de transporte de mercancías peligrosas

1   ¿Qué son las mercancías peligrosas?

Son productos, objetos o materiales que implican un riesgo para la salud, o que pueden causar daños al medio ambiente. Normalmente las mercancías peligrosas se consideran productos nocivos, como por ejemplo, mezcla de sustancias químicas, productos manufacturados, etc. En las materias peligrosas cabe distinguir:

- **Soluto:** es un sólido (pero también puede ser un gas o un líquido) que se disuelve en una sustancia líquida, lo que origina una solución líquida. Son solutos sólidos muy comunes, por ejemplo, el azúcar o la sal que, al mezclarse con agua, forman una solución azucarada o salina, respectivamente. También hay solutos gaseosos, como el gas carbónico, que, al juntarse con agua, forma una solución de agua carbonatada. Asimismo, existen solutos líquidos, como el ácido acético que, mezclado con agua, produce vinagre.

- **Solvente:** es la sustancia en la que se disuelve un soluto generando como resultado una solución química. Generalmente, el solvente es el componente que se encuentra en mayor proporción en la solución. El más común es el agua, pues actúa en gran cantidad de sustancias como disolvente. Otro ejemplo de solvente sería el hierro fundido que, al ser mezclado con carbón y solidificarse, da como resultado una sustancia conocida como acero.

- **Solución química:** es la mezcla homogénea de una o más sustancias disueltas en otra sustancia en mayor proporción. Está compuesta por soluto y solvente. Las soluciones químicas se pueden presentar en los tres estados de la materia: líquidas, sólidas y gaseosas. A su vez, los solutos y los solventes pueden presentar también esos tres estados. La mezcla del alcohol en el agua, por ejemplo, es una solución líquida de soluto y solvente líquido. El aire está compuesto de nitrógeno, oxígeno y otros gases como el argón, el cual se encuentra en menor proporción y es una mezcla gaseosa.

2 Planificación del transporte de mercancías peligrosas

En el transporte de mercancías la planificación es básica, especialmente en el caso de las mercancías peligrosas, pues de ello depende el correcto funcionamiento de la logística de una empresa. Durante un trayecto pueden surgir infinidad de imprevistos, que difícilmente se podrán afrontar sin una programación adecuada, sobre todo si se trata de un transporte de mercancías que implican riesgos para los profesionales de conducción y su entorno.

Al planificar una ruta o trayecto se han de coordinar muchos aspectos. En la planificación del transporte de mercancías peligrosas se han de tener en cuenta:

- **El almacén:** ha de estar preparado y organizado para poder manejar este tipo de mercancías. Asimismo, el personal ha de conocer las mercancías, su clasificación de peligrosidad y las compatibilidades o incompatibilidades que puede haber entre distintos tipos de productos ubicados dentro de un mismo almacén. Además de la infraestructura adecuada, se requiere personal con formación especializada en la manipulación, guarda y custodia de este tipo de mercancías.

- **El camión:** ha de ser un vehículo capacitado y autorizado para transportar el tipo de mercancía de la que se esté tratando. En el caso de gestionarse un envío de mercancías en la modalidad de grupaje o de un envío consolidado, en el que se debe compartir ruta con otras mercancías, se han de considerar varios supuestos. Es imprescindible conocer las compatibilidades o incompatibilidades entre los distintos tipos de mercancías si se trata de un consolidado, o bien la incompatibilidad total de compartir el mismo vehículo en el caso del grupaje. Asimismo, hay que conocer los distintos tipos de mercancía que pueden transportarse juntos con un distanciamiento determinado o cuando no se excede una cantidad determinada.

- **La ruta:** se ha de conocer por qué rutas se puede transitar con el tipo de mercancía que se esté transportando, así como las restricciones de circular por túneles e incluso de horarios y días concretos en función de la clasificación de la mercancías.

Las empresas de transporte de mercancías peligrosas deben contar con vehículos homologados para ello, y su personal conductor han de disponer del permiso especial para llevarlo a cabo.

3 Normativa general del transporte de mercancías peligrosas

3.1 Actualizaciones en la normativa ADR

Las principales actualizaciones de la normativa ADR (*Accord européen relatif au transport international des marchandises dangereuses par route*, o «Acuerdo Europeo sobre Transporte Internacional de Mercancías Peligrosas por Carretera) en España se publicaron en el BOE el 1 de julio de 2019 y se refieren a la nomenclatura de algunos términos. Por ejemplo, se cambia el término «riesgo» por «peligro» o aparece el concepto de «objetos» que contienen mercancías peligrosas en su interior y que entran a formar parte del ámbito del Acuerdo ADR, aunque podrían quedar exentos según sus modos de embalaje. Por objetos se entienden, pues, aquellas máquinas, aparatos o dispositivos que contengan mercancías peligrosas o residuos de estas en su interior. También se establecen otras medidas como:

- Las empresas expedidoras están obligadas a contar con la figura del consejero de seguridad. La fecha de validez para los certificados de los consejeros de seguridad sigue siendo la del certificado más antiguo, es decir, los nuevos títulos obtenidos vencen en la misma fecha que su título más antiguo.

- Se han modificado numerosos nombres de mercancías peligrosas, y en ocasiones la nomenclatura utilizada ya no coincide con la empleada anteriormente. El uso indebido de los nombres no actualizados supondrá una sanción muy grave.

- Las compañías deben dar instrucciones al personal conductor para que modifiquen la carta de porte cuando realice entregas o recogidas de diversas mercancías, indicando la cantidad total y el valor calculado para cada categoría de transporte. En caso de control, si el valor real no coincide con el reflejado en la carta de porte, se incurrirá en una sanción grave.

- La realización de operaciones de carga y descarga, salvo que se pacte contrario, es responsabilidad exclusiva de la empresa expedidora.

- Se han de unificar algunas nomenclaturas de las mercancías según los tipos de transporte. El objetivo es que no haya problemas en los cambios de transporte a escala internacional y que se incluyan en la normativa ADR países no europeos, por lo que desaparece la mención «europeo». En el transporte marítimo y aéreo las normas ya están más unificadas internacionalmente.

3.2 Las nuevas tecnologías en el transporte de mercancías peligrosas

La utilización de los macrodatos o *big data* puede contribuir a la seguridad y ayudar en los procesos del transporte internacional de mercancías peligrosas por carretera. La recopilación de datos se ha realizado siempre, pero se han producido cambios en los sistemas de almacenamiento y de procesamiento, tanto en capacidad como en costo, que la han llevado a desempeñar un papel importante en la cuarta revolución industrial.

De acuerdo con Javier Cañestro, director de GantaBI, empresa tecnológica especializada en la gestión de la información, "en un sector como el transporte de mercancías peligrosas, donde los peligros están tipificados, es sencillo implementar sistemas de analítica prescriptiva para hacer recomendaciones en beneficio del transporte. La inteligencia artificial puede permitir implementar los diversos cambios que se producen en la normativa, gracias a que los procesos están claramente definidos, pudiendo realizar una toma de decisiones objetiva. Se pueden desarrollar modelos para mitigar los riesgos inherentes a esta actividad».

3.3 Categorización de las mercancías peligrosas

Las mercancías peligrosas se pueden clasificar según las siguientes características y composiciones de las sustancias:

- Propiedades físico-químicas: mercancías explosivas, comburentes, inflamables, asfixiantes, etc.
- Propiedades toxicológicas: mercancías tóxicas, corrosivas.
- Efectos sobre la salud: productos sensibilizantes, carcinogénicos, tóxicos para la reproducción, mutagénicos, etc.
- Peligros para el medio ambiente.

Las mercancías peligrosas se clasifican en nueve tipos generales, aunque algunos de estos se subdividen, por lo que al final tendríamos un total de doce clases. Los explosivos son una excepción dentro de las clases, puesto que se distribuyen entre divisiones y grupos de compatibilidad.

La normativa ADR añade los métodos de clasificación en la subdivisión 2.2.X.1 de cada tipo de producto peligroso, donde X es el número del tipo:

- 2.2.X.1 Criterios de clasificación.
- 2.2.X.2 Materias no permitidas para su transporte.
- 2.2.X.3 Materias no detalladas en otra parte.
- 2.2.X.4 Listado de materias de los tipos 4.1 y 5.2.

3.4 El medio de transporte utilizado para las mercancías peligrosas

En el transporte de mercancías peligrosas, el modo elegido tiene un impacto significativo. Cada medio de transporte tiene sus características propias que influyen en términos de calidad, comodidad y duración. Los modos de transporte están regulados por distintas normativas sobre mercancías peligrosas, divididas en cinco categorías:

- **Carretera: ADR** (Acuerdo Europeo sobre Transporte Internacional de Mercancías Peligrosas por Carretera). Este acuerdo, creado en 1957 conforme las recomendaciones de la Organización de las Naciones Unidas, ha sido ratificado por numerosos países que han adoptado su normativa sobre el transporte de mercancías peligrosas por carretera en sus respectivos territorios o en las fronteras con terceros.

- **Ferroviario: RID** (Reglamento Internacional sobre el Transporte de Mercancías Peligrosas por Ferrocarril). Esta regulación también tiene carácter obligatorio en España desde 1980.

- **Vía navegable: ADN** (Acuerdo Europeo para el Transporte de Mercancías Peligrosas por Vías Navegables Interiores).

- **Marítimo:** código IMDG (Código Marítimo Internacional de Mercancías Peligrosas). España suscribió este código en el año 1988, a partir del cual es de obligado cumplimiento en nuestro país.

- **Aéreo: los reglamentos ICAO/IATA** (Organización de Aviación Civil Internacional / Asociación Internacional de Transporte Aéreo) regulan el transporte aéreo. La ICAO fue fundada en 1944 y tiene como objetivo el de asegurar un tráfico aéreo internacional optimizado y seguro. En España también se debe respetar lo dispuesto por esta organización sobre transporte aéreo de mercancías peligrosas.

Cualquier vehículo que lleve a cabo operaciones de transporte mercancías peligrosas debe tener visibles dos paneles, uno delante y otro detrás, de forma rectangular, de color naranja y con bordes y números negros (véanse las figuras 5.1 y 5.2). Estos paneles indican cuáles son los riesgos de la materia que transporta dicho vehículo. En la misma placa habrá un número de identificación de peligro en la parte superior y una indicación de cuál es la materia transportada a través del número de identificación ONU en la parte inferior.

El número de identificación de peligro está compuesto por dos o tres dígitos, además de una letra X al principio en materias que reaccionan peligrosamente con el agua. Por su parte, el número de identificación ONU siempre se compondrá de cuatro dígitos que hacen referencia a la sustancia de

Figura 5.1.

Figura 5.2.

la que se trata. Si aparece dos números iguales en la parte superior de la placa, significa que la categoría explícita tiene mayor intensidad (es decir, si aparece 33 significaría muy inflamable, si apareciera 55 muy comburente, etc.).

También existe la posibilidad de que este panel esté vacío, es decir, sin ningún número grabado. En ese caso, significa que el medio de transporte lleva en su interior sustancias diferentes entre sí, por lo que van separadas con sus correspondientes etiquetas individuales de peligro en función de la materia que sea. Estas etiquetas también podrán encontrarse en medios de transporte abiertos, es decir, en aquellos en los que podemos ver la materia transportada desde fuera, como por ejemplo, los camiones de reparto de bombonas de butano o propano.

El objetivo de todas estas reglamentaciones es transportar los bienes o materias peligrosas de forma segura, eliminando o minimizando los riesgos potenciales, tanto para las personas como para el medio ambiente. Cuando se transportan mercancías peligrosas, existen elementos comunes entre las diferentes reglamentaciones.

4   Clases de mercancías peligrosas

Clase 1: Mercancías explosivas

Son todas aquellas sustancias cuyas moléculas tienen la capacidad de cambiar rápidamente el estado, como pasar de sólido a gas, provocando un estallido violento. A todos los elementos se les asignan diferentes letras según establece el «grupo de compatibilidad». Estas letras permiten al personal que manipula y transporta materiales explosivos conocer las compatibilidades

entre ellos para transportarse conjuntamente o no. Este grupo incluye seis subdivisiones que corresponden a diferentes tipos de explosivos:

1.1. Riesgo de explosión masiva.

1.2. Riesgo de proyección.

1.3. Riesgo de incendio y explosión leve o riesgo de proyección leve.

1.4. Riesgo mínimo.

1.5. Agentes explosivos.

1.6. Artículos detonantes muy insensibles.

Se pueden distinguir diferentes categorías de materiales explosivos:

- Materias explosivas: materias sólidas, líquidas o mezclas de sustancias que, por reacción química, pueden desprender gases a bastante temperatura, presión y velocidad, y provocar daños a su alrededor.
- Materias pirotécnicas: sustancias o mezclas de materias fabricadas para provocar un resultado calorífico, luminoso, sonoro, gaseoso o fumígeno (o una mezcla de ellos), como consecuencia de resultados químicos exotérmicos autosostenidos y no detonantes.
- Objetos explosivos: objetos que contengan una o varias materias explosivas o pirotécnicas.

Clase 2: Gases

Los gases se consideran mercancías peligrosas debido a que se transportan a una alta presión para reducir su volumen y ahorrar de este modo espacio y almacenamiento. La fuerte presión a la que se someten los gases durante su transporte supone un riesgo muy elevado, ya que si se liberan de forma repentina pueden hacer estallar sus contenedores y causar numerosos daños.

Según su composición, estos gases se pueden clasificar de la siguiente manera:

- Gases puros.
- Mezclas de gases.
- Mezclas de uno o varios gases con otra u otras materias
- Objetos que contengan tales materias.

Existen gases especialmente peligrosos, ya que, además de estar sometidos a una fuerte presión durante su transporte, pueden llegar a ser inflamables o tóxicos, por lo que se pueden distinguir:

- Gases inflamables.
- Gases no inflamables, no tóxicos.
- Gases tóxicos.

Según la normativa ADR, «un gas es una materia que en condiciones normales (20 °C y 101,3 kPa) es totalmente gaseosa». Esta normativa, además, incluye las materias que a 50 °C producen una presión de más de 300 kPa (3 bar), masa y volumen inconstantes. Las bebidas gaseosas no están sometidas a las disposiciones del Acuerdo ADR.

Las materias y los objetos de la clase 2 se subdividen de la siguiente forma:

- **Gas comprimido:** gas que es gaseoso en su totalidad cuando se somete a presión para su transporte. Esta división incluye todos los gases con una temperatura crítica inferior o igual a −50 °C (como el aire comprimido).

- **Gas licuado:** gas que es casi líquido a temperaturas superiores a los −50 °C cuando se embala a presión para su transporte. Se pueden distinguir varias clases:

  − El gas licuado a alta presión (con una temperatura crítica superior a −50 °C e inferior o igual a +65 °C).

– El gas licuado a baja presión (con temperatura crítica superior a +65 ºC).

– El gas licuado de petróleo (GLP) a baja presión, que contiene uno o varios hidrocarburos ligeros asignados a los números ONU (1011, 1075, 1965, 1969 o 1978 solo) y que en su mayoría están compuestos de propano, propileno, butano, isómeros del butano y buteno con trazas de otros gases de hidrocarburos.

– Gas licuado refrigerado, que en el momento en que se embala para su transporte se convierte parcialmente en líquido debido a su baja temperatura. Un ejemplo de ello sería el oxígeno líquido refrigerado.

• **Gas disuelto:** gas que se sumerge en un disolvente en fase líquida, como el acetileno, cuando se embala a presión para su transporte.

• Generadores de aerosoles y recipientes de reducida capacidad que contengan gases (cartuchos de gas a presión), como los aerosoles asfixiantes.

• Otros objetos que contengan un gas a presión, como las recargas para mecheros.

• Gases no comprimidos sometidos a disposiciones especiales (muestras de gases).

Clase 3: Líquidos inflamables

Hay una gran cantidad de líquidos derivados del petróleo, como la gasolina o el queroseno, que presentan un alto riesgo de inflamarse. A los derivados del petróleo, se les pueden añadir otros líquidos de origen natural o artificial, como los diferentes tipos de alcohol.

El peligro de estas sustancias reside en la emisión de vapores. A mayor temperatura, más vapor se genera. Los vapores se pueden mezclar con el aire y llegar a inflamarse o explotar si alcanzan una elevada temperatura. A ese punto donde se inicia una combustión se le denomina ignición. Cuanto más bajo sea el punto de ignición de un material más riesgos  conllevará la operación de transporte, y como consecuencia de ello deberán extremarse las medidas de precaución. Los materiales más peligrosos dentro de este grupo son los que tienen el punto de autoignición muy bajo. Este punto es la temperatura que se requiere para que el vapor prenda el aire sin necesidad de una fuente de calor. Esta clase de mercancías peligrosas comprende:

- Las materias que sean líquidas según la definición del Acuerdo ADR, es decir, «una materia que a 50 °C tiene una tensión de vapor de como máximo 300 kPa (3 bar) y que no es totalmente gaseosa a 20 °C y 101,3 kPa, y que tiene un punto de fusión o un punto de fusión inicial igual o inferior a 20 °C a una presión de 101,3 kPa».
- Las materias que tengan (a 50 °C) una tensión de vapor máxima de 300 kPa (3 bar) y no sean completamente gaseosas a 20 °C y a la presión estándar de 101,3 kPa.
- Las materias que tengan un punto de inflamación máximo de 60 °C.
- Las materias líquidas inflamables y las sólidas en estado fundido cuyo punto de inflamación sea superior a 60 °C y que sean entregadas al transporte o transportadas en caliente a una temperatura igual o superior a su punto de inflamación. Estas materias se asignan al número ONU 3256.
- Las materias líquidas explosivas desensibilizadas.

Según el embalaje que requieran, los materiales se clasifican en:

- Grupo de embalaje I: punto de ebullición por debajo de los 35 ºC. Materias muy peligrosas.
- Grupo de embalaje II: punto de ebullición por encima de los 35 ºC y punto de ignición por debajo de 23 ºC. Materias medianamente peligrosas.
- Grupo de embalaje III: punto de ebullición por encima de 35 ºC y punto de ignición por encima de 23 ºC. Materias con menor grado de peligrosidad.

Clase 4. Materias sólidas inflamables, autorreactivas y sólidas explosivas desensibilizadas

Esta clase de mercancías peligrosas incluye:

- Las materias y los objetos sólidos fácilmente inflamables: se trata de materias pulverulentas, granuladas o pastosas, que son peligrosas y pueden inflamarse fácilmente por contacto breve con una fuente de ignición, como una cerilla ardiendo, y donde la llama se propaga rápidamente. El peligro puede provenir no solo del fuego, sino también de productos de combustión tóxicos.
- Las materias autorreactivas, sólidas o líquidas: son materias térmicamente inestables que pueden experimentar una descomposición fuertemente exotérmica incluso en ausencia de oxígeno (o de aire).
- Las materias sólidas explosivas desensibilizadas: son aquellas que se han humedecido con agua o con alcohol, o que se han diluido con otras materias para así anular las propiedades explosivas.
- Las materias que polimerizan: son aquellas que sin estabilización son susceptibles de experimentar fuertes reacciones exotérmicas que dan

lugar a moléculas más grandes o incluso polímeros en las condiciones normales de transporte.

En esta clase se distinguen las siguientes subclasificaciones:

- Clase 4.1: Materias que pueden experimentar una inflamación espontánea. Comprende:

  - Las materias y los objetos que experimentan calentamiento espontáneo, incluidas las mezclas y las soluciones que puedan calentarse en contacto con el aire, sin aporte de energía. Estas materias solo pueden inflamarse en gran cantidad (varios kilogramos) y tras un largo periodo de tiempo (horas o días).
  - Las materias pirofóricas, incluidas las mezclas y soluciones (líquidas o sólidas) que, en contacto con el aire y en pequeñas cantidades, se inflaman en un periodo de cinco minutos.

  Ejemplos de materias de la clase 4.1 son el carbón mineral y los tejidos naturales o sintéticos impregnados de aceite o sulfuro de potasio.

- Clase 4.2: Materias que, al contacto con agua, desprenden gases inflamables. Por reacción con el agua, desprenden gases inflamables que pueden formar mezclas explosivas con el aire. Incluye también los objetos que contienen materias de esta clase.

  Ejemplos de materias clase 4.2 son el sodio en barra y el carburo de calcio.

Clase 5: Agentes oxidantes y peróxidos orgánicos, mercancías peligrosas oxidantes

Se distinguen las siguientes subclasificaciones:

- Clase 5.1: Materias comburentes. Debido a su alto contenido en oxígeno, suelen ser materiales reactivos. Pueden reaccionar con otros materiales inflamables o combustibles. Por lo tanto, el calor generado puede iniciar la combustión más tarde. Existen dos clases principales:

  - Sustancias ricas en oxígeno que pueden actuar como soporte de la combustión, haciendo mayor el posible incendio.
  - Sustancias que pueden provocar o favorecer la combustión de otros materiales y elementos que los contengan.

  Puesto que favorecen la combustión estos materiales deben ser alejados de las sustancias combustibles.

- Clase 5.2: Peróxidos orgánicos. Materias que favorecen los incendios y son inflamables debido a que desprenden oxígeno al descomponerse. Se incluyen aquí también las preparaciones de peróxidos. Suele ser necesario conservarlos en frío para mantenerlos inactivos. Después, debe controlarse exhaustivamente la temperatura ya que cuando sobrepasan cierto nivel comienzan a descomponerse muy rápida y descontroladamente hasta provocar un incendio o explosión. En cada país existen leyes y normativas que regulan el uso, la manipulación y las medidas de seguridad de las sustancias comburentes.

Clase 6: Materias tóxicas y materias infecciosas

Son productos químicos cuya fabricación, procesado, distribución, uso y eliminación representan un riesgo inasumible para la salud humana y el medio ambiente. Se distinguen las siguientes subclasificaciones:

- *Clase 6.1: Materias tóxicas.* Materias que, en base a experimentos realizados sobre animales, en cantidades relativamente pequeñas y por una acción única o de corta duración, pueden dañar a la salud del ser humano o causar su muerte por inhalación, absorción cutánea o ingestión. El abanico de la gama de tóxicos va desde los que pueden ser letales en cuestión de minutos (como los ciánidos) a los que son perjudiciales, pero no necesariamente provocarían la muerte, siempre que la dosis no sea excesiva (como los hidrocarburos clorados).

- *Clase 6.2: Materias infecciosas.* Son aquellas que contienen agentes patógenos que causan enfermedades a los seres humanos o a los animales. Según su peligrosidad durante el transporte, se clasifican en:

  – Materias infecciosas para el ser humano.
  – Materias infecciosas únicamente para los animales.
  – Desechos clínicos.
  – Muestras de diagnóstico.

Clase 7: Materias radiactivas

Esta clase incluye los combustibles nucleares, los isótopos radiactivos y todos los compuestos que contienen materiales radiactivos.

En función de los cambios que se producen en su estructura atómica, estas mercancías emi-

ten una radiación que puede causar alteraciones y daños en los organismos vivos. Algunos materiales radiactivos pueden ser peligrosos y precisar de embalajes especiales, por lo que es muy importante que estén correctamente identificados. Estos embalajes están diseñados para poder manipular y transportar de forma segura los materiales sin que supongan ningún riesgo para las personas (véase la figura 5.3). La calidad de los embalajes debe aumentar a medida que es mayor el riesgo potencial del material a transportar y en función de las condiciones del transporte. Se pueden considerar tres tipos de incidentes:

- Las normales de un transporte rutinario, sin incidentes.
- Los incidentes de poca importancia.
- Los accidentes que, de no tomarse las debidas precauciones, podrían provocar problemas radiológicos considerables.

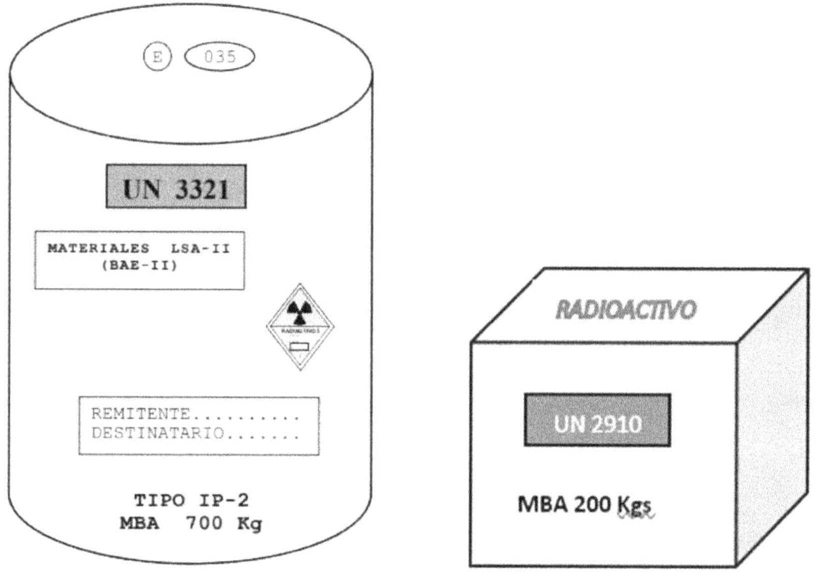

Figura 5.3. Ejemplos de embalajes para materias radioactivas.

Clase 8: Materias corrosivas

Se trata de aquellas mercancías que son generalmente irritantes a una baja concentración. Es un proceso distinto de la corrosión de las superficies que no son tejidos vivos, como los metales. Los corrosivos se diferencian de los venenos en que constituyen un peligro inmediato para los tejidos con los que entran en contacto, mientras que los venenos pueden tener efectos tóxicos sistémicos que requieran tiempo en hacerse evidentes. Coloquialmente, los corrosivos pueden ser llamados «venenos», pero los conceptos son técnicamente diferentes. Sin embargo, un agente corrosivo puede ser un veneno, es decir, hay sustancias que son corrosivas y venenosas.

Se pueden distinguir diferentes tipos de corrosivos:

- Materias y objetos que, por acción química, dañan el tejido epitelial de la piel y las mucosas cuando estas entran en contacto con ellos.
- Sustancias que en caso de fuga pueden producir daños a otras mercancías o a los medios de transporte, e incluso provocar la destrucción de las mismas.
- Materias que solo producen un líquido corrosivo al entrar en contacto con el agua o que producen vapores o neblinas corrosivas con la humedad natural del aire.

Clase 9: Materias y objetos peligrosos diversos

Son aquellos no especificados en las clasificaciones anteriores. Se trata de sustancias, como el amianto y los aceites que contienen PCB (policlorobifenilos), cuyo transporte pueda conllevar un riesgo distinto a los

anteriores. Los PCB y los PCT (policloroterfe-
nilos) son compuestos orgánicos policlorados
que, por sus buenas propiedades térmicas, fueron muy utilizados en el siglo XX como aceites
lubricantes, dieléctricos, fluidos hidráulicos,
resinas aislantes, pinturas, ceras, selladores de
juntas de hormigón, refrigerantes en equipos
eléctricos, etc.

Estos productos tienen unas propiedades que no se pueden incluir en
ningún otro grupo del sistema de Clases UN, o presentan una serie de peligros no relacionados que abarcan dos o más clases. El ejemplo clásico de esta
diversidad son las balsas salvavidas autoinflables que incluyen en el embalaje:

- Una gran bombona de gas comprimido, normalmente dióxido de carbono, para inflar la balsa y la cubierta al entrar en contacto con el agua.
- Varias bengalas explosivas, velas con humo de colores, etc. para lla-
  mar la atención del personal de rescate aéreo y marítimo.
- Materiales sólidos inflamables para calentar alimentos y dar calor.
- Kits de reparación de tejidos que contienen líquidos inflamables
  como base de soluciones adhesivas.

La señal de esta clase es única en el sistema UN en el sentido de que no
incluye indicaciones de un peligro en particular y que estas solo se pueden
obtener a partir de información por escrito.

5 Aplicaciones de seguridad en la gestión de las mercancías peligrosas

El transporte de mercancías peligrosas debe de cumplir una serie de condiciones con el fin de controlar y minimizar los riesgos en estas operaciones.
En la web del Ministerio de Transportes, Movilidad y Agenda Urbana se

puede encontrar un resumen de las normas sobre seguridad en la gestión del transporte de mercancías peligrosas en vigor desde 2019. Destacan los siguientes puntos.

- **Comprobaciones previas a la carga**
  - Inmovilización del vehículo.
  - Disponibilidad de los equipos de seguridad en la estación de carga.
  - Que no se desarrolle trabajo incompatible con la seguridad en las inmediaciones del lugar de carga.
  - Motor parado y llaves fuera del arranque.
  - Inspección ocular del buen estado del vehículo.

- **Comprobaciones durante la carga**
  - Conductor fuera de la cabina.
  - Ausencia de fugas y derrames.
  - Prohibición de fumar.
  - Correcta estiba y sujeción de las mercancías.
  - Peso en báscula.
  - Descarga de sobrantes de mercancía, si procede.
  - Comprobación ocular final del buen estado del vehículo.

- **Controles después de la carga**
  - Ausencia de fugas y derrames.
  - Paneles de color naranja con numeración adecuada.
  - Comprobación de la correcta estiba de las mercancías.
  - No sobrepasar la MMA (masa máxima autorizada).
  - Vehículo bien cerrado.
  - Inspección ocular final del estado del vehículo.
  - Comprobación de que los documentos de transporte se encuentran a bordo del vehículo.
  - Colocación de los paneles naranja, si procede.
  - Comprobación de la descarga de la mercancía sobrante, si procede.

5.1 El embalaje de las mercancías peligrosas

El transporte de mercancías peligrosas requiere un proceso de embalaje previo realizado bajo la normativa reguladora que clasifique este tipo de envase como homologado para ello. De lo contrario, el producto puede ser denegado o retenido en el lugar de destino causando pérdidas económicas a las empresas encargadas de su comercialización.

Los envases y embalajes deben satisfacer las disposiciones del apartado 4.1.8 "Disposiciones particulares relativas al embalaje de materias infecciosas (clase 6.2)" del Acuerdo ADR y de su apartado 6.3 "Disposiciones relativas a la construcción de embalajes para sustancias infecciosas (categoría A) de la clase 6.2 y ensayos a los que deben someterse".

Ya hemos visto anteriormente que las mercancías peligrosas se clasifican en trece categorías según la normativa ADR, en función del tipo de producto. Por su parte, los embalajes se agrupan en tres conjuntos según su nivel de riesgo:

- Grupo de embalaje I: materias muy peligrosas.
- Grupo de embalaje II: materias medianamente peligrosas.
- Grupo de embalaje III: materias que presentan un grado menor de peligrosidad.

El nivel de riesgo variará según la peligrosidad de la mercancía y no según la clase de producto. Es decir, las materias y los objetos explosivos (clase 1) pueden ser clasificadas tanto en el grupo de embalaje I como en el II o el III, dependiendo, por ejemplo, de si pueden producir una explosión en masa al ser transportados, en cuyo caso, serían más peligrosos.

También cabe distinguir entre diversos tipos de embalaje según sus características y funcionalidad.

- **Embalaje primario.** Es el que protege el producto. Está en contacto directo con él y sirve para mantenerlo en condiciones óptimas. Este embalaje define la unidad de consumo más pequeña, facilitando la venta unitaria del producto. Puede presentar formas muy diversas, como latas, botes, sacos, botellas, bolsas, etc. Sus funciones vinculadas con el transporte y manipulación son: identificar el producto según las normativas vigentes, mostrar la información de uso y otros datos fundamentales como la fecha de caducidad, garantizar el aislamiento del contenido y proteger el producto con el mínimo material posible.

- **Embalaje secundario.** Es una agrupación de embalajes primarios. Son principalmente las cajas de cartón o de plástico. Por ejemplo, en el caso del agua envasada, la botella de plástico individual sería un embalaje primario y el plástico envolvente a seis botellas, el embalaje secundario. Ha de contener una cantidad concreta de productos, ser resistente al apilado y permitir una mejor manipulación durante el transporte, asegurando que el producto no sufra daños.

- **Embalaje terciario.** Es el que contiene embalajes primarios y secundarios para así crear una unidad de carga mayor. Suele ser los **palés** o contenedores y las cajas de cartón modulares que los conforman. Las principales funciones y características del embalaje terciario son: ser estable, permitir la compactación (consolidación) de las cargas y aprovechar al máximo la capacidad de almacenaje de las instalaciones y de los vehículos industriales. En ocasiones, el embalaje terciario también puede desempeñar un papel relevante en relación con la imagen de marca, al incluir elementos visuales de ella.

La unidad de carga es la que utiliza la empresa en el transporte y almacenaje de sus productos. Pueden ser palés, cajas, contenedores, bidones, bobinas, grandes recipientes para productos a granel (GRG, IBC), sacos de plástico flexibles o *big bags*. En una misma instalación de almacenaje se pueden encontrar distintas unidades de carga.

El embalaje completo deberá estar formado por los siguientes componentes (véase la figura 5.4):

- Uno o varios recipientes primarios estancos.
- Un embalaje secundario estanco: debe soportar una presión interna de 95 kPa en un rango de temperaturas de −40 ºC a +50 ºC. En el caso de sustancias infecciosas líquidas, deberá llevar un material absorbente en cantidad suficiente para absorber la totalidad del contenido entre el o los recipientes primarios y el embalaje secundario. Cuando dentro de un embalaje secundario se coloquen varios recipientes primarios, estos deben ir envueltos individualmente con el fin de evitar cualquier contacto entre sí.
- Un embalaje exterior rígido:
  - Bidones (1A1, 1A2, 1B1, 1B2, 1N1, 1N2, 1H1, 1H2, 1D, 1G).
  - Cajas (4A, 4B, 4N, 4C1, 4C2, 4D, 4F, 4G, 4H1, 4H2).
  - Jerricanes (cuñetes) (3A1, 3A2, 3B1, 3B2, 3H1, 3H2).
  Su dimensión mínima no debe ser inferior a 100 mm.

Cualquiera que sea la temperatura prevista durante el transporte, tanto el recipiente primario como el envase secundario deberán resistir, sin que

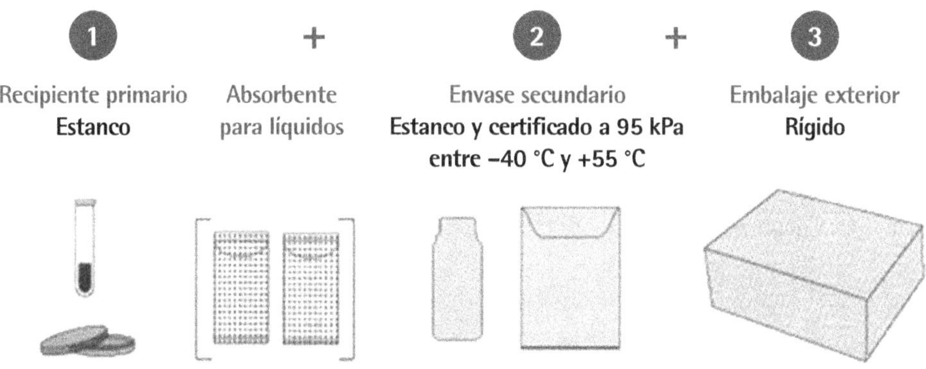

Figura 5.4. Sistema de embalaje para el envío de muestras infecciosas, categoría A.

Ejemplo para la utilización de sacos flexibles

Los sacos de plástico flexibles para la industria se pueden presentar en cuatro categorías UN, como se indica en la tabla siguiente:

Código UN	Descripción del tejido	Laminado	Bolsa
13H1	No laminado y sin bolsa interior	No	No
13H2	Laminado y sin bolsa interior	Sí	No
13H3	No laminado y con bolsa interior	No	Sí
13H4	Laminado y con bolsa interior	Sí	Sí

Además, en función de grado de peligrosidad del material a contener en el saco, se establecen estos tres grupos:

Símbolo UN	Grado de peligrosidad	Volumen máximo	Grupo
X	Alto	1,5 m^3	I
Y	Medio	3,0 m^3	II
Z	Bajo	3,0 m^3	III

En los sacos flexibles UN no existen, por lo tanto, factores de seguridad 6:1 y 8:1. Estos términos no están reconocidos por la normativa. Todos los sacos flexibles UN deben llevar un código impreso en el que estén reflejados el código UN y el símbolo UN, además de otra serie de códigos que indicaran:

- Fecha de fabricación.
- Siglas del fabricante.
- Carga de apilamiento en kilogramos.
- Carga máxima admisible en kilogramos.
- Homologaciones.

Todos los sacos deben cumplir con la normativa vigente para mercancías peligrosas, certificada a través de un laboratorio.

se produzcan fugas, una presión interna que dé lugar a una diferencia de presión mínima de 95 kPa y a temperaturas entre −40 ºC y + 55 ºC.

En el mismo envase o embalaje con materias infecciosas de la clase 6.2 no deberá haber otras mercancías peligrosas, a menos que sean necesarias para mantener la viabilidad, estabilidad o evitar la degradación de las materias infecciosas o para neutralizar los peligros que presenten. En cada recipiente primario que contenga sustancias infecciosas podrá envasarse una cantidad máxima de 30 ml de mercancías peligrosas de las clases 3, 8 o 9. Cuando esas pequeñas cantidades se envasen o embalen de conformidad con esta instrucción de embalaje, no se aplicará ninguna otra disposición del Acuerdo ADR.

Un código debe definir el tipo de homologación, el grupo de embalaje, el total de peso en kilogramos de carga, el formato del producto a embalar, el año de homologación, el país de homologación del fabricante y el código de homologación.

- **Codificación y marcado de envases y embalajes ADR**
  El código está formado por:

  - Un dígito numérico que indica el género de embalaje: bidón, cuñete (jerricán), etc.
  - Una o varias letras en mayúscula para indicar el material: acero, madera, etc.
  - Un dígito numérico que indica la categoría del embalaje dentro del género al que pertenece este.

  Los embalajes compuestos de las mercancías peligrosas deben ser codificados con el dígito numérico, el código del embalaje y dos letras mayúsculas. La primera letra identifica el material del recipiente interior y la segunda, el del embalaje exterior. Ejemplo: 6HA1 corresponde a recipiente de plástico con un bidón exterior de acero. En los embalajes combinados únicamente se deberá representar el código que identifica el embalaje exterior. El código del embalaje puede ir seguido de las letras «T», «V» o «W»:

- La letra T identifica un embalaje de socorro conforme a las disposiciones de 6.1.5.1.11.
- La letra V identifica un embalaje especial conforme a las disposiciones de 6.1.5.1.7.
- La letra W identifica que el embalaje, aunque sea del mismo tipo que el designado por el código, se ha fabricado según una especificación diferente de la indicada en 6.1.4, pero que se considera equivalente de conformidad con 6.1.1.2.

- **Consecuencias de un etiquetado o embalaje incorrecto**
La importancia del etiquetado de este tipo de productos es vital ya que su incorrecta aplicación puede suponer la denegación de entrada de la mercancía, así como una sanción adicional que incrementará las mermas adicionales a la prohibición o decomisión del artículo (véanse las figuras 5.5 y 5.6). Así pues, se debe procurar que el producto esté correctamente clasificado y etiquetado y que, además, esta información permanezca en una zona visible del embalaje. Asimismo, se debe tener especial cuidado en el paletizado de la caja, escogiendo un tipo de palé con cuatro entradas que no se sobrecargue, y repartiendo la carga uniformemente en pilas correctamente estructuradas y protegidas por un film.

Es importante que las cajas que contengan el producto estén en perfecto estado y no dejen espacio libre entre el producto y las paredes laterales del embalaje, es decir, se debe acondicionar la caja en su interior —ya sea con interiores rígidos, flexibles o vermiculita— para separar los artículos —en el caso de que haya varias unidades— o simplemente para garantizar la sujeción de los mismos con el fin de evitar derrames, que podrían causar daños en el medio ambiente o a las personas.

SÍMBOLOS PARA LA MANIPULACIÓN DE ENVASES Y EMBALAJES					
Símbolo	Instrucción	Significado	Símbolo	Instrucción	Significado
	Frágil	El contenido del embalaje es frágil y se debe manejar con precaución		No usar carretilla elevadora	La carga no se debe manipular con carretilla elevadora
	No usar garfios	No se pueden usar garfios en el manejo de la carga		Colocar mordazas aquí	Colocar las abrazaderas en los lados que se indica para manipular la carga
	Mantener vertical	La unidad de carga se debe mantener en posición vertical		No colocar mordazas aquí	No colocar las abrazaderas en los lados que se indica al manipular el embalaje
	Proteger de la luz solar	La carga no se debe exponer a la luz solar u otras fuentes de calor		Apilamiento limitado	Indica el peso máximo posible sobre la unidad de carga
	Proteger de fuentes radioactivas	La mercancía se puede deteriorar o quedar inutilizada si se expone a radiaciones		Apilamiento limitado por número	Número máximo de embalajes iguales que se pueden apilar (n=número máx)
	Mantener a resguardo de la lluvia	La carga debe mantenerse en un ambiente seco		No apilar	No se debe apilar ninguna otra carga encima
	Centro de gravedad	Indica el centro de gravedad de la unidad de carga		Eslingas aquí	Indica dónde se deben emplazar las eslingas para elevar la carga
	No rodar ni inclinar	La carga no se debe rodar ni inclinar o balancear		Límites de temperatura	Límites de temperatura entre los que se debe conservar y manipular la carga
	No manipular con las horquillas en esta cara	Caras de la unidad de carga donde no se deben colocar las horquillas de las carretillas manuales			

Figura 5.5. Símbolos utilizados para identificar las unidades de carga y facilitar la manipulación de los envases y embalajes (norma ISO 780).

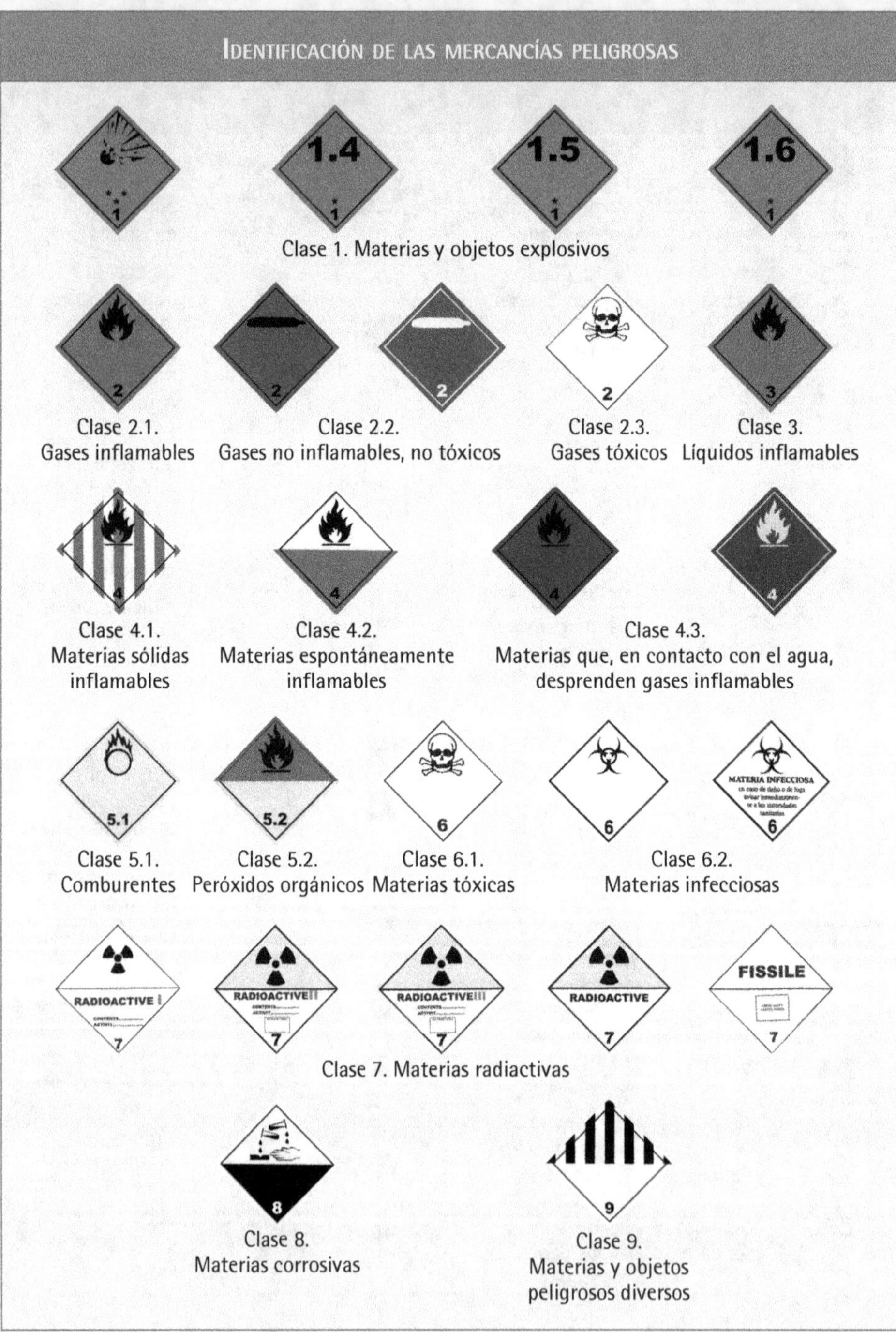

Figura 5.6. Símbolos utilizados para la identificación de las mercancías peligrosas.

5.2 El consejero de seguridad

La figura de consejero de seguridad es un requisito legal para las empresas que llevan a cabo operaciones de transporte de mercancías peligrosas. Para realizar estas funciones, el consejero deberá estar en posesión de un certificado de formación profesional válido para el transporte por carretera.

Salvo excepciones, todas las empresas cuya actividad comprenda la expedición o el transporte de mercancías peligrosas por carretera, o las operaciones conexas de embalaje, carga, manipulación (llenado/vaciado/ubicación) o descarga, relacionadas con estos transportes deben disponer de uno o varios consejeros de seguridad (RD 97/2014 de 14 de febrero en el capítulo V).

Los consejeros de seguridad se encargarán de ayudar en la prevención de riesgos para las personas, los bienes o el medio ambiente vinculados al transporte. Sus principales funciones son:

- Examinar que se respeten las disposiciones relativas al transporte de mercancías peligrosas.
- Asesorar a la empresa en las operaciones referentes al transporte de mercancías peligrosas.
- Redactar un informe anual destinado a la dirección de la empresa o, en su caso, a la autoridad pública local, sobre las actividades de la empresa relativas al transporte de mercancías peligrosas.

Existen cinco especialidades diferentes de consejero de seguridad para el transporte por carretera:

- Clase 1: Explosivos.
- Clase 2: Gases.
- Clase 7: Radiactivos.
- Productos petrolíferos:

  - UN 1202 – gasóleo.
  - UN 1203 – gasolina.

- UN 1223 – queroseno.
- UN 3475 – mezcla de etanol y gasolina o mezcla de etanol y combustible para motores.
- Combustible de aviación clasificado en los números UN 1268 o UN 1863.

Resto de las materias incluidas en las clases 3, 4.1, 4.2, 4.3, 5.1, 5.2, 6.1, 6.2, 8 y 9.

Las obligaciones de los consejeros de seguridad son las recogidas en el Acuerdo ADR y en el RD 97/2014 de 14 de febrero, en particular:

- Atender los requerimientos de los servicios de inspección del transporte, aportando los datos en relación con el centro y el área de actividad objeto de inspección, en la que el consejero de seguridad tenga designada su adscripción.
- Recabar los datos necesarios para confeccionar el informe sobre accidentes, contemplado en el artículo 29 del RD 97/2014.
- Los consejeros de seguridad que causen baja en una empresa, ya sea a iniciativa propia, de la empresa o por caducidad de su certificado, deberán emitir un informe anual parcial de las actividades realizadas por la compañía durante el periodo del año en que hayan estado de alta, con los datos que aquella deberá facilitarles obligatoriamente.
- Los datos incluidos en este informe deberán ser considerados por el consejero entrante en la redacción del informe anual correspondiente.
- En el caso de que el motivo de baja de un consejero de seguridad sea el cese de la actividad de la empresa, deberá remitir a esta un informe anual de las actividades realizadas por ella durante el periodo del año en que haya estado allí.

Las obligaciones de las empresas son:

• Previamente al ejercicio de las funciones de consejero de seguridad, la empresa verificará que la persona designada reúne los requisitos exigidos en este real decreto y sus normas de desarrollo, tanto nacionales como internacionales. Igualmente comunicará al órgano competente en materia de transportes de la comunidad autónoma o de la ciudad de donde radique el domicilio fiscal de la empresa «los establecimientos o instalaciones en los que se desarrollen actividades con mercancías peligrosas, el número e identidad de sus consejeros, las áreas de gestión para las que el consejero ha sido designado, considerándose como tales las de embalado, carga, descarga y transporte, y el valor de seguridad de cada empresa. Igualmente se comunicarán todas las modificaciones que se produzcan, en relación con los datos registrados, así como los cambios de consejero en los centros de trabajo a los que se encuentre adscrito».

• Debe remitir, durante el primer trimestre del año siguiente, el informe anual previsto en la normativa al órgano competente en materia de transportes de la comunidad autónoma o de la ciudad donde radique el domicilio fiscal de la empresa. Una copia del informe será conservada por la empresa durante cinco años. En el caso de cese de actividad, la empresa remitirá el informe anual al mismo organismo citado anteriormente, sin tener en cuenta los plazos allí expuestos.

• Previamente a la realización de alguna actividad que obligue a designar consejero de seguridad, comprobará que las empresas con las que contrata dispongan de su correspondiente consejero de seguridad, si es que tal requisito les es exigible. Facilitará a los consejeros de seguridad designados toda la información necesaria y les dotará de los medios precisos para el desarrollo de sus funciones.

Las empresas obligadas a nombrar un consejero de seguridad y remitir el informe anual deben desarrollar alguna actividad con los siguientes tipos de materiales:

- Materias primas utilizadas en los procesos de fabricación de un componente catalogado como peligroso.
- Residuos producidos durante el proceso de fabricación.
- Combustibles para el uso de la maquinaria, calefacción o vehículos industriales.
- Productos de limpieza y desinfección almacenados para maquinaria e instalaciones.
- Productos terminados para su distribución y venta.
- Distribución de productos con vehículos propios o ajenos.

Las empresas que precisan de un consejero de seguridad se pueden clasificar sectorialmente como sigue:

- Empresas fabricantes de pinturas, barnices, incluso al agua, y almacenes mayoristas de dichos productos e incluso algún minorista. Considerando que la mayoría de estos productos, así como las materias primas que se utilizan en su fabricación y los residuos que se producen, son peligrosos, en general estas empresas están obligadas por la carga y descarga de los productos, por el almacenamiento de los mismos y por el transporte.
- Estaciones de servicio (gasolineras). Suelen estar obligadas por la descarga de cisternas de productos peligrosos (gasolina, gasóleo, etc.) y también por la venta de botellas de gas butano en general si se realiza distribución de gasóleos a domicilio. Existe resolución específica de las autoridades que obliga a las estaciones de servicio a nombrar consejero de seguridad.
- Empresas fabricantes de muebles de madera. La mayoría de ellas están obligadas por la descarga y almacenaje de disolventes, lacas, colas, etc.
- Empresas fabricantes de abonos, insecticidas, fungicidas, etc., que los almacenan y distribuyen, o que prestan servicios agrícolas.
- Empresas fabricantes de productos cerámicos: esmaltes, pavimentos, etc.
- Imprentas.

• Fabricantes o distribuidores de productos de limpieza y para piscinas.
• Fabricantes de papel, plásticos y textiles.
• Fabricantes de licores, de conservas, etc.
• Embotelladoras de agua.
• Empresas que dispongan de un depósito de capacidad superior a 3.000 litros, o que produzcan residuos peligrosos.

El Ministerio de Transportes, Movilidad y Agenda Urbana sanciona con 4.001 € a aquellas empresas que cargan, transportan o reciben mercancías peligrosas sin tener el correspondiente consejero de seguridad. Las firmas infractoras son identificadas a través de las facturas y cartas de porte de las empresas cargadoras o transportistas. Del mismo modo pueden ser sancionadas aquellas empresas que hayan contratado con estos intervinientes no autorizados (artículo 28.c del RD 97/2014).

No obstante, existen algunas exenciones en los transportes de mercancías peligrosas. Podrían estar exentos envíos que no superen las cantidades establecidas por la normativa ADR, entre otros.

• **Nombramiento de los miembros de seguridad**

   Las empresas deberán comunicar al organismo que corresponda de la comunidad autónoma donde radique su domicilio fiscal quién es su consejero de seguridad, así como cualquier modificación que exista (Comunicación del nombramiento del consejero de seguridad, anejo 3 del RD 97/2014). En cumplimiento de lo dispuesto en el artículo 38 del RD 97/2014, podrá pactarse la realización de las operaciones de descarga en instalaciones agrícolas bajo la responsabilidad de otra figura que no sea el receptor de la mercancía. El pacto se comunicará a los órganos competentes de las comunidades autónomas o donde radiquen los domicilios fiscales de las empresas que derivan y que asumen la responsabilidad en las maniobras de carga o descarga (Comunicación de asunción de responsabilidad, anejo 4 del RD 97/2014).

- **Partes de accidentes**

  En el caso de accidente durante el transporte de mercancías peligrosas por carretera o en las operaciones de carga y descarga de la mercancía, cuando concurran alguna de las circunstancias establecidas, los consejeros de seguridad deberán redactar un informe de sucesos, tal y como se establece en la apartado 1.8.5 del Acuerdo ADR, que deberá ser comunicado a la Dirección General de Transporte Terrestre y al órgano competente de la comunidad autónoma del ámbito territorial en el que se ha producido el accidente, en un plazo máximo de 30 días.

6   Vehículos para transporte de mercancías peligrosas

Los vehículos destinados al transporte de mercancías peligrosas por carretera deben cumplir una serie de especificaciones técnicas y ser sometidos a unos procedimientos de control, que vienen recogidos en su normativa de aplicación. Además, los vehículos-cisternas fijas o desmontables y los vehículos batería, así como, en su caso, los vehículos EXII y EXIII y MEMU, trasladados a España de otro país parte contratante, ya sea firmante del Acuerdo ADR o no, con registro de tipo extranjero, deberán obtener previamente un certificado ADR especial, emitido por el órgano competente autonómico en materia de industria, para poder ser matriculados.

Dicha solicitud debe dirigirse a los organismos de control acreditados conforme a la norma UNE-EN/IEC17020, sobre criterios generales para el funcionamiento de los diversos organismos que realizan inspección, y que cumplen con los requisitos adicionales establecidos en los apartados I, II, III y IV, según el caso, del anexo 6 del RD 97/2014. Deberán presentar la solicitud (modelo E0029), en representación de la parte propietaria del vehículo, junto con la correspondiente documentación, al servicio provincial competente en materia de industria por razón del territorio.

En el Acuerdo ADR, Anexo A, parte 1, capitulo 1.2, sección 1.2.1, se encuentra la descripción de:

- **Vehículo batería:** vehículo con un conjunto de botellas, tubos, bidones, bloques de botellas y cisternas conectados entre sí por una tubería y montados de forma permanente en la unidad de transporte.

Tipos de vehículos

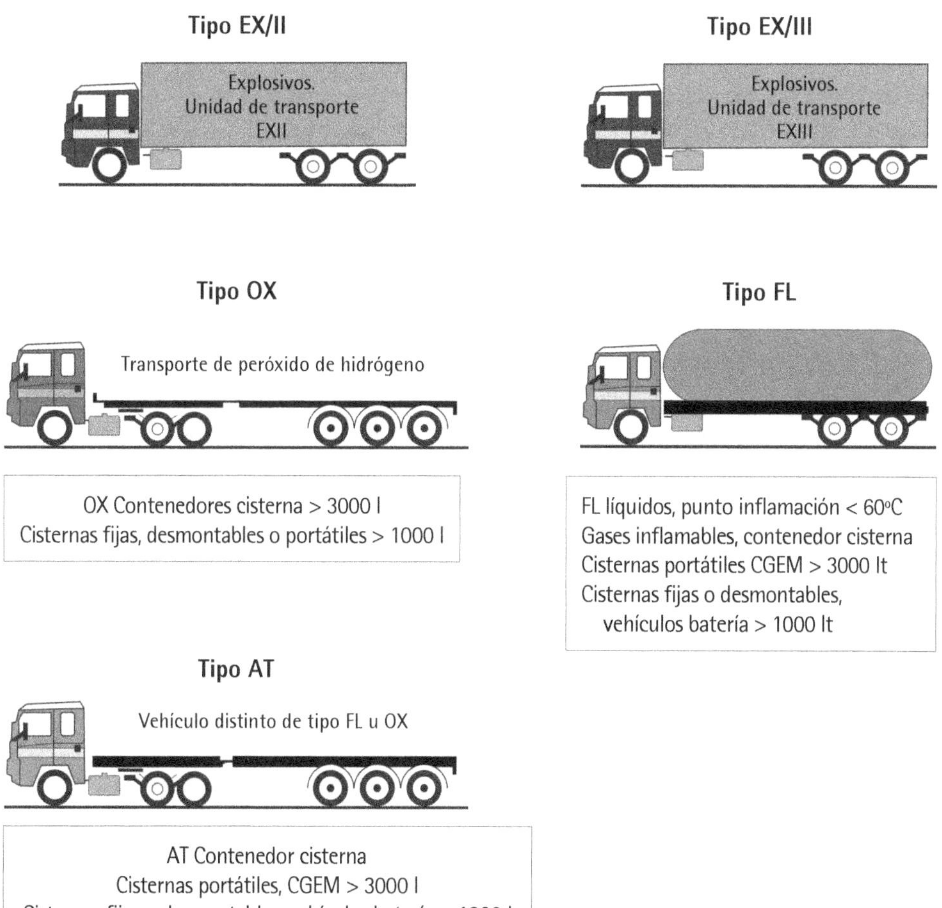

Figura 5.5. Tipos de vehículos para el transporte de mercancías peligrosas.

Tipo de vehículo	Destinos
EX/II– EX/III	Unidades destinadas principalmente para el transporte de materias u objetos explosivos (clase 1)
FL	• Líquidos con punto de inflamación inferior a 60 ºC: — Cisternas fijas o desmontables con capacidad superior a 1 m³ — Contenedores cisternas o cisternas portátiles con capacidad individual superior a 3 m³ • Gases inflamables: — Cisternas fijas o desmontables con capacidad superior a 1 m³ — Contenedores cisterna, cisternas portátiles o CGEM con capacidad superior a 3 m³
OX	• Peróxidos orgánicos — Cisterna fijas o desmontables con capacidad superior a 1 m³ — Contenedores cisterna o cisternas portátiles con capacidad superior a 3 m³
AT	• Vehículos distintos de EX/III, FL u OX destinados al transporte en cisternas fijas o desmontables con capacidad superior a 1 m³ o en contenedores cisterna portátiles o CGEM con capacidad individual superior a 3 m³ • Vehículos batería con capacidad superior a 1 m³ que no es vehículo FL

Tabla 5.1. Utilización prevista para cada tipo de vehículo.

- **Vehículo cisterna:** preparado para transportar líquidos, gases o materias pulverulentas o granulares, y que comprende una ó varias cisternas fijas.

- **Unidad móvil de fabricación de explosivos (MEMU) (EXIII):** no puede ser utilizada en España por ser contraria al Reglamento de Explosivos. Se trata de un vehículo equipado con una unidad de fabricación y carga de explosivos a partir de mercancías peligrosas que no son explosivos. La unidad está compuesta por diferentes cisternas y contenedores para granel y por el equipamiento para la fabricación de explosivos, así como las bombas y sus accesorios. Puede incluir compartimentos especiales para el transporte de explosivos embalados.

- **Contenedor:** elemento de transporte (armazón u otro elemento análogo), especialmente concebido para el transporte sin operaciones intermedias con capacidad superior a 1 m³.
- **Pequeño contenedor:** cuando su volumen interior es de 1 m³ como mínimo e inferior a 3 m³ y sus dimensiones externas inferiores a 1,50 m³ o su capacidad es inferior o igual a 3 m³.
- **Gran contenedor:** cuando su volumen interior es superior a 3 m³.
- **Contenedor cisterna (comprendidas las cajas móviles):** el construido para contener materias líquidas, pulverulentas o granuladas con una capacidad superior a 0,45 m³. Para materias de la clase 2, será superior a 1.000 litros.

7   Documentación vinculada a las mercancías peligrosas

Por cada vehículo para el cual se solicita la emisión del certificado ADR, se debe aportar:

- Formulario de solicitud, Modelo E0029 - (DOC, 121 Kb).
- Certificado ADR vigente con todos los datos y sellos necesarios según el modelo oficial de la normativa ADR.
- Certificado o copia autorizada de la aprobación de tipo por la autoridad competente u organismo autorizado por ella, del país de origen donde se fabrica.

7.1   Documentación de la empresa fabricante de vehículos cisterna fija o desmontable, batería, EXII o EXIII y MEMU

Los documentos a presentar deben tener las hojas ordenadas y unidas en un conjunto o proyecto técnico. Todas las hojas se sellarán, tanto por la empresa fabricante o importadora como por el organismo de control extranjero que inspeccionó la construcción e hizo la prueba hidráulica inicial. Los documentos a presentar son:

- Acompañando a la memoria original, memoria descriptiva completa y memoria de los equipos de servicio, en español.
- Cálculos, según el código de cálculo utilizado, normas técnicas del Acuerdo ADR y características de los materiales, junto con un certificado de los materiales de la cisterna en cuestión.
- Planos del conjunto y planos de detalles de los equipos de servicio y de protección, bocas de hombre y de inspección, así como de las secciones y alzado de los rompeolas y mamparas.
- Croquis de inspección de soldaduras y coeficiente empleado para el cálculo posterior de los espesores de fondos y virolas, mamparos o rompeolas en su caso.
- De acuerdo con la normativa ADR, lista de materias a solicitar y código de la cisterna en su caso.
- Actas de todos los ensayos, materiales, radiografías de soldaduras, pruebas hidráulicas y de estanquidad y calibrado y tarado de los equipos de servicio.
- Acta de Inspección de la cisterna, emitido por un organismo de control español, con medición de espesores, siempre que sea posible, firmada y sellada por este.
- Justificante del pago de la tarifa 50.1 de la tasa 14, apartado 5 (por cada certificado).

Los vehículos de mercancías peligrosas que circulan por carretera han de pasar inspecciones periódicas específicas:

- Tractor y vehículo portacontenedor: inspección anual.
- Camión cisterna, cisterna desmontable, vehículo cisterna: revisión del proyecto, supervisión durante la fabricación, inspección inicial anual, inspección intermedia a los tres años y una inspección periódica a los seis años.

- Contenedor ISO y contenedor cisterna: revisión del proyecto, supervisión durante la fabricación seguida de una inspección inicial anual, inspección intermedia a los dos años y medio e inspección periódica de cinco años.

La normativa ADR se aplica a los vehículos definidos y recogidos en las tablas A y B del Acuerdo ADR.

La tabla A es el ABC del Acuerdo ADR. La complejidad de estas tablas reside en conocer su funcionamiento y el significado de cada columna:

- Cada línea de la tabla A afecta a la materia o las materias o al objeto o los objetos que corresponden a un número UN determinado. Si la materia contiene un mismo número UN pero su composición es distinta, se utilizarían varias líneas para dicho UN (cada una de ellas debería especificar el embalaje que le corresponde según la naturaleza o la composición de la mercancía).
- Cada columna de la tabla A contiene una información vinculada a distintos aspectos:

  - Las cuatro primeras casillas indican la materia o las materias o el objeto o los objetos que corresponden a la línea (la información puede completarse con las disposiciones especiales indicadas en la columna 6).
  - Las casillas siguientes recogen las disposiciones especiales aplicables en forma de información completa o de código.
  - Los códigos remiten a datos detallados que figuran en la parte, el capítulo, la sección o la subsección indicados en las notas explicativas.
  - Una casilla vacía indica que no hay ninguna disposición especial y que solo son aplicables las disposiciones generales; o bien que está en vigor la restricción de transporte indicada en las notas explicativas.
  - Cuando se utiliza en la tabla un código alfanumérico que comience por las letras "DE" se refiere a una disposición especial del capítulo 3.3.

La tabla B facilita la búsqueda de los nombres para posteriormente acceder a la tabla A, puesto que en ella las materias están ordenadas alfabéticamente a diferencia de la tabla A.

8 Requisitos imprescindibles en las operaciones de transporte de mercancías peligrosas

Para la correcta gestión de la operación de un transporte terrestre de mercancías peligrosas, es importante conocer los requisitos que establece la legislación.

La persona encargada de realizar el transporte de mercancías peligrosas ha de estar formada respecto a las condiciones de seguridad que debe implementar y la manera en la que debe actuar en el caso de que ocurra un accidente. Las personas encargadas de gestionar y transportar mercancías peligrosas asumen ciertos riesgos y, por ello, se ha elaborado un libro con las normativas de PRL (prevención de riesgos laborales) que afectan a todo el personal que forma parte de esta cadena de trabajo (personal de conducción, de almacén, etc.) y que establecen cómo debería ampararles la ley.

Hay que tener en cuenta que existen varios medios de transporte de mercancías peligrosas (por carretera, ferrocarril, marítimo, aéreo y fluvial), cada uno de los cuales está regulado por distintos acuerdos y por una legislación concreta. El más utilizado suele ser el transporte terrestre de mercancías peligrosas, ya que las ciudades y en general las zonas muy pobladas están comunicadas a través de carretera.

9 Manipulación de mercancías peligrosas

Para evitar riesgos, un operario ha de poder manipular de forma segura algunas sustancias o mercancías peligrosas, para lo que debe estar correctamente formado y conocer:

- El producto que está manipulando.
- El riesgo en función del tipo de clasificación y composición.
- Cómo proceder en caso de incidente (vertido, contacto directo, inhalación, ingestión o incendio del producto).
- La normativa vigente y responsabilidades en la manipulación de este tipo de sustancias.
- Cómo utilizar los EPI (equipos de protección individual) reglamentarios para realizar dichas tareas.
- Cómo utilizar procedimientos para mejorar la seguridad en la actividad.
- Cómo gestionar correctamente los residuos químicos.

Existen diversas normas que hacen referencia a la obligatoriedad de recibir formación a este respecto, como por ejemplo:

- El RD 656/2017 sobre almacenamiento de productos químicos, en su artículo 23, cita los contenidos obligatorios de la formación que debe recibir el personal que trabaja en el almacén.
- El Acuerdo ADR 2019, en su capítulo 1.3, dice que las personas empleadas cuyo campo de actividad comprende el transporte de mercancías peligrosas deberán ser formadas para que respondan a las exigencias de su responsabilidad. El personal ha de ser formado antes de asumir responsabilidades y no puede realizar funciones para las que todavía no ha recibido la formación requerida.
- El RD 97/2014, por el que se regulan las operaciones de transporte de mercancías peligrosas por carretera en territorio español, en el artículo 27 habla sobre la formación que ha de recibir el personal que realiza la carga y descarga.
- La Ley 31/1995 sobre prevención de riesgos laborales dice: «La dirección de la empresa deberá garantizar que cada profesional reciba una formación teórica y práctica, suficiente y adecuada. La formación deberá estar centrada específicamente en el puesto de trabajo o

función de cada profesional, adaptarse a la evolución de los riesgos y a la aparición de otros nuevos y repetirse periódicamente, si fuera necesario».

10   Primeros auxilios ante un incidente con materias peligrosas

En algunos lugares específicos el riesgo de que se produzca un accidente es mayor, por ejemplo en un laboratorio o en un almacén de mercancías. Sin embargo, cuando hablamos de un riesgo en movimiento, es decir, del transporte de dichas mercancías, el impacto es imprevisible e incierto.

En general la gravedad del accidente químico dependerá de qué tipo de reacción se haya producido y de lo que se haya visto afectado. No es lo mismo sufrir una quemadura en el brazo o que salpique un ácido en el ojo, o más grave aún, que se produzca un escape, un vertido o una explosión, por lo que los primeros auxilios a aplicar en cada caso serán diferentes.

10.1   Qué es una sustancia química peligrosa

Las sustancias químicas peligrosas son aquellas que en su estado normal implican riesgos para la salud, ya sean inmediatos o crónicos (por ejemplo, una quemadura en la piel) o para el entorno (es decir, incendios, explosiones, emisión de gases tóxicos, etc.). Se pueden clasificar según el estado físico de la sustancia y la vía por la cual afecta al organismo humano, es decir, si es un gas que se inhala o una sustancia que se absorbe por la piel. También se diferencian según sean inflamables o no inflamables, explosivas o no explosivas.

A mayor cantidad de productos químicos, mayor será su manipulación y mayor el riesgo de que ocurra algún incidente durante los procesos, desde la producción hasta la utilización del mismo, pasando por el almacenamiento y el transporte. Según un estudio realizado en 2014, el 44 % de los accidentes químicos se producen durante el proceso de transporte, ya sea por tierra o mar, mientras que en un 19 % de los casos, la catástrofe se origina en el momento del procesado. Sin embargo, existen muchas otras causas que pueden desencadenar un accidente químico:

- Incendio o explosión en una instalación donde se manejan sustancias químicas.
- Accidentes en lugares donde se almacenan estas sustancias en una gran cantidad.
- Mal uso del producto, con el resultado de daños para la salud de los seres vivos y el medio ambiente.
- Manejo inadecuado de los desechos químicos o fallo en los sistemas de disposición y tratamiento de residuos.
- Accidentes causados por un desastre natural.

De un accidente químico se pueden derivar diversas consecuencias que dependerán del tipo de sustancia peligrosa que haya provocado la catástrofe. Por ejemplo, si se produce un incendio en una zona industrial, seguramente se dispondrá de recursos y accesibilidad para que los servicios de emergencias puedan controlarlo, pero si se realiza un vertido de químicos en un río, todo el ecosistema y probablemente la salud humana se verían afectados. En estas consecuencias también influirá el tiempo de reacción, de ahí a que existan protocolos de actuación para cada posible situación.

10.2 Consecuencias de un accidente químico sobre la salud

- Agudas: efectos que se producen inmediatamente después de la exposición una sustancia peligrosa, como la irritación de las vías respiratorias al inhalar vapores de amoníaco. También se incluyen los daños que causan los productos químicos una vez absorbidos por el cuerpo, como las neuropatías al entrar en contacto con metales pesados.

- A largo plazo: cuando la exposición se produce de manera prolongada y causa enfermedades como el cáncer, cardiopatías y encefalopatías crónicas, etc.

- Efectos causados por todo lo que rodea al accidente: es decir, posibles incendios, explosiones y lo que esto conlleva. Se pueden incluir aquí también las repercusiones a nivel psicológico, como el estrés y la ansiedad.

- Aparición de enfermedades transmisibles de un ser vivo a otro por desplazamiento de la población.

- Efectos sobre el medio ambiente, como la muerte de animales y plantas por contaminación del medio, lo que tiene como consecuencia la disminución de alimento disponible para otros animales o la población autóctona.

10.3   *Plan de actuación en caso de accidente químico o biológico*

En los casos de contingencias no biológicas se seguirán los protocolos de actuación y evacuación que rigen en el centro. Cuando se produzcan accidentes por manipulación de agentes químicos se debe informar inmediatamente al responsable de planta o técnico de la unidad. A continuación se expone un plan de actuación según los posibles casos:

- En el caso de que se produzca una salpicadura de producto químico en los ojos, se debe actuar de la siguiente forma:

  - Si se trata de un producto químico irritante o corrosivo, es importante irrigar el ojo con abundante agua o suero fisiológico durante al menos 15 minutos.

– Si se usan lentes de contacto (no permitidas en un laboratorio), estas deberán ser retiradas siempre que no estén pegadas al ojo.
– Siempre se deben seguir las recomendaciones de la ficha de seguridad (FDS) del producto para el contacto de los ojos.

• En el caso de que se produzca una salpicadura de producto químico en la piel, se actuará de la siguiente forma:

– Se lavará la piel con abundante agua.
– Si el producto puede ocasionar quemaduras, no se deberá quitar la ropa.
– Siempre se seguirán las recomendaciones de la FDS para cada producto en cuanto al contacto con la piel (en algunos casos, es recomendable no utilizar de agua).

• En caso de que se produzca una inhalación de producto químico, se procederá de la siguiente manera:

– Se suministrará en la medida de lo posible aire limpio y fresco y se mantendrá al afectado en reposo.
– Si la sustancia es irritante o corrosiva, pudiendo provocar problemas graves de respiración, se colocará al afectado semiincorporado.
– Siempre se seguirán las recomendaciones de la FDS para dicho supuesto.

• En el caso de que se produzca un accidente por ingestión de producto químico, si la persona está consciente:

– Se provocará el vómito en caso de productos tóxicos por ingestión.
– No se provocará el vómito en caso de sustancias corrosivas o volátiles.
– Se enjuagarán la boca y garganta con abundante agua.

- Siempre se seguirán las instrucciones según la FDS en relación al producto ingerido.
- Si la persona no está consciente, hay que ponerse en contacto con el servicio de urgencias 112, el número único de emergencias de la UE.

- En el caso que se produzca un vertido accidental, se actuará de la siguiente forma:

  - Se atenderá a las personas afectadas.
  - Se evaluará el alcance del vertido, se identificará si es posible el producto derramado y se consultará su FDS. En caso de que se crea necesario, se avisará a los departamentos adjuntos (adyacentes)
  - Se controlará el vertido y se limitará el acceso a personas en la zona afectada hasta que se restablezca la situación de normalidad. Esta actuación debe realizarse de manera rápida, eficiente y apropiada para la neutralización, absorción y eliminación del vertido. En cualquier caso, la actuación deberá realizarse según la FDS.
  - Las labores de limpieza se realizarán con los equipos de protección adecuados, considerando el producto. Se deberán apagar todos los equipos que haya cerca de la zona del vertido para evitar males mayores y se eliminarán todos los focos de ignición en caso de que el producto derramado fuera inflamable.
  - Se ventilará la zona afectada. Para poder actuar rápidamente, normalmente el material absorbente deberá estar situado cerca del material susceptible a ser vertido.

- En el caso de que el material vertido sea sólido se procederá a recogerlo con un cepillo y depositarlo en un contenedor de seguridad adecuado para su eliminación y tratamiento como residuo. En el caso de que el producto sea líquido, se procederá de la siguiente manera:

– De forma general, previa consulta con la FDS y no disponiendo de un método específico, se recomienda absorberlo con un absorbente de probada eficacia (como carbón activo o vermiculita, soluciones acuosas u orgánicas, etc.) y a continuación aplicarle el procedimiento de eliminación recomendado. Se procederá a su neutralización directa solo en aquellos casos en que existan garantías de su efectividad, valorando siempre la posibilidad de que se generen gases y vapores tóxicos o inflamables. Si es preciso, hay que limpiar la superficie afectada con abundante agua y detergente.

– Los vertidos de líquidos inflamables deben absorberse con carbón activo u otros absorbentes específicos (vermiculita). No se ha de utilizar serrín ya que es inflamable.

– Los vertidos de ácidos deben absorberse rápidamente pues tanto el contacto directo como los vapores que generan pueden causar daños a las personas y los equipos expuestos. Para su neutralización es recomendable utilizar absorbentes comerciales. En el caso de no disponer de ellos, se pueden neutralizar con bicarbonato sódico. Una vez realizada la neutralización, debe lavarse la superficie con abundante agua y detergente.

– En cualquier caso, para eliminar el material resultante de la limpieza, absorción y neutralización debe seguirse el procedimiento habitual de gestión de residuos tóxicos y peligrosos.

• En el caso de contingencias de naturaleza biológica, el usuario que ha sufrido un accidente en la manipulación de un organismo modificado genéticamente (OMG) debe realizar adecuadamente los procedimientos indicados para neutralizar la posible contaminación. Todos los incidentes y accidentes deberán ser comunicados a la Unidad de Seguridad Biológica que se encargará de realizar el informe preceptivo a fin de investigar las causas que lo pudieron originar y en caso necesario tomar las medidas oportunas para que no se reproduzca. En el caso de que se produzcan aerosoles potencialmente peligrosos desde una cabina de seguridad, se deberán adoptar las siguientes medidas:

- Todas las personas deben evacuar inmediatamente el área contaminada.
- El responsable de seguridad biológica del laboratorio debe ser informado inmediatamente.
- Se aislará la zona y se colocarán señales de zona contaminada en la entrada. Las puertas deben bloquearse.
- No se puede entrar en el área afectada hasta una hora más tarde, para permitir que el aerosol se deposite.
- Se colocarán los equipos de protección de cuerpo entero y vías respiratorias y se procederá a la descontaminación bajo la supervisión del responsable de bioseguridad.
- Se consultará a un médico si es necesario.

• En el caso de vertido accidental de material líquido con agentes biológicos, se deberán adoptar las siguientes medidas:

- Hay que ponerse dos pares de guantes.
- Se cubrirá el vertido con tela o papel absorbente.
- Se verterá un desinfectante y se parará el trabajo, al menos, durante 30 minutos.
- Se retirará la tela o papel y el material dañado con un recogedor y se eliminarán en el contenedor de residuos biosanitarios.
- Se recogerán los fragmentos de cristal, si hubiese, con pinzas.
- Se limpiarán y desinfectarán las superficies contaminadas.
- Se desinfectará el material manteniéndolo sumergido en desinfectante (hipoclorito al 10 % o alcohol al 70 %) durante al menos 24 horas.

- En caso de inyección, corte o heridas accidentales, se deberán adoptar las siguientes medidas:

  - Hay que quitarse los guantes y la ropa protectora.
  - Se lavarán las manos y la parte afectada con abundante agua.
  - Se desinfectará y se procederá a realizar una cura tópica de la herida con una solución yodada o alcohol al 70 %.
  - Se acudirá al médico indicando la causa de la herida y el agente involucrado.

- En el caso de ingestión de material potencialmente infeccioso, se deberán adoptar las siguientes medidas:

  - Hay que quitarse guantes y ropa protectora.
  - Se ha de acudir al médico indicando la naturaleza del material biológico involucrado.

10.4 Procedimiento de actuación ante accidente con mercancías peligrosas en carretera

La empresa transportista habrá de facilitar los medios materiales y el personal cualificado para recuperar, custodiar y trasladar, en condiciones de seguridad, los materiales implicados en el accidente.

La empresa expedidora de mercancías peligrosas habrá de proporcionar las informaciones requeridas sobre la naturaleza, las características y el modo de manipulación de las mercancías involucradas.

El personal conductor del vehículo con mercancías peligrosas, o agente que reciba la información general, habrá de avisar inmediatamente sobre el suceso al centro correspondiente según corresponda al territorio donde se encuentre. La notificación deberá incluir:

- Localización del suceso.
- Estado del vehículo implicado y características del suceso.
- Datos sobre las mercancías transportadas.
- Existencia de víctimas.
- Condiciones meteorológicas y otras circunstancias que se consideren de interés para valorar las posibilidades de intervención.

10.5 *El extintor, equipo imprescindible al manipular mercancías peligrosas*

En la Orden Ministerial de 27 de julio de 1999 sobre las condiciones que deben reunir los extintores de incendios instalados en los vehículos de transporte de personas o mercancías, se determina el número y el tipo de extintores que se deben llevar en el vehículo o disponer en un almacén en función del tipo de mercancías a manipular (véase la tabla 5.2):

- Extintores de agua (A): adecuados para incendios de clase A. Puesto que el agente es agua, antes de usarlo, es importante asegurarse de que en el entorno no hay corriente eléctrica que pueda generar un riesgo de electrocución.
- Extintores de agua pulverizada (AB): tampoco deben utilizarse en presencia de corriente eléctrica.
- Extintores de espuma (AB): al igual que los anteriores, no deben utilizarse en presencia de electricidad.
- Extintores de polvo (ABC): son los extintores más comunes dadas sus múltiples aplicaciones. Por eso son los adecuados para locales y viviendas.
- Extintores de CO_2 (ABC): son extintores muy polivalentes, pero hay que tomar algunas precauciones con ellos para evitar intoxicaciones por el anhídrido carbónico (CO_2). Son los más adecuados para equipamientos eléctricos.

Clases de fuego		Agua	AFFF	CO_2	Polvo ABC	Polvo BC	HCFC 123	Polvo D	Agua vaporizada	Acetato potásico
A	Materiales que producen brasas (madera, papel, cartón y otros)	Sí, acción de enfriamiento	Sí, enfría y sofoca	NO, no apaga fuegos profundos	Sí, se funde sobre los elementos	NO es específico para este uso	Sí, absorbe el calor	NO, no es específico para este uso	Sí, absorbe el calor	Sí, absorbe el calor
B	Líquidos inflamables (naftas, alcoholes y otros)	NO, esparce el combustible	Sí, sofoca por medio de película espumígena	Sí, sofoca desplazando el oxígeno	Sí, rompe la cadena de combustión	Sí, rompe la cadena de combustión	Sí, rompe la cadena de combustión	NO, no es específico para este uso	NO, no es específico para este uso	NO, no es específico para este uso
C	Equipos energizados eléctricamente	NO, conduce electricidad	NO, conduce electricidad	Sí, no es conductor de la electricidad	Sí, no es conductor de la electricidad	Sí, no es conductor de la electricidad	Sí, no es conductor de la electricidad	NO, no es específico para este uso	Sí, no es conductor de la electricidad	NO, conduce electricidad
D	Metales combustibles (aluminio, magnesio y otros)	NO, no es específico para este uso	NO, no es específico para este uso	NO, no es específico para este uso	NO, no es específico para este uso	NO, no es específico para este uso	NO, no es específico para este uso	Sí, es necesario utilizar polvo adecuado para cada riesgo	NO, no es específico para este uso	NO, no es específico para este uso
	Elementos que involucran aceites y grasas de origen vegetal y mineral	NO es específico para este uso	NO es específico para este uso	NO, no es específico para este uso	NO, no es específico para este uso	NO, no es específico para este uso	NO, no es específico para este uso	NO, no es específico para este uso	NO, no es específico para este uso	Sí, actúa por saponificación

Agentes exteriores   Sí   No   NO – Peligro

Tabla 5.2. Condiciones que deben reunir los extintores de incendios instalados en los vehículos de transporte.

- Extintores de acetato de potasio (K): poseen una alta capacidad para combatir este tipo de fuego por el efecto del enfriamiento.
- Extintores especiales (D): en general son extintores que funcionan absorbiendo el calor o por enfriamiento.

Por otro lado, los extintores tienen que cumplir con las siguientes normativas:

- UNE EN 3-7: 2004 +A1:2008 referente a la fabricación de los extintores.
- Reglamento de equipos a presión aprobado por el RD 2060/2008 y sus instrucciones técnicas complementarias.
- Directiva de equipos a presión 2014/68/UE.
- Reglamento de instalaciones de protección contra incendios (RIPCI) aprobado por el RD 513/2017.

(1) Masa máxima admisible de la unidad de transporte	(2) Número mínimo de extintores	(3) Capacidad mínima total por unidad de transporte	(4) Extintor adaptado a un incendio en el compartimento motor o la cabina. Al menos un extintor con una capacidad mínima de:	(5) Disposiciones relativas al/ los extintor/es suplementarios Al menos un extintor con una capacidad mínima de:
≤ 3,5 toneladas	2	4 kg	2 kg	2 kg
> 3,5 toneladas ≤ 7,5 toneladas	2	8 kg	2 kg	6 kg
> 7,5 toneladas	2	12 kg	2 kg	6 kg

La capacidad se entiende para un aparato conteniendo polvo (en el caso de otro agente extintor aceptable, la capacidad deberá ser equivalente.

Tabla 5.3. Extintores mínimos que deben disponer los vehículos de transporte de mercancías peligrosas en función de su masa máxima admisible por unidad de transporte (MMA).

Así pues, el número mínimo de extintores y la eficacia mínima que deben cumplir los vehículos a motor y los conjuntos de vehículos para el transporte de mercancías será la siguiente (véase la tabla 5.3):

- Hasta 1.000 kg de MMA: 1 de clase 8A/34B (extintor de 2 kg polvo ABC).
- Hasta 3.500 kg de MMA: 1 de clase 13A/55B (extintor de 3 kg polvo ABC).
- Hasta 7.000 kg de MMA: 1 de clase 21A/113B (extintor de 6 kg polvo ABC).
- Hasta 20.000 kg de MMA: 1 de clase 34A/144B (extintor de 9 kg polvo ABC).
- Más de 20.000 kg de MMA: 2 de clase 34A/144B (dos extintores de 9 kg polvo ABC).

Además, los extintores portátiles deben cumplir con lo siguiente:

- Han de disponer de su certificado de producto y de marca de conformidad con la normativa vigente.
- Podrán utilizarse hasta el final de su vida útil (20 años), siempre que sean sometidos a mantenimientos periódicos y otros requerimientos exigidos en la reglamentación aplicable.
- Los mantenimientos habrán de realizarse una vez al año por una empresa homologada y cada cinco años se debe llevar a cabo su retimbrado.

Test de autoevaluación

Afianza tus conocimientos sobre la gestión de tráfico de mercancías.
Accede a **www.margebooks.com** y supera los test de autoevaluación.

Capítulo 6

Estiba y trincaje de las mercancías

1   Características y procedimiento de estiba

La estiba es la operación de distribuir de manera correcta la mercancía (cajas, bidones, fardos, piezas, etc.) en la unidad de carga (palé, contenedor o caja de camión, por ejemplo) o la ubicación de esta en el medio de transporte. Maximiza el aprovechamiento del espacio disponible en las unidades de transporte y es una de las labores indispensables para el transporte de mercancías.

Dos de los requisitos a cumplir en cuanto a la estiba de la mercancía, es que esta no impida una correcta y segura conducción, y que no atente a la conservación del medio ambiente.

Para ello, la estiba debe cumplir unas normas específicas, como es que las cargas deben ir bien sujetadas, de manera que se impida que las unas puedan afectar a la posición de las otras, colocadas contra las paredes de la unidad de transporte, evitando que las cargas puedan moverse desde su posición original, teniendo en cuenta los arranques y las frenadas del vehículo, las curvas pronunciadas, entre otras.

La estiba suele ser realizada por las empresas de transporte. En el caso productos transportados en cajas, lo más habitual es utilizar el palé como unidad de carga, consolidando las cajas (véase la figura 6.1). Dependiendo de sus dimensiones, los palés se clasifican en:

- Palé europeo: 0,8 × 1,2 m.
- Palé estándar: 1 × 1,2 m.

La estiba se aplica a todos los modos de transporte: marítimo, carretera, ferroviario o aéreo.

Realizar correctamente la estiba de la mercancía es fundamental para garantizar la integridad de los productos y evitar accidentes en los vehículos causados por el desplazamiento o movimiento de la mercancía que los desestabilice, incluso variando el centro de gravedad.

1.1 Marco legislativo aplicable

- Ley sobre Tráfico, Circulación de Vehículos a Motor y Seguridad Vial (LSV), aprobada por el RD 6/2015 (artículo 12).
- Reglamento General de Circulación, aprobado por el RD 1428/2003, y el RD 563/2017, por el que se regulan las inspecciones técnicas en carretera de vehículos comerciales que circulan en territorio español.
- Acuerdo ADR.

Figura 6.1. Unidad de carga formada por cajas sobre un palé.

- RD 97/2014, por el que se regulan las operaciones de transporte de mercancías peligrosas por carretera en territorio español.
- Ley 29/2003 sobre mejora de las condiciones de competencia y seguridad en el mercado de transporte por carretera, por la que se modifica, parcialmente, la Ley 16/1987, de Ordenación de los Transportes Terrestres.
- Ley 15/2009 del Contrato de transporte terrestre de mercancías

1.2 Normas de aplicación

Las normas de aplicación quedan definidas en el RD 563/2017, aplicables en función de la labor a realizar o el elemento de estiba que se vaya a emplear:

- EN 12195-1: Cálculo de las fuerzas de amarre.
- EN 12640: Puntos de amarre.
- EN 12642: Resistencia de la estructura de la carrocería de los vehículos.
- EN 12195-2: Cinchas de amarre de fibras sintéticas.
- EN 12195-3: Cadenas de amarre.
- EN 12195-4: Cables de acero de amarre.
- ISO 1161, ISO 1496: Contenedor ISO.
- EN 283: Cajas móviles.
- EN 12641: Lonas.
- EUMOS 40511: Postes-Teleros.
- EUMOS 40509: Empaquetado para transporte.

Otras guías y normas a tener en cuenta en la colocación y estiba de mercancías peligrosas en contenedores y camiones caja son las siguientes:

- Código Europeo de buenas prácticas concerniente a la carga de vehículos por carretera *(European Best Practice Guidelines on Cargo Securing for Road Transport)*.
- Directrices OMI/OIT/ONU/CEPE sobre la arrumazón de las unidades de transporte.

1.3   Recomendaciones generales sobre la estiba

Para evitar que la mercancía sufra daños durante el transporte, se ha desarrollado una serie de recomendaciones:

- Disminuir la fricción entre cargas agregando paneles o sacos hinchables entre las pilas o entre estas y las paredes del contenedor o del vehículo (véase la figura 6.2).
- Los productos incompatibles entre sí no deberán compartir una misma unidad de carga.
- Sujetar la carga correcta y eficazmente mediante trincas. Esta actividad se conoce como trincaje.
- Realizar la estiba de acuerdo a las propiedades físicas de los objetos:

  - La carga líquida se coloca debajo de la sólida para evitar derrames sobre la carga sólida en caso de fuga.
  - La carga ligera se coloca encima de la pesada.

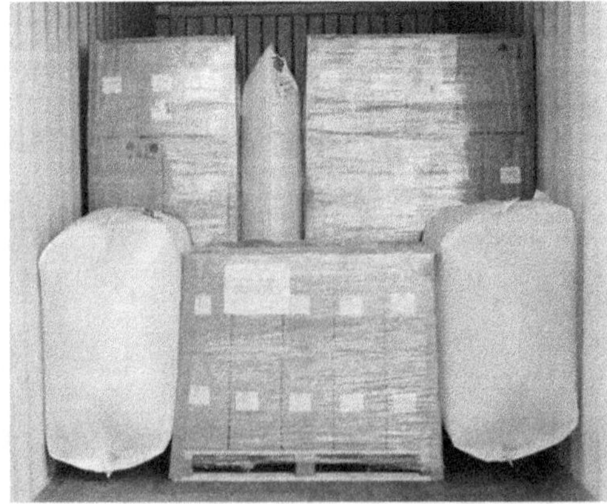

Figura 6.2. Ejemplos de bolsas hinchables para impedir el movimiento de las cargas durante el transporte. (Fuente: J2 Servid.)

2   Coeficiente de estiba

El coeficiente de estiba es la relación entre el volumen y el peso de la mercancía. Se utiliza para calcular el peso específico de la mercancía y realizar el cobro del transporte a través del resultado obtenido:

$$C_e = \frac{Volumen}{Peso\ bruto}.$$

Hay que diferenciar adecuadamente entre la estiba y el trincaje. Mientras que la estiba es un proceso de planificación de cómo cargar y fijar la mercancía para optimizar el espacio, minimizar riesgos durante el transporte y facilitar la descarga, el trincaje es la operación de asegurar la carga mediante unos instrumentos específicos, como cintas de amarre, cables, cadenas flejes, cantoneras, etc. (véanse las figuras 6.3 y 6.4).

Los elementos más comunes para bloquear la mercancía y evitar así su movimiento durante el transporte, además de los que sirven propiamente para la sujeción, son: los separadores térmicos, los raíles, las barras de carga, las planchas de madera, etc. Estas últimas se utilizan para reforzar el bloqueo de la mercancía después de haber sido trincadas.

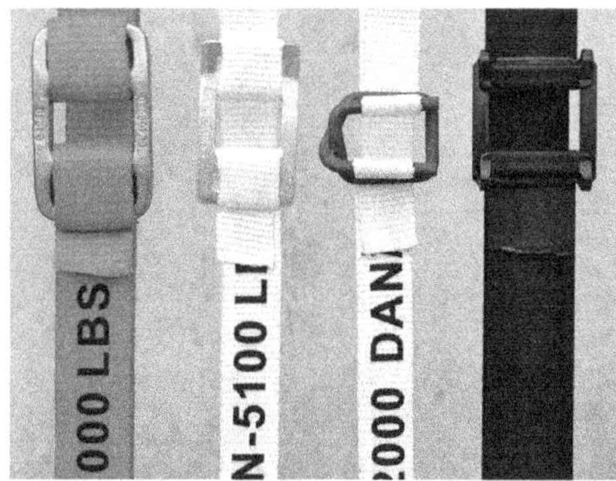

Figura 6.3. Modelos de cinta de trincaje y aplicación con cantonera.
(Fuente: J2 Servid.)

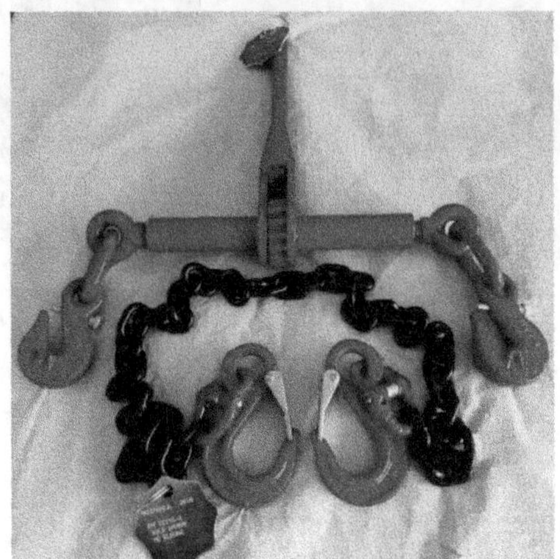

Figura 6.4. Modelos de ganchos y cadenas para el trincaje de las cargas.

Respecto a los diferentes tipos de amarre de las mercancías, la figura 6.5 describe de forma gráfica las recomendaciones de amarre para las cargas más habituales.

3   La gestión de la estiba y el trincaje

Existen diversos conceptos que se utilizan el cálculo y la aplicación de los elementos de estiba para conseguir sujetar la carga con seguridad, como son los siguientes:

- **STF (siglas de *standard tension force* o fuerza de tensión estándar):** es la fuerza que aplica un elemento tensor. En función del tipo de mercancía, peso (masa), distribución de la misma, volumen, etc., se necesitará un elemento que ejerza la tensión suficiente para bloquearla. Hay distintos formatos de elementos tensores.
- **LC (siglas de *load capacity* o capacidad de carga):** es la fuerza que resiste una trinca (elemento de sujeción) antes de romperse. Suele situarse entre 2.500 y 7.500 daN (Decanewton) en tiro recto y el doble en bucle.

RECOMENDACIONES DE ESTIBA PARA LAS CARGAS HABITUALES			
Bobinas	Alambrón	Ferralla	Chapa
Amarre directo + bloqueo en cuña	Amarre directo + unificación	Amarre directo + bloqueo	Amarre directo + bloqueo
Cajones con cáncamos	Cajones largos	Cajones planos	Cajones riesgo de vuelco
Amarre directo	Amarre en bucle	Amarre superior	Amarre por resorte
Carretillas	Vigas	Paquetes de tubos	Tubos sueltos
Amarre directo	Amarre en bucle	Amarre en bucle + red + cuña	Amarre en bucle + cuña
Palets	Láminas de vidrio	Tabla de marmol	Maquinaria
Amarre superior	Amarre superior en caballete	Amarre superior en caballete	Amarre directo
	Palets de lingotes	Bloques	
	Amarre superior	Amarre directo + bloqueo en cuña	

Figura 6.5. Recomendaciones de amarre para las cargas más habituales. (Fuente: *Normativa de estiba en carretera*, Eva María Hernández Ramos.)

- **Fricción:** se trata de la resistencia al deslizamiento entre dos superficies. Se mide a través de coeficientes establecidos en la norma, que van de 0 a 1 (pero existen materiales con fricciones más altas). Por ejemplo, antideslizante = 0,6.
- **Ángulo:** cuanto más se aproxime a 90°, en el amarre superior, menos cintas se necesitarán. Lo mismo se puede decir en el amarre directo, cuyo ángulo ideal se sitúa entre 45 y 65°.
- **Masa:** se mide en kilogramos y cuanto más pesada sea más fuerza 1G (unidad de gravedad, 9,8 m/s^2) se aplica y, por lo tanto, más difícil es de mover el bulto. Esto se aplica agrupando bultos en mayores conjuntos, pero nunca deben ir sin sujetar por mucha masa que tengan.
- **Bloqueo:** es una fuerza que puede sumarse a la sujeción. A mayor fuerza de bloqueo, menos o ninguna cinta se necesitará.

3.1   Normativa sobre estiba y trincaje de mercancías

Durante muchos años España ha contado con una escasa normativa legal sobre la estiba que estaba incluida en el Reglamento General de Circulación y la Ley del Contrato de Transporte.

En 2018 entró en vigor la legislación sobre la estiba de carga en el transporte por carretera con el RD 563/2017, que tenía el objetivo de armonizar las diferentes legislaciones existentes en la UE sobre las inspecciones técnicas de los vehículos de transporte profesional por carretera, entre otras normas sobre la estiba y el trincaje. Esta nueva norma regula la carga transportada en un vehículo, así como los accesorios utilizados para su acondicionamiento o protección, que deben estar dispuestos y, en caso de ser necesario, sujetos de tal manera que no puedan:

- Arrastrar, caer total o parcialmente o desplazarse de manera peligrosa.
- Comprometer la estabilidad del vehículo.
- Producir ruido, polvo u otras molestias que puedan evitarse.

- Ocultar los dispositivos de alumbrado o de señalización luminosa, las placas o los distintivos obligatorios y las advertencias manuales de sus conductores.

El transporte de materias que puedan producir polvo o caer desde el vehículo de transporte se efectuará siempre cubriéndolas total y de manera adecuada.

El RD 563/2017, incluye en su anexo III una pormenorizada relación de puntos que deben tenerse en cuenta a la hora de estibar la mercancía en el interior de un camión. La mayoría de ellos derivan de normas europeas como la UNE-EN 12195. Fundamentalmente se recoge la normativa sobre:

- Los métodos de retención para sujetar la carga: enganche, inmovilización local o general, amarre directo o amarre superior.
- La influencia de las fuerzas generadas por el movimiento de aceleración o deceleración del vehículo.
- El reparto del peso en función de la carga máxima y mínima de eje, así como los límites de masa máxima autorizada del vehículo.
- Los requisitos de resistencia de los componentes del vehículo que intervienen en la estiba de la mercancía: puntos de amarre frontales, laterales, traseros, teleros.

4   Cálculo de los puntos de amarre de un camión

La norma EN12640, que regula los puntos de amarre, determina cuántos debe tener un camión y qué características deberían ser, según:

- La longitud de la plataforma de carga.
- La distancia máxima entre los puntos de amarre.
- La fuerza de fijación admisible.

Cálculo	Parámetros	Total	Por lado
Según longitud	Vehículos con longitud efectiva <2.200 mm	4	2
	Vehículos con longitud efectiva >2.200 mm	6	3

Cálculo	Parámetros	Distancia	
Según distancia máxima entre puntos de amarre	Parte situada por encima del eje trasero	< 1200 mm	
	Encima del eje trasero	1200 mm	
	Distancia del primer y último punto de amarre a las paredes	≤500 mm	

Cálculo	Parámetros	Número amarres	
Según la fuerza de tracción admisible	Vehículos con MMA <12 t	$X = (1,5\,P)/20$	
	Vehículos con MMA >7,5 t <12 t	$X = (1,5\,P)/10$	
	Vehículos con MMA >3,5 t <7,5 t	$X = (1,5\,P)/8$	

X = número de amarres a usar; P = carga útil.

Tabla 6.2. Dotación de puntos de amarre en un vehículo de transporte.
(Fuente: *Normativa de estiba en carretera*, Eva María Hernández Ramos.)

Según la norma EN12640, los vehículos deberían estar dotados del mayor valor entre los puntos de amarre que aparecen en la tabla 6.2.

5 Las responsabilidades en la estiba y el trincaje

Según la normativa general, los responsables de aplicar las adecuadas prácticas sobre sujeción de cargas para el transporte de carretera serán todas las partes o agentes implicados en el proceso logístico. Cada uno de ellos desempeña un cometido a la hora de velar para que la carga vaya adecuadamente colocada en un vehículo apropiado.

La responsabilidad de las labores de estiba no recae únicamente en la empresa transportista o en la persona que conduce el vehículo, sino que afecta a toda la cadena de transporte. El RD 563/2017 no modifica el régimen de responsabilidad de la estiba y remite a la Ley 15/2009 del contrato de transporte terrestre de mercancías, pero sí establece una serie de normas técnicas UNE EN con un responsable legal determinado (sin mediar pacto entre las partes).

A la empresa cargadora, a la transportista o a la fabricante les corresponde asumir las responsabilidades según la norma técnica correspondiente (véase la tabla 6.3).

- La norma EN12195-1 contempla cómo calcular el número de dispositivos de sujeción necesarios para inmovilizar una carga durante su transporte. La empresa cargadora es responsable de la estiba y el cálculo del trincaje, excepto que haya pactado con la transportista que sea esta quien realice dichas labores. Aun así, está obligada a ejercer una vigilancia y realizar un chequeo de las operaciones, y un seguimiento mediante fichas de estiba.

- La norma EN 12195-2/3/4 contempla a la empresa proveedora de los equipos de sujeción. Será la empresa cargadora o la transportista la que deberá adquirir el material que cumpla con las normas, según la etiqueta del producto, y verificar que dicho producto esté en buenas condiciones.

- La responsabilidad sobre las normas que contemplan la caja móvil, el contenedor o la carrocería, recae sobre la empresa transportista, la cual debe poner a disposición de la cargadora unos equipos en condiciones. No obstante, corresponderá a la cargadora verificar el estado de dichos equipos, así como realizar los cálculos de la sujeción y la estiba.

- La norma EUMOS 40509 permite determinar mediante un test que una carga está correctamente acondicionada para el transporte. Teniendo en cuenta que el embalaje es responsabilidad de la empresa cargadora (Ley 15/2009, artículo 21), no cabría imputar responsabilidad a la porteadora por deficiencias en el mismo.

RÉGIMEN DE RESPONSABILIDADES EN LA ESTIBA		
Norma	**Comentario**	**Responsabilidad**
EN12195-1	Para aplicarla en la operativa diaria, la empresa transportista debe utilizar tablas rápidas, aplicaciones para dispositivos móviles (app) o procedimientos de trabajo preestablecidos (fichas de estiba, por ejemplo).	La empresa cargadora es la responsable de la estiba y el trincaje, salvo pacto con la empresa porteadora. La empresa que realiza el trincaje debe calcular los elementos de sujeción. La empresa cargadora debe ejercer vigilancia mediante fichas de estiba, aunque pacte el trincaje.
EN12195-2 EN12195-3 EN12195-4	Estas normas afectan a la empresa fabricante del equipo de sujeción. Las empresas cargadoras o porteadoras se limitan a comprar un material certificado de acuerdo con la norma y a verificar periódicamente su buen estado de mantenimiento.	La empresa propietaria de los útiles debe velar por el mantenimiento de los mismos. Se establece sanción en caso de que las cintas no contengan la etiqueta correspondiente o que se detecte que los útiles no están en buen estado.
EN12640 EN12641 EN12642 EUMOS 40511 ISO1161 ISO1496-1 ISO 1496-2 ISO 1496-3 ISO 1496-4 ISO 1496-5 EN283	Estas normas afectan a la empresa fabricante del vehículo, al contenedor o a la caja móvil.	La responsabilidad de aplicación de esta normas afecta a la empresa porteadora: mantener en correcto estado los puntos de amarre, carrocerías, lonas, postes, etc., llevar a cabo el mantenimiento del vehículo, e informar a la empresa cargadora sobre la resistencia de los elementos para el cálculo de la estiba y sujeción (obligación de información relativa a la seguridad) o bien para tenerlo en cuenta si quien va a realizar dicha estiba y sujeción es la propia empresa porteadora.
Régimen de responsabilidades respecto el embalaje de la carga		
EUMOS 40509	Este test permite determinar que una carga esté correctamente acondicionada para el transporte. Teniendo en cuenta que el embalaje es responsabilidad de la empresa cargadora, no cabría imputar responsabilidad a la porteadora por deficiencias del mismo.	El embalaje es responsabilidad de la empresa expedidora. Esta norma proporciona un método de ensayo para medir la rigidez de una unidad de carga y asegurar que el embalaje está correctamente adecuado a las necesidades de la mercancía.

Tabla 6.3. Régimen de responsabilidades en la estiba, según el RD 563/2017. (Fuente: *Normativa de estiba en carretera*, Eva María Hernández Ramos.)

La empresa responsable de la estiba de las mercancías será aquella que esté obligada a realizar la carga y descarga, según se haya pactado o según se cumpla con las condiciones de la regla Incoterms (a tener en cuenta en condiciones EXW).

- Las operaciones de carga de las mercancías a bordo de los vehículos, así como su descarga, serán por cuenta, respectivamente, de la empresa cargadora y de la destinataria, a excepción de que estas operaciones se asuman expresamente por la transportista antes de la efectiva presentación del vehículo para su carga o descarga. Igual régimen se aplicará para la estiba y desestiba de las mercancías.
- La empresa cargadora y la destinataria asumirán las consecuencias de los daños derivados de las operaciones que les corresponda realizar. Sin embargo, la transportista responderá de los daños sufridos por las mercancías a causa a una estiba inadecuada si dicha operación la ha realizado la cargadora siguiendo las instrucciones de la transportista.

Por su parte, la Instrucción 18/TV-103 de la Dirección General de Tráfico (DGT) indica que se debe acreditar la existencia de ese acuerdo expreso entre la empresa cargadora y la transportista si esta última realiza la labor de estiba. Si no existe un acuerdo aceptado expresamente por la transportista, aunque esta lo acepte tácitamente, la responsable de una infracción podrá ser la cargadora.

Por otro lado, las empresas en cuyas instalaciones se realicen las labores de estiba y trincaje de las cargas tienen el deber de vigilancia y diligencia, realizando la coordinación de actividades empresariales (CAE) que correspondan como actividad propia.

5.1 Obligaciones de la empresa expedidora

En cuanto a la estiba, la empresa expedidora tiene la responsabilidad de:

- Hacer una descripción de la carga que comprenda, como mínimo:

  - La masa del conjunto de la carga y de cada unidad de carga.
  - Las dimensiones del embalaje de cada unidad de carga.
  - Las limitaciones de apilamiento de la carga y la posición que esta ha de tener durante el transporte.
  - La posición del centro de gravedad de cada unidad de carga si este no está situado en el centro de la misma.

- Asegurar que las unidades de carga están embaladas para soportar las tensiones previstas en el transporte, incluidas las que resulten de las fuerzas de amarre.
- Asegurar que las mercancías peligrosas están embaladas, clasificadas y etiquetadas de manera adecuada, y que los documentos relativos a su transporte estén cumplimentados y firmados.
- Asegurar que el vehículo y el equipo de sujeción son los adecuados para la carga a transportar.
- Conseguir que la persona encargada de realizar la carga disponga de toda la información relativa a la capacidad de sujeción del vehículo de transporte.
- Elaborar un plan de seguridad y una lista de chequeo sobre la aceptación y el rechazo de vehículos.
- Permitir que el personal de conducción esté presente en el momento de la carga.

5.2 Obligaciones de la empresa cargadora

Las obligaciones de la empresa cargadora, entendida como aquella que tiene la mercancía en su posesión, pero no su propiedad, y la posiciona sobre el vehículo (no tiene por qué coincidir con la expedidora) son:

* Garantizar que la mercancía que se carga es apta para el transporte.
* Comprobar que está disponible el plan de sujeción de la carga antes de efectuar la carga.
* Corroborar la existencia de los certificados de las partes del vehículo de transporte que se utilizan para sujetar la carga.
* Verificar que el vehículo está en buen estado y que está limpio el espacio destinado a la carga.
* Comprobar la lista de chequeo de seguridad de la empresa expedidora.
* Confirmar que el equipo necesario para sujetar la carga se encuentra disponible y en buen estado al iniciar la carga del vehículo.
* Asegurarse de que el suelo del vehículo no soporta una presión excesiva durante la operación de carga y de que el vehículo no sufre un exceso de peso.
* Garantizar que la carga está distribuida de manera adecuada en el vehículo.
* Corroborar que todos los elementos de amarre se han aplicado correctamente, así como la correcta utilización de los elementos de sujeción adicionales, como esterillas antideslizantes, rellenos entre los bultos, materiales de estiba y barras de bloqueo, entre otros.
* Asegurar el cierre del vehículo y, si procede, que está precintado correctamente.

5.3 Obligaciones de la empresa porteadora

Por su parte, las responsabilidades de la empresa transportista son:

* Comprobar que no existen indicios de falta de seguridad para el transporte de la carga, haciendo una inspección visual de esta, si es accesible, y de la parte exterior del vehículo.
* Asegurar que se pueden proporcionar todos los certificados de las partes del vehículo que se utilizan para sujetar la carga.

- Comprobar periódicamente la sujeción de la carga durante el transporte, si es posible acceder a ella, especialmente cuando se trate de cargas inestables o no rígidas.
- Realizar la carga, la estiba y el trincaje en caso de que exista un acuerdo previo a la presentación del vehículo en el lugar de carga.

6   Reservas en la carta de porte

Un aspecto importante a tener en cuenta es la verificación de la estiba y el trincaje y la notificación de una reserva en caso de detectar alguna discrepancia para así evitar responsabilidades ante cualquier incidencia.

Las reservas consisten en anotar en la carta de porte todas las discrepancias que se detecten. Las reservas siempre reflejan alguna disconformidad, muy útil en caso de que se produzca algún accidente o exista una reclamación posterior. Es conveniente que las personas que estén a cargo de la expedición de mercancías hayan recibido con anterioridad una formación adecuada sobre el modo en que sebe dejar constancia de dichas reservas. También deberá haber algún tipo de información escrita y gráfica permanente en las áreas de expedición.

En las tablas 6.4 y 6.5 se presentan las principales reservas que pueden declarar los diferentes agentes participantes.

7   La ficha de estiba

Para despejar las dudas sobre a quién corresponde asumir la responsabilidad en la estiba de cargas en camiones y furgonetas, la Dirección General de Tráfico (DGT) ha definido un documento denominado «ficha de estiba», en el que se clarifica detalladamente quién es el responsable en cada tipo de transporte y vehículo.

RESERVAS QUE DEBE ANOTAR EL PERSONAL CONDUCTOR	
Aspecto sobre el que se realizan las reservas	**¿Qué debe anotar?**
Reconocimiento visual externo de los bultos	• Discrepancias con el número de bultos. • Discrepancias con las señales de los bultos. • Inexactitud entre las mercancías y lo que dice en la carta de porte. • Mal estado del embalaje. • Bultos mojados, húmedos, con desperfectos.
Comprobación del número de bultos	Si no tiene medios para comprobar el número de bultos, lo anotará igualmente.
Presencia durante la carga	«No presente en el momento de carga», cuando la expedidora no se lo permita.
Realización de trincaje por parte de la empresa transportista, si se pacta	«Trincaje o estiba realizada según instrucciones de la empresa cargadora», en caso de que así suceda.
Discrepancias en el acondicionamiento o documentación	Si considera que la reserva no es suficiente, la empresa porteadora podrá rechazar los bultos mal acondicionados o identificados, que no vayan acompañados de la documentación necesaria o cuya naturaleza o características no coincidan con las declaradas por la cargadora, debiendo comunicar inmediatamente a esta dicho rechazo.
Sospechas sobre la falsedad en peso o medidas de la carga	La porteadora podrá verificar el peso y las medidas de las mercancías. Si la declaración de la cargadora resulta cierta, los gastos derivados de estas actuaciones serán por cuenta de la porteadora y, en caso contrario, de la cargadora.
Homologación y buen estado de los útiles	La porteadora verificará el estado de los útiles que aporte la cargadora, así como la técnica empleada si esta hace el trincaje, y anotará disconformidades leves y graves con los útiles, pudiendo rechazar situaciones peligrosas como cintas con nudo, cortes, LC no compatible con puntos de amarre, y negarse a cargar si las mercancías no van sujetas.
La empresa porteadora podrá supeditar la admisión de los bultos a la aceptación de las reservas que se proponga formular en la carta de porte, dejando constancia de los defectos apreciados.	

Tabla 6.4. Reservas que debe anotar el personal conductor de la empresa transportista. (Fuente: *Normativa de estiba en carretera*, Eva María Hernández Ramos.)

RESERVAS QUE DEBEN ANOTAR LAS EMPRESAS CARGADORAS	
Aspecto sobre el que se realizan las reservas	**¿Qué debe anotar?**
Distribución de peso	Si el personal conductor indica cómo distribuir el peso, la empresa cargadora anotará: «Peso distribuido acorde a instrucciones del porteador».
Salida de camiones acorde a la normativa de seguridad	Discrepancias leves con el estado del vehículo, útiles, técnica de estiba empleada, etc., si estas no fueran peligrosas.
La cargadora/expedidora no deberá permitir la salida de camiones que no cumplan el proceso de control mediante ficha de estiba	Deberá existir un procedimiento de control y rechazo de camiones por el cual: o bien no se cargue o se indique mediante reserva (en deficiencias leves, por ejemplo).
Realización de trincaje por parte de la empresa transportista, si se pacta	Si realiza la estiba la empresa cargadora, señalará: «Estiba o trincaje realizada según instrucciones del porteador».
Dudas sobre el peso o medidas de la carga	La empresa cargadora podrá exigir la realización de todas o alguna de las comprobaciones de peso etc. y la porteadora accederá a ello con tal de que el peticionado asuma expresamente el pago de los gastos a que den lugar. En todo caso, señala el apartado tercero que «este tipo de comprobaciones se llevará a cabo por la porteadora en presencia de la cargadora o sus auxiliares» y «no siendo ello posible, el reconocimiento y registro de los bultos se hará ante notario o con asistencia del presidente de la junta arbitral del transporte competente o persona por el designada», de cuyo resultado «se hará constar en la carta de porte o mediante acta levantada al efecto».
La empresa porteadora podrá inmovilizar el vehículo en caso de discrepancia o detección de incidencia grave de acuerdo con el RD 563/2017 hasta que se subsane o se descargue.	

Tabla 6.5. Reservas que debe anotar el personal de la empresa cargadora.
(Fuente: *Normativa de estiba en carretera*, Eva María Hernández Ramos.)

La ficha de estiba establece un transporte seguro y acorde a las normativas. En ella se especifica la clase de carga, la instalación de elementos de fijación y sujeción, así como la adecuación al izado y movimientos de carga *in situ*. Por esta razón, las empresas de logística y transporte están obligadas a que su personal conductor conozca el número exacto de amarres que debe llevar cada carga, su capacidad de amarre y otras características como:

- Puntos de amarre (EN 12640).
- Cinchas de amarre de fibras sintéticas (EN 12195-2).
- Cables de amarre de acero (EN 12195-3, – 4).
- Contenedores ISO (ISO 1161 e ISO 1496).
- Cajas móviles, lonas y postes teleros (EN 283).
- Empaquetado para transporte (EUMOS 40509).
- Cálculo de las fuerzas de amarre (EN 12195-1).

La adecuación y el cumplimiento de estas características van regulados con un número, por ejemplo, EN 12640. De esta forma, si un camión lleva una carga que necesita seis puntos de amarre, debe constar en la sección correspondiente de la ficha de estiba, indicando los puntos de amarre o EN 12640 y la cantidad exacta que lleva en cada caso.

En las figuras 6.6 y 6.7 se muestran distintos modelos de fichas de estiba, que en el dorso se acompañan con el detalle de los acuerdos pactados entre las partes que la suscriben.

La ficha de estiba consta de un anverso que con una reseña de los útiles a emplear y una tabla con cálculos sobre el número o las características de los amarres, y de un reverso con una parte legal donde se indica el responsable de aplicar cada norma técnica, de acuerdo con lo estipulado por la Dirección General de Tráfico (DGT). Asimismo, figuran los posibles pactos entre las partes ante eventuales lagunas legales, beneficiosas para la empresa cargadora y la transportista. Es conveniente adjuntarla a las órdenes de carga y los contratos de transporte o sus anexos. Pueden contratarse grandes bases de datos de fichas de estiba o se pueden contratar en función de cada carga específica.

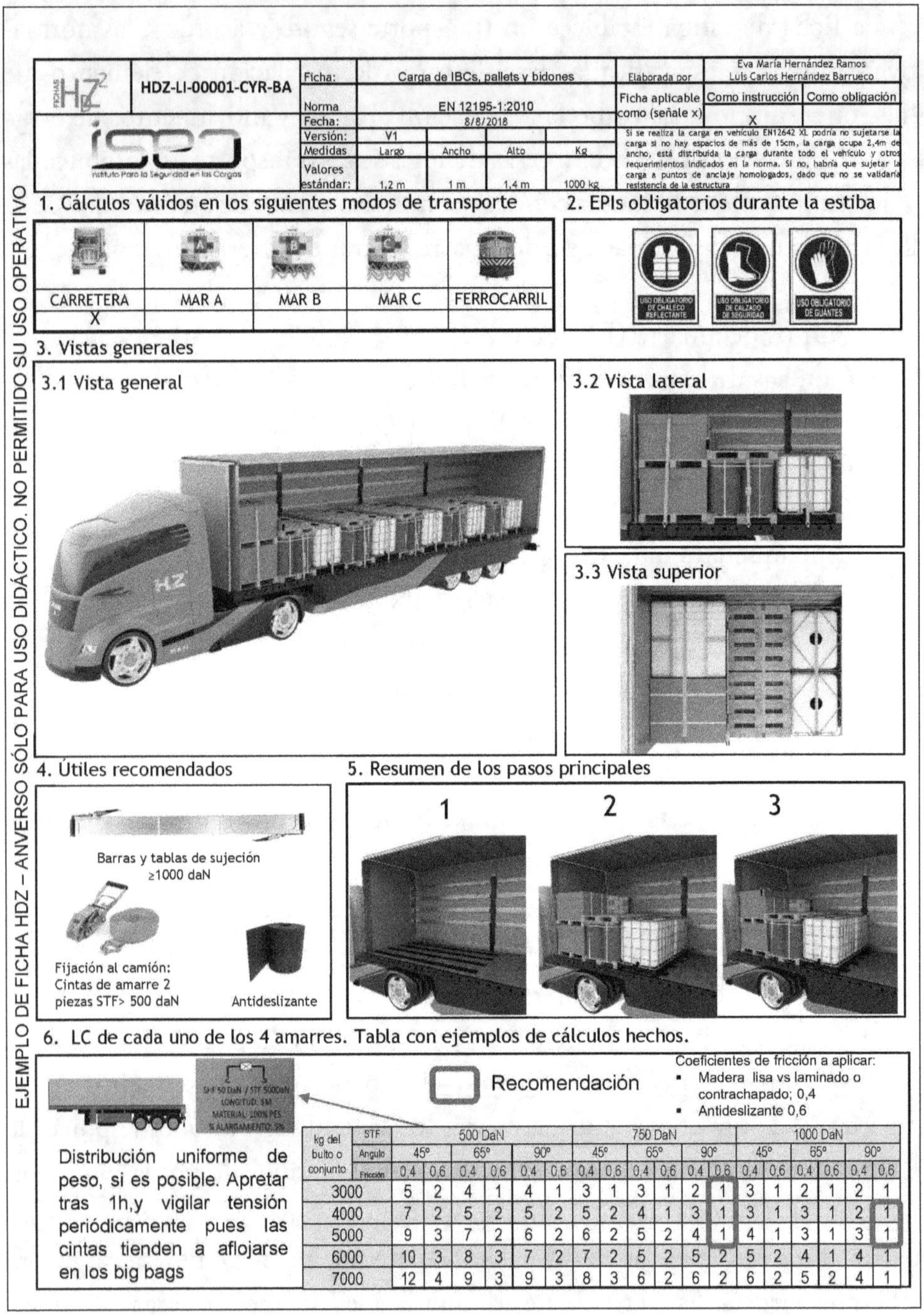

EJEMPLO DE FICHA HDZ – ANVERSO SÓLO PARA USO DIDÁCTICO. NO PERMITIDO SU USO OPERATIVO

HDZ-LI-00001-CYR-BA

Instituto Para la Seguridad en las Cargas

Ficha:	Carga de IBCs, pallets y bidones				Elaborada por	Eva María Hernández Ramos Luis Carlos Hernández Barrueco	
Norma	EN 12195-1:2010				Ficha aplicable como (señale x)	Como instrucción	Como obligación
Fecha:	8/8/2018					X	
Versión:	V1						
Medidas	Largo	Ancho	Alto	Kg			
Valores estándar:	1,2 m	1 m	1,4 m	1000 kg			

Nota: Si se realiza la carga en vehículo EN12642 XL podría no sujetarse la carga si no hay espacios de más de 15cm, la carga ocupa 2,4m de ancho, está distribuida la carga durante todo el vehículo y otros requerimientos indicados en la norma. Si no, habría que sujetar la carga a puntos de anclaje homologados, dado que no se validaría resistencia de la estructura

1. Cálculos válidos en los siguientes modos de transporte

CARRETERA	MAR A	MAR B	MAR C	FERROCARRIL
X				

2. EPIs obligatorios durante la estiba

USO OBLIGATORIO DE CHALECO REFLECTANTE — USO OBLIGATORIO DE CALZADO DE SEGURIDAD — USO OBLIGATORIO DE GUANTES

3. Vistas generales

3.1 Vista general

3.2 Vista lateral

3.3 Vista superior

4. Útiles recomendados

Barras y tablas de sujeción ≥1000 daN

Fijación al camión:
Cintas de amarre 2 piezas STF> 500 daN

Antideslizante

5. Resumen de los pasos principales

1   2   3

6. LC de cada uno de los 4 amarres. Tabla con ejemplos de cálculos hechos.

STF 50 DaN / STF 5000daN
LONGITUD: 5M
MATERIAL: 100% PES
% ALARGAMIENTO: 5%

Distribución uniforme de peso, si es posible. Apretar tras 1h, y vigilar tensión periódicamente pues las cintas tienden a aflojarse en los big bags

☐ Recomendación

Coeficientes de fricción a aplicar:
- Madera lisa vs laminado o contrachapado; 0,4
- Antideslizante 0,6

kg del bulto o conjunto	STF / Ángulo / Fricción	500 DaN						750 DaN						1000 DaN					
		45°		65°		90°		45°		65°		90°		45°		65°		90°	
		0,4	0,6	0,4	0,6	0,4	0,6	0,4	0,6	0,4	0,6	0,4	0,6	0,4	0,6	0,4	0,6	0,4	0,6
3000		5	2	4	1	4	1	3	1	3	1	2	1	3	1	2	1	2	1
4000		7	2	5	2	5	2	5	2	4	1	3	1	3	1	3	1	2	1
5000		9	3	7	2	6	2	6	2	5	2	4	1	4	1	3	1	3	1
6000		10	3	8	3	7	2	7	2	5	2	5	2	5	2	4	1	4	1
7000		12	4	9	3	9	3	8	3	6	2	6	2	6	2	5	2	4	1

Figura 6.6. Ejemplo de ficha de estiba. (Fuente: *Normativa de estiba en carretera,* Eva María Hernández Ramos.)

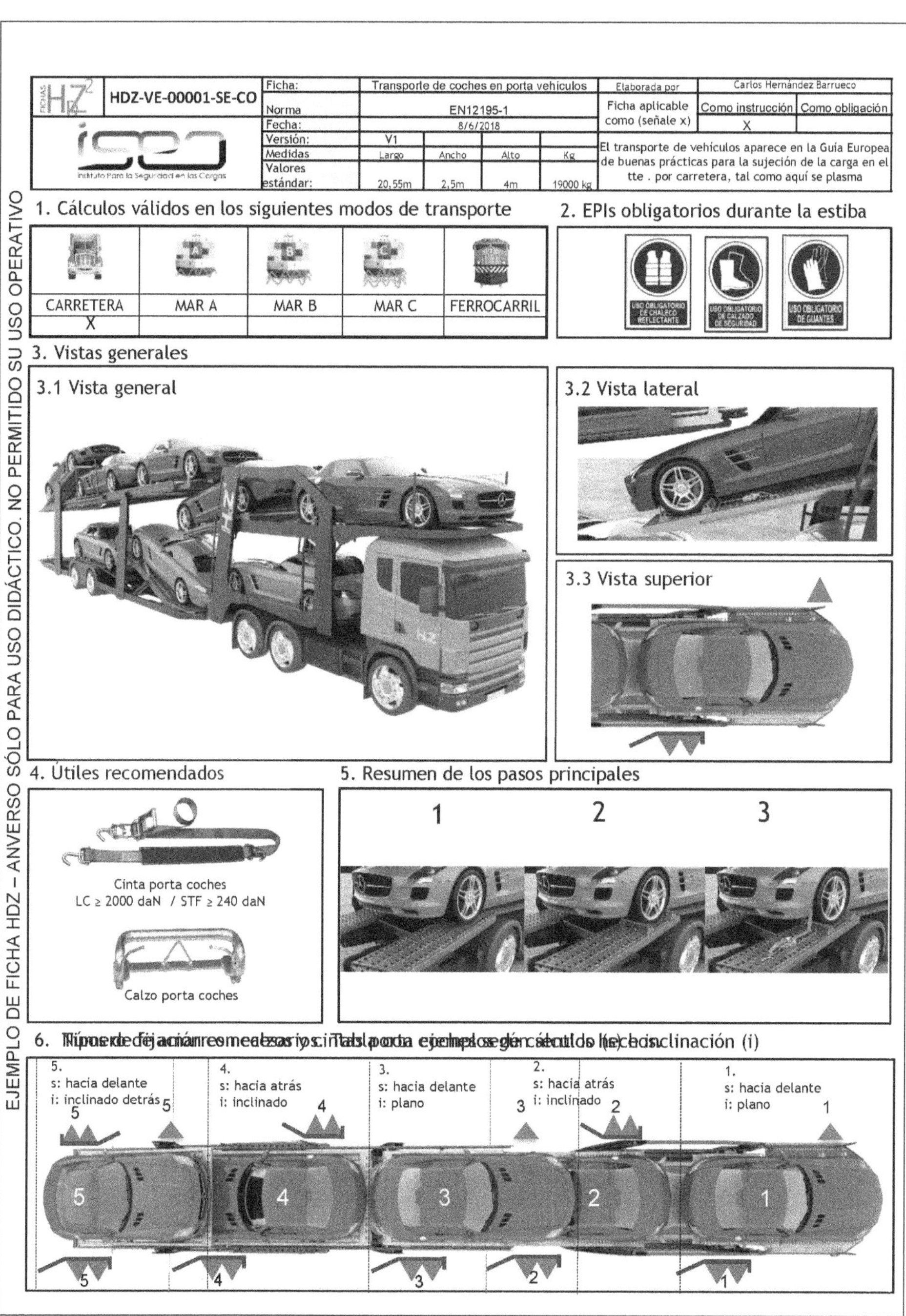

Figura 6.7. Ejemplo de ficha de estiba. (Fuente: *Normativa de estiba en carretera*, Eva María Hernández Ramos.)

Las reglas Incoterms son un factor a tener en cuenta en la responsabilidad de la estiba y el trincaje. Si las partes vendedora y compradora pactan, por ejemplo, las condiciones de la regla Incoterms EXW, esto se debe reflejar en la ficha de estiba, donde se indicará que la cargadora es una figura distinta de la expedidora.

En la tabla 6.6 se indica quién debe responsabilizarse de la estiba y el trincaje en función de la regla Incoterms pactada. Téngase en cuenta que cualquiera de ellas puede pactar estos trabajos con la empresa transportista, siempre que sea antes de la presentación del vehículo en el lugar de recogida de la carga.

Así, a través de las fichas de estiba, se puede:

- Indicar quién realiza el trincaje, si se subcontrata o se realiza según acuerdo específico.
- Dar instrucciones o recomendaciones sobre cómo estibar y fijar una mercancía.
- Proporcionar un certificado de estiba a la empresa transportista.
- Indicar cuándo se transmite el riesgo y facilitar recomendaciones al cliente sobre el aseguramiento de la carga.

		PACTADO	NO PACTADO
Regla Incoterms	Carga	Sujeción	Sujeción
EXW	Cliente	Transportista	Cliente
FCA en instalaciones cargador	Expedidor	Transportista	Cliente
Resto FCA / FAS/ FOB	Expedidor	Transportista	Expedidor
CFR/ CPT/ CIF/ CIP	Expedidor	Transportista	Expedidor
DPU/DAP/DDP	Expedidor	Transportista	Expedidor

Tabla 6.6.

8 Inspecciones en carretera

Las inspecciones técnicas en carretera consisten en una inspección inicial, a la que pueden sumarse otras más minuciosas si fuese necesario. En ambos casos, se inspeccionan todas las partes y sistemas del vehículo, debiéndose aportar métodos y ejemplos respecto las deficiencias encontradas y su categorización en función de la gravedad.

Las inspecciones pueden ser elecciones al azar de vehículos en carretera o bien cuando se detecta o se percibe falta de seguridad de un vehículo. La normativa permite priorizar las inspecciones sobre empresas con incidencias en la ITV e inspecciones técnicas en carretera deficientes, con el apoyo de una lista de empresas de alto riesgo. La utilización de sistemas de categorización de riesgos favorece un transporte de calidad y vela por la sostenibilidad al medio ambiente.

La inspección sobre sujeción de la carga consiste en comprobar que la carga está sujeta de forma que no interfiera en la conducción segura, ni suponga un riesgo para la vida del personal conductor u otras personas, la salud, la propiedad o el medio ambiente. También se pueden realizar inspecciones para comprobar cómo reacciona el vehículo antes distintas situaciones según su mantenimiento:

- Maniobras de arranque.
- Situaciones de emergencia como frenazos bruscos o giros inesperados.
- Que el cambio de posición de las cargas entre sí, contra las paredes o las superficies del vehículo sea mínimo.
- Que las cargas no puedan salirse del espacio de carga ni desplazarse fuera de la superficie de carga.

9   Sanciones causadas por la mala praxis en el cumplimiento de la normativa de carga y estiba

La empresa cargadora no puede traspasar la responsabilidad de la estiba y trincaje a la empresa transportista, ya que legalmente le corresponde a ella realizar esta actividad, salvo que decida externalizar este servicio, según sean los términos y condiciones de venta (reglas Incoterms) haciendo constar:

- Documentos legales:
  - Comunicación a la empresa transportista.
  - Contrato de transporte incluyendo cláusulas de estiba.
  - Anexo al contrato de transporte, pudiendo incluir fichas de estiba como contenidos mínimos.

- Medidas urgentes:
  - Fichas de estiba, que acreditan todos los pactos necesarios en el transporte por carretera o su utilización dentro de procesos de control de la CAE.
  - Formación del personal para efectuar la verificación de seguridad y auditorías de carga periódicas.

Teniendo en cuenta la Instrucción 18/TV-103 de la DGT, se solicitará a la persona que conduzca el vehículo el documento de control administrativo o también la ficha de estiba. Este documento es obligatorio y en él puede reflejarse el acuerdo sobre la estiba de la carga. No es el más adecuado, ya que se realiza después de la presentación efectiva del vehículo, pero resulta útil a falta de la ficha de estiba.

La solución ideal es emplear la ficha de estiba, y las eventuales actuaciones estarán en función de si hay algún acuerdo o no entre la empresa cargadora y la transportista.

- Si existe acuerdo: la denuncia, en base al Reglamento General de Circulación (art. 14), irá impuesta a la transportista.
- Si no existe acuerdo: la sanción se dirige al personal de conducción, aunque en el boletín de denuncia el inspector puede hacer una observación sobre quién es el responsable de la estiba en caso de no existir acuerdo previo o según ficha de estiba.

9.1 Casos concretos, motivos de sanción donde se determina la responsabilidad en ausencia de acuerdo

En el supuesto que se detecte que un vehículo tiene uno de los puntos de amarre en mal estado, la Instrucción 18/TV-103 determina que, en ausencia de acuerdo, la sanción deberá dirigirse a la empresa cargadora, aunque esta no sea en la mayoría de ocasiones la titular del vehículo.

En el caso de tener que verificar si las cintas están en buen estado o deberían ser sustituidas por falta de seguridad, la responsabilidad recae sobre la empresa compradora de dichos útiles. Cuando existe un acuerdo expreso de estiba, será la transportista quien aporte estos utensilios y, por lo tanto, se debería sancionar a esta última si una inspección técnica en carretera lo determina. No obstante, si la empresa cargadora aporta una cinta para completar la sujeción de la carga, pero no realiza el trincaje, la sanción por la cinta en mal estado debería imponerse a la cargadora, propietaria de la cinta. Este tipo de incidencias pueden quedar resueltas mediante la ficha de estiba, en la que puede expresarse de una forma muy visual quién aporta los útiles. Asimismo, se pueden realizar reservas en la carta de porte, de modo que se especifique quién es responsable de cada útil o actividad.

Una de las sanciones que más impacto tiene en la continuidad del transporte de las mercancías es la inmovilización del vehículo, la cual se ajustará a lo establecido en el artículo 104 y siguientes del referido texto refundido de la Ley sobre Tráfico, Circulación de Vehículos a Motor y Seguridad Vial. Este artículo indica una serie de requisitos para poder inmovilizar un vehículo comercial, que no se podría realizar si no se cumplen las normas y requisitos establecidos. En este caso, también se pueden categorizar las deficiencias según la Ley de Seguridad Vial (LSV):

- Artículo 75: Infracciones leves. No hay mención alguna a la estiba ni deficiencias contenidas en el RD 563/2017.
- Artículo 76: Infracciones graves. Son infracciones graves, cuando no sean constitutivas de delito, las siguientes conductas tipificadas:

  - Conducir negligentemente.
  - Circular con un vehículo que incumpla las condiciones técnicas reglamentariamente establecidas, salvo que la infracción sea calificada como muy grave, así como las infracciones relativas a las normas que regulan la inspección técnica de vehículos.
  - Conducir vehículos con la carga mal acondicionada o con peligro de caída.

- Artículo 77. Infracciones muy graves. Son infracciones muy graves, cuando no sean constitutivas de delito, las siguientes conductas tipificadas:

  - Circular con un vehículo cuya carga ha caído a la vía, por su mal acondicionamiento, creando grave peligro para el resto de las personas usuarias.
  - Conducir temerariamente.
  - Circular con un vehículo que incumpla las condiciones técnicas que afecten gravemente a la seguridad vial.

Test de autoevaluación

Afianza tus conocimientos sobre la gestión de tráfico de mercancías. Accede a **www.margebooks.com** y supera los test de autoevaluación.

Capítulo 7
El balance y la cuenta de resultados: la contabilidad de la empresa

La contabilidad sirve para registrar todas las operaciones que se realizan en la empresa, siguiendo un orden cronológico y aplicando unas normas de obligado cumplimiento. Internamente, la dirección de la empresa necesita conocer la situación económico-financiera de esta.

> **Lo que tenemos + Lo que nos deben – Lo que debemos**

1 ¿Qué es la cuenta de explotación?

La cuenta de explotación es el documento contable que refleja la evolución de la empresa durante un determinado periodo de tiempo (suele ser un ejercicio económico o un año natural). A diferencia del balance de situación, la cuenta de explotación es una representación dinámica de la realidad de la empresa, ya que no recoge los elementos de su patrimonio en un momento dado, sino el proceso por el que se ha formado el resultado del negocio a lo largo del periodo de referencia.

En la cuenta de explotación quedan reflejados ordenadamente el conjunto de los ingresos y los gastos generados por la actividad propia de la empresa (por eso, se denomina de explotación), y de esta forma se evidencia la manera en que se ha llegado a obtener una ganancia o una pérdida a lo largo de un ejercicio económico o de otro periodo escogido.

- **Conceptos sobre la cuenta de explotación**
  - *Beneficio bruto:* es el resultado de una empresa antes de descontar amortizaciones e impuestos. Es la diferencia entre ingresos y gastos, es decir, entre los beneficios de la venta de productos y lo que cuesta producirlos.
  - *EBITDA (earnings before interest, taxes, depreciation, amortization):* hace referencia al beneficio bruto de explotación antes de intereses, impuestos, depreciaciones y amortizaciones. Sirve para medir el flujo de caja, la capacidad de obtener resultados de una actividad, sin tener en cuenta su aptitud de endeudamiento. Un EBITDA elevado no es sinónimo, necesariamente, de una buena gestión empresarial. Se debe analizar junto a otros parámetros para ofrecer resultados fiables.
  - *EBIT (earnings before interest and taxes):* es el beneficio bruto de explotación más las depreciaciones y las amortizaciones.

1.1   ¿Cómo interpretar una cuenta de explotación?

Los ingresos y los gastos que integran la cuenta de explotación se pueden ordenar y clasificar de muchas maneras diferentes, pero se debe trabajar sobre un modelo que las agrupe de forma significativa y de manera que resulte fácil analizar toda la información contenida en el documento. Se considera que la forma más adecuada para el posterior tratamiento de la información aportada por la cuenta de explotación es la denominada vertical o estratificada, en la que mediante simples operaciones se puede determinar claramente cuál ha sido la estructura del gasto y la importancia relativa de este respecto de los ingresos, además de la cuantificación en valores absolutos y relativos del margen bruto y del resultado neto obtenidos durante el periodo de referencia (el mes, el trimestre, el semestre o el ejercicio completo). La cuenta de explotación vertical o estratificada se ajustará al siguiente modelo.

> Ventas brutas – Devoluciones de ventas – Rápeles s/ ventas – Descuentos s/ ventas =
> Ventas netas – Consumos (costo de las ventas) =
> Margen bruto de explotación – Gastos de explotación = Resultado bruto de explotación

Si se tiene en cuenta la existencia de ingresos y gastos no relacionados directamente con la actividad principal de la empresa, entonces el resultado total obtenido no sería equivalente al resultado de explotación, sino que se obtendría de la siguiente manera:

> Resultado bruto de explotación + Ingresos ajenos a la explotación – Gastos ajenos
> a la explotación = Resultado bruto de la empresa

Una vez determinado el importe del resultado previsto para el ejercicio corriente a obtener por la empresa a través del conjunto de sus actividades, debemos considerar la incidencia de los impuestos directos que gravan los mismos, teniendo en cuenta que, a efectos de los planes de contabilidad que se determinan desde la administración pública, dichos impuestos directos (reales o previstos) forman parte de los gastos de explotación. Por lo tanto:

> Resultado bruto de la empresa = Resultado neto de la empresa

Mediante la correcta representación de los datos aportados por la contabilidad respecto a los gastos y los ingresos generados por la actividad de la empresa, podemos extraer en cada momento información sobre la evolución de la misma que de otra forma permanecería oculta o cuanto menos resultaría confusa y difícil de analizar. Una vez presentada dicha información en valores absolutos y tomando como valor base el valor de las ventas netas, se determina la estructura del consumo y del margen bruto como tanto por ciento de dicho valor. De la misma manera, se puede determinar la estructura del gasto de explotación. Con todo ello, ya sea por comparación intermensual o mediante control presupuestario (comparación con la cuenta de explotación previsional), se consigue una visión completa de la capacidad de generación de resultados por parte de la empresa y de la forma en que se alcanzan dichos resultados.

1.2   *Elementos para analizar una cuenta de explotación*

Del mismo modo que en el balance de situación, el análisis de la cuenta de explotación permite profundizar en el conocimiento de la empresa a través de la interpretación de las relaciones que se establecen entre los diversos elementos de los ingresos y los gastos que componen la misma. Tales relaciones se obtienen mediante la realización de sencillas operaciones algebraicas: diferencias (comparaciones), cocientes (ratios) o porcentajes (índices o coeficientes). Es básico para el análisis de la cuenta de explotación conocer los siguientes conceptos:

- **El concepto consumo** representa el costo de lo vendido y se obtiene mediante el siguiente algoritmo:

Existencia inicial + Compras netas − Existencia final = Consumo

---

Hemos de tener en cuenta que las existencias inicial y final, así como las compras, se refieren a las materias primas y auxiliares, en el caso de empresas industriales, o a las mercancías comerciales.

- **Las compras netas** se obtienen mediante el siguiente algoritmo:

> Compras brutas – Devoluciones de compras – Rápeles /compras – Descuentos s/compras = Compras netas

- **El margen bruto** representa el valor añadido generado por la actividad principal de la empresa, ya sea industrial o comercial, y se obtiene como la diferencia entre el importe de las ventas netas y el del consumo.

- **En los gastos de explotación** quedan incluidos todos aquellos que resultan necesarios para la actividad principal de la empresa. Dichos gastos se clasifican en las siguientes partidas:

  - Servicios exteriores.
  - Tributos.
  - Gastos de personal.
  - Gastos financieros (que están asociados a las operaciones propias de la actividad normal de la empresa).
  - Amortizaciones y provisiones.

Por otra parte, se deben distinguir dos tipos fundamentales de gastos, los fijos y los variables.

- *Los gastos fijos* o de estructura son aquellos que no dependen del volumen de actividad de la empresa, es decir aquellos que esta soporta por el mero hecho de existir, independientemente de que tenga o no actividad económica.

– ***Los gastos variables*** o de explotación dependen, tanto cuantitativa como cualitativamente, del nivel de actividad de la empresa, de tal forma que se pueden considerar nulos cuando la empresa carece de actividad económica.

- **Los ingresos ajenos a la explotación** comprenden todos aquellos que no son directamente atribuibles a la actividad principal propia de la empresa. Entre otros se incluyen los siguientes:

  – Descuentos sobre compras por pronto pago.
  – Ingresos financieros (por diversos conceptos).
  – Resultados de operaciones en común.
  – Ingresos por arrendamientos.
  – Ingresos por comisiones.
  – Otros ingresos de gestión (por diversos conceptos).
  – Beneficios procedentes del inmovilizado e ingresos excepcionales.

- **El concepto gastos ajenos a la explotación** comprende todos aquellos que no son directamente atribuibles a la actividad principal propia de la empresa. Entre otros se incluirán los siguientes:

  – Descuentos sobre ventas por pronto pago.
  – Gastos financieros.
  – Resultados de operaciones en común.
  – Pérdidas procedentes del inmovilizado y gastos excepcionales.

2　¿Qué es el balance de una empresa?

El balance es el documento del estado financiero de la empresa que presenta su situación patrimonial y económica. Es como «una radiografía de la empresa que muestra en qué estado está». Se compone de activo, patrimonio neto y pasivo (véase la figura 7.1).

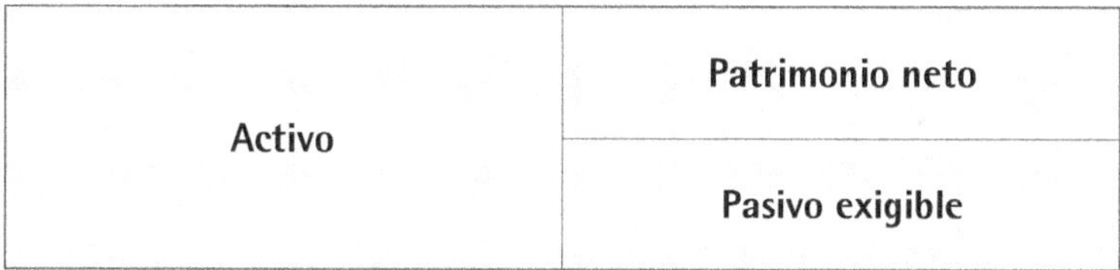

Figura 7.1. Conceptos que articulan el balance de una empresa

- **Activo:** son los bienes, derechos y otros recursos controlados económicamente por la empresa, resultantes de sucesos pasados y de los que se espera obtener beneficios o rendimientos económicos en el futuro.
- **Patrimonio:** es el conjunto de bienes, derechos y obligaciones que posee una persona física o jurídica. Los bienes son los elementos materiales e inmateriales con que cuenta la empresa, por ejemplo, la maquinaria, el dinero en caja, las existencias de productos o los locales que posea.
- **Patrimonio neto:** son todos aquellos elementos que constituyen la financiación propia de la empresa. En el balance de situación es la diferencia efectiva entre el activo y el pasivo. Se considera al patrimonio neto de una empresa como el valor de esa empresa.
- **Pasivo:** representa las deudas y las obligaciones con las que una empresa financia su actividad y le sirve para pagar su activo. También se conoce con el nombre de estructura financiera, capital financiero, origen de los recursos y fuente de financiación ajena.

2.1 Distribución del activo de un balance general

Existen dos tipos de activo:

- **Activo no corriente:** también llamado activo fijo, está formado por los activos con vida superior a un año o lo que es lo mismo, que no se pueden convertir en dinero en un periodo inferior a un año. Partidas que componen el activo no corriente:

- *Inmovilizado:* bienes muebles e inmuebles, maquinaria, terrenos, etc.
- *Inversiones financieras a largo plazo:* valores de renta fija, aportaciones de capital y otros activos.
- *Activos intangibles:* patentes, propiedad industrial o intelectual, etc.

- **Activo corriente:** también llamado activo circulante, está formado por aquellos activos cuyo grado de transformación en dinero suele ser un periodo inferior a un año. Partidas que componen el activo corriente:

  - Activos mantenidos para la venta.
  - Periodificaciones a corto plazo.
  - Deudores y otras cuentas a cobrar.
  - Inversiones financieras a corto plazo.
  - Existencias.
  - Tesorería.

2.2   Distribución del pasivo de un balance general

Dentro del pasivo también existen los siguientes tipos:

- **Pasivo no corriente:** también es conocido como exigible a largo plazo. Partidas que componen el pasivo no corriente:

  - Deudas a largo plazo.
  - Obligaciones a largo plazo.

Ejemplo 1. Cálculo de tarifas

Cuál será la tarifa para un porte de carga completa en un vehículo rígido de tres ejes en un trayecto de Orense a Málaga.

- Se determina el costo kilométrico del vehículo utilizando el programa Acotram o los datos del observatorio. En este caso: 1,21 €/km.
- Se calcula la distancia del porte utilizando un mapa de carreteras existente en la red (al ser una ruta nacional https://www.viamichelin.es/), en este caso 1.088 km.
- Se calcula el costo del viaje = costo kilométrico x distancia en km = 1,21 × 1088 = 1316,48 €.
- Se añade el beneficio industrial, en este caso la empresa decide un 15 %, por lo tanto, sería: 1316,48 × 15 % = 197,472 €.
- Costo: 1316,48 + 197,472 = 1.513, 95 €.
- Y para finalizar el cálculo, es preciso añadirle el tipo de IVA correspondiente (21 %): 1513, 95 × 1,21= 1831,88 €.

Ejemplo 2. Cálculo del peso volumétrico

Calcular el peso volumétrico, es decir, el peso que se deberá tener en cuenta para determinar la tarifa de paquetería de un envío cuyo peso real es de 1.800 kg. Mide 38 cm de largo, 20 cm de ancho y 15 cm de alto (38 × 20 × 15). El cubicaje definido por la empresa es de 180 kg/cbm.

- Para calcular el peso volumétrico, hay que calcular el volumen del paquete y multiplicarlo por el cubicaje.
- El volumen se calcula multiplicando las medidas entre sí (largo × ancho × alto). Teniendo en cuenta las unidades en que nos han dado las medidas: 38 × 20 × 15 = 11.400.
- Estas medidas están en cm y se deben pasar a metros: (0,38 × 0,2 × 0,15) = 0,0114 cbm o bien con el resultado inicial (11.400/1.000.000). Después se multiplica el volumen calculado por el cubicaje: 0,0114 × 180 = 2,052 kg.
- El peso real de la mercancía es de 1.800 kg, pero el peso por el cual se tendrá que calcular la tarifa será de 2.052 kg.

Ejemplo 3. Cálculo de los costos mediante flota propia y flota subcontratada

La empresa NEWS acaba de iniciar su actividad y está gestionando la forma de realizar el transporte y la distribución de sus envíos. Para ello se barajan las siguientes posibilidades:

a) Utilizar medios propios. El costo de almacenaje se estima en 800.000 € anuales. Para el transporte se han calculado unos costos fijos de 11.000 € por vehículo y unos costos variables de 120 € por pedido servido; cada vehículo puede servir unos 100 pedidos al trimestre.

b) Contratar un operador logístico cuya oferta es 200 €/pedido servido y 28,50 € al trimestre por recogida y almacenaje de mercancías.

Las previsiones de existencias medias y pedidos son las siguientes:

Trimestre	Existencias medias	N.º de pedidos
1º	5.000	200
2º	4.000	400
3º	6.000	500
4º	10.000	300
Totales	25.000	1.400

Se pide:

A. Calcular el costo anual utilizando medios propios.
B. Calcular el costo anual contratando los servicios del operador logístico.
C. Calcular el costo anual utilizando medios propios y subcontratando algunos servicios.

Solución:

A. *Costo anual con medios propios*

- Primero calculamos el número de vehículos que necesitamos. Para ello nos fijamos en el trimestre que más pedidos hay que servir y dividimos el número de pedidos entre los que puede servir cada vehículo.

- Necesitamos: 500/100 = 5 vehículos.
- Costos fijos de transporte: 5 vehículos x 11.000 = 55.000 €.
- Costos variables de transporte: 1.400 pedidos $\times$ 120 €/pedido = 168.000 €.
- Costos de almacenaje: 800.000 €.
- Costo total: 1.023.000 €/año.

B. Costo anual con operador logístico

- Costos de transporte: 1.400 pedidos $\times$ 200 € = 280.000 €.
- Costos de almacenaje: 25.000 (existencias medias) $\times$ 28,50 € = 712.500 €.
- Costo total: 992.500 €/año.

Como se puede observar, resulta más rentable contratar los servicios de un operador logístico, pero algunas veces conviene disponer de medios propios para casos de emergencia o cuando los servicios externos no estén disponibles.

C. Costo anual con medios propios y operador logístico

- Para calcular el número de vehículos que necesitamos, nos fijamos en el trimestre que menos pedidos hay que servir. Necesitamos: 200/100 = 2 vehículos.
- Transporte con medios propios:
    - Costos fijos: 2 vehículos $\times$ 11.000 € = 22.000 €.
    - El mes que menos vehículos necesitarían serían 2 vehículos.
    - Por lo tanto: 2 vehículos $\times$ 100 pedidos/vehículo $\times$ 4 trimestres= 800 pedidos
    - Costos variables: 800 pedidos(*) $\times$ 120 € = 96.000 €.

Transporte contratado: 600 pedidos $\times$ 200 € pedido/servicio = 120.000 €.

- Almacenaje subcontratado(**): 25.000 existencias $\times$ 28,50 € = 712.500 €.
- Costo total: 950.500 €/año.

(*) Con los vehículos de la empresa se sirven 200 pedidos al trimestre y se subcontrata el resto.
(**) Se contrata el almacén, pues los costos de almacenaje del operador logístico son menores.

Ejemplo 4. Balance de resultados

La sociedad ZETA se dispone a disolverse y liquidar. Dentro del balance se registran los siguientes elementos:

Activo		Patrimonio neto y pasivo	
A) ACTIVO NO CORRIENTE	85.000,00	**A) PATRIMONIO NETO**	78.000,00
I. Inmovilizado intangible		A-1) Fondos propios	78.000,00
a) Fondo de comercio		I. Capital	80.000,00
b) Resto		II. Prima de emisión	
II. Inmovilizado material	85.000,00	III. Reservas	8.000,00
a) 2130000 Maquinaria	200.000,00	IV. Acciones y participaciones. Patrimonio	
b) 2810000 AA Maquinaria	-115.000,00	propio	
III. Inversiones inmobiliarias		V. Resultados ejercicios anteriores	
IV. Inversiones Empresas grupo y asociadas a L/P		VI. Otras aportaciones de socos	
a) Instrumentos de patrimonio		VII. Resultados del ejercicio	-10.000,00
b) Resto		VIII. (Dividendo a cuenta)	
V. Inversiones financieras a L/P		A-2) Ajustes den patrimonio neto	
VI. Activos por impuesto diferido		A-3) Subvenciones, donación y legados recibidos	
VII. Deudores comerciales no corrientes		A-4) Patrimonio neto pendiente ajustar NPGC	
		B) PASIVO NO CORRIENTE	
		I. Provisiones a L/P	
		II. Deudas a L/P	
B) ACTIVO CORRIENTE	75.000,00	III. Deudas empresas grupo y asociadas a L/P	
I. Existencias		IV. Pasivos por impuesto diferido	
II. Deudores comerciales y otras cuentas a cobrar	**45.000,00**	V. Periodificación es a L/P	
a) Clientes ventas y prestación de servicios	45.000,00	VI. Acreedores comerciales no corrientes	
4300000 Clientes	45.000,00	VII. Deuda características especiales a L/P	
b) Accionistas (socios) por desembolsos		VIII. Pasivo no corriente pendiente ajustes NPGC	
exigibles			
c) Otros deudores		**C) PASIVO CORRIENTE**	82.000,00
III. Inversiones y empresas grupo y asociadas a C/P		I. Provisiones a C/P	
a) Instrumentos de patrimonio		II. Deudas a C/P	**30.000,00**
b) Resto		a) Deudas con entidades de crédito	30.000,00
IV. Inversiones financieras a C/P		III. Deudas empresas grupo y asociadas a C/P	
a) Instrumentos de patrimonio		IV. Acreedores comer. y otras cuentas a pagar	**52.000,00**
b) Resto		a) Proveedores	40.000,00
V. Periodificaciones a C/P		b) Otros acreedores	12.000,00
VI. Efectivos y otros activos líquidos equivalentes	**30.000,00**	V. Periodificaciones a C/P	
5720000 Bancos e instituciones de crédito	30.000,00	VI. Deuda características especiales a C/P	
		VII. Pasivo corriente pendiente de ajustes	
TOTAL ACTIVO (A+B)	160.000,00	**TOTAL PATRIMONIO NETO Y PASIVO (A+B+C)**	160.000,00

Se vende la maquinaria por 100.000 € y se cobra a la mayoría de los clientes:

Debe		Haber	
100.000,00	5720000 Bancos		
115.000,00	2810000 AA.AA. Maquinaria	2130000 Maquinaria	200.000,00
		77. Bª Inmovilizado	15.000,00

Debe		Haber	
42.000,000	5720000 Bancos		
3.000,00	6500000 Pérdidas créditos comerciales		
		4300000 Clientes	45.000,00

Una vez realizado el activo, la tesorería asciende a 172.000,00 € y se procede al pago de proveedores, acreedores y de deudas con entidades de crédito:

Debe		Haber	
30.000,00	5200000 Deudas CP entidades crédito		
40.000,00	4000000 Proveedores		
12.000,00	4100000 Acreedores		
		5720000 Bancos	82.000,00

El saldo en tesorería baja a 90.000 € una vez liquidadas las obligaciones pendientes.

El resultado contable pasa de unas pérdidas de 10.000,00 € a un beneficio de 2.000,00 €.

Registramos el gasto por el Impuesto sobre Sociedades (25 % × 2.000,00 = 500,00 €), bajando el resultado contable a 1.500,00 €:

Debe		Haber	
500,00	6300000 Impuesto corriente		
		4752000 Acreedora IS	500,00

Ejemplo 4. Balance de resultados *(cont.)*

Debe		Haber	
500,00	4752000 Acreedora IS		
		4300000 Clientes	500,00

Siendo el balance resultante el siguiente:

Activo		Patrimonio neto y pasivo	
A) ACTIVO NO CORRIENTE	–	A) PATRIMONIO NETO	89.500,00
I. Inmovilizado intangible		A-1) Fondos propios	89.500,00
a) Fondo de comercio		I. Capital	80.000,00
b) Resto		II. Prima de emisión	
II. Inmovilizado material		III. Reservas	8.000,00
a) 2130000 Maquinaria		IV. Acciones y participaciones. Patrimonio propio	
b) 2810000 AA Maquinaria		V. Resultados ejercicios anteriores	
III. Inversiones inmobiliarias		VI. Otras aportaciones de socos	
IV. Inversiones Empresas grupo y asociadas a L/P		VII. Resultados del ejercicio	1.500,00
a) Instrumentos de patrimonio		VIII. (Dividendo a cuenta)	
b) Resto		A-2) Ajustes den patrimonio neto	
V. Inversiones financieras a L/P		A-3) Subvenciones, donación y legados recibidos	
VI. Activos por impuesto diferido		A-4) Patrimonio neto pendiente ajustar NPGC	
VII. Deudores comerciales no corrientes		B) PASIVO NO CORRIENTE	
		I. Provisiones a L/P	
		II. Deudas a L/P	
		III. Deudas empresas grupo y asociadas a L/P	
B) ACTIVO CORRIENTE	89.500,00	IV. Pasivos por impuesto diferido	
I. Existencias		V. Periodificación es a L/P	
II. Deudores comerciales y otras cuentas a cobrar		VI. Acreedores comerciales no corrientes	
a) Clientes ventas y prestación de servicios 4300000 Clientes		VII. Deuda características especiales a L/P	
b) Accionistas (socios) por desembolsos exigibles		VIII. Pasivo no corriente pendiente ajustes NPGC	
c) Otros deudores		C) PASIVO CORRIENTE	
III. Inversiones y empresas grupo y asociadas a C/P		I. Provisiones a C/P	
a) Instrumentos de patrimonio		II. Deudas a C/P	
b) Resto		a) Deudas con entidades de crédito	
IV. Inversiones financieras a C/P		III. Deudas empresas grupo y asociadas a C/P	
a) Instrumentos de patrimonio		IV. Acreedores comer. y otras cuentas a pagar	
b) Resto		a) Proveedores	
V. Periodificaciones a C/P		b) Otros acreedores	
VI. Efectivos y otros activos líquidos equivalentes	89.500,00	V. Periodificaciones a C/P	
5720000 Bancos e instituciones de crédito	89.500,00	VI. Deuda características especiales a C/P	
		VII. Pasivo corriente pendiente de ajustes	
TOTAL ACTIVO (A+B)	89.500,00	TOTAL PATRIMONIO NETO Y PASIVO (A+B+C)	89.500,00

El balance de liquidación final estará formado por los fondos propios de la sociedad y el activo resultante del proceso de liquidación.

En el ejemplo, el patrimonio neto resultante asciende a 89.500,00 €, por lo que se procede a la cancelación del mismo. De este modo, resultará una cuota de liquidación para los accionistas del mismo valor al ya no existir dividendos pasivos pendientes y no tener la sociedad operaciones pendientes:

Debe		Haber	
80.000,00	1000000 Capital Social		
8.000,00	11. Reservas		
1.500,00	1290000 Resultado ejercicio		
		Accionistas cuota liquidación	89.500,00

Debe		Haber	
89.500,00	Accionistas cuota liquidación		
		5720000 Bancos	89.500,00

- **Normativa aplicable**
  - Real Decreto Legislativo 1/2010, de 2 de julio, por el que se aprueba el texto refundido de la Ley de Sociedades de Capital.
  - Resolución ICAC de 18 de octubre de 2013.
  - Real Decreto 1514/2007, de 16 de noviembre, por el que se aprueba el Plan General de Contabilidad.

- **Conclusión**

  Una vez se haya abonado el pasivo de la sociedad y repartido el activo neto entre los socios, se considera concluida la liquidación a falta de los requisitos formales que permitan la cancelación registral de la entidad.

> ### Ejemplo 5. Distribución de beneficios
>
> Durante el ejercicio económico anterior, la empresa de comercio electrónico Noborders tuvo unos ingresos de 100.000 €, de los cuales 80.000 € proceden de las ventas de productos que comercializa en nombre propio y 20.000 € de la venta de material de oficina. Asociados a los ingresos por la venta de productos, existen unos gastos de 12.500 € por la compra de material y unos costos de 20.000 € por gastos de personal, así como 5.000 € de gastos generales y una amortización de 15.000 €. Los impuestos sobre los beneficios son del 35 % y se distribuirá un dividendo al capital social del 20 %.
>
> - Beneficio: Ingresos – Gastos = 80.000 – (12.500 + 20.000 + 5.000 + 15.000).
> - Beneficio: 27.500 €.
> - Beneficio neto: 27.500 – (35 % de 27.500) – (20 % de 27.500) = 12.375 €.
> - Autofinanciación: Beneficio retenido + Amortizaciones = 12.375 + 15.000 = 27.375 €.

- **Pasivo corriente:** también es conocido como exigible a corto plazo. Partidas que componen el pasivo corriente:

  - Deudas a corto (menos de un año).
  - Obligaciones a corto (menos de un año).

2.3 Distribución del patrimonio neto

Dentro del balance pasivo, se encuentra el patrimonio neto, que viene a ser la diferencia entre el activo y el pasivo y es de vital importancia dado que informa de la capacidad de financiación propia. Las partidas que componen el patrimonio neto:

- Fondos propios.
- Capital.
- Reservas.
- Beneficios generados.

Test de autoevaluación

Afianza tus conocimientos sobre la gestión de tráfico de mercancías.
Accede a **www.margebooks.com** y supera los test de autoevaluación.

Capítulo 8
Los indicadores de gestión y el cuadro de mando

1 Los indicadores clave de rendimiento o KPI

Un indicador es una medida de la condición de un proceso o evento en un momento determinado. Es como hacer una foto y obtener información de ese mismo momento. Los indicadores pueden proporcionar un panorama del estado de un proceso determinado, una organización, la salud de un enfermo o las ventas de una compañía. Permiten controlar una situación específica y predecir y actuar con base a las tendencias positivas o negativas observadas en su desempeño global.

Los indicadores son una forma de retroalimentar un proceso, de gestionar el avance o la ejecución de un proyecto o de los planes estratégicos, entre otros. Son más importantes todavía si su tiempo de respuesta es inmediato, o muy corto, ya que de esta manera las acciones correctivas se pueden realizar en el momento oportuno.

Solo es necesario tener bajo control los indicadores más importantes, los que son clave. Los que engloben fácilmente el desempeño de la actividad empresarial deben recibir la máxima prioridad, dependiendo del tipo de empresa y sus necesidades específicas.

El origen del concepto de indicadores de gestión o indicadores clave de rendimiento, también conocidos como KPI (siglas de *key performance indicators,* en inglés), se remonta al desarrollo de la filosofía de calidad total, creada primero en Estados Unidos y aplicada después en Japón. Inicialmente se utilizaban más como herramientas de control de los procesos operativos que como instrumentos de gestión para apoyar la toma de decisiones. En consecuencia, establecer un sistema de indicadores en una organización debe involucrar tanto los procesos operativos como los administrativos, y derivarse de acuerdos de desempeño basados en la misión y los objetivos estratégicos.

2   Beneficios derivados de los indicadores de gestión

Entre los beneficios que puede proporcionar a una organización la implementación de un sistema de indicadores de gestión, pueden citarse:

- **Satisfacción del cliente:** la identificación de las prioridades de una empresa marca la pauta del rendimiento, en la medida en que la satisfacción del cliente sea una prioridad para ella.

- **Gestión del proceso:** la mejora continua solo es posible si se hace un seguimiento exhaustivo de cada eslabón de la cadena que conforma el proceso. Las mediciones son las herramientas básicas para detectar las oportunidades de mejora e implementar las acciones.

- **Comparación de procedimientos o *benchmarking:*** si una organización pretende mejorar sus procesos, una alternativa es comparar alguna de sus áreas con otras empresas. Se evalúan los productos, los procesos y las actividades. Esta práctica es más fácil si se cuenta con la implementación de los indicadores como referencia.

3   Características de los indicadores de gestión

Los indicadores de gestión deben cumplir unos requisitos para poder apoyar la gestión y conseguir un determinado objetivo:

- **Simplicidad:** puede definirse como la capacidad para definir la acción que se pretende medir, de manera poco costosa en tiempo y recursos (clara, concisa y entendible).
- **Adecuación:** entendida como la facilidad de la medida para describir por completo el fenómeno o efecto. Debe reflejar la magnitud del hecho analizado y mostrar la desviación real del nivel deseado.
- **Validez en el tiempo:** puede definirse como la propiedad de ser permanente o por un periodo determinado.
- **Participación de las personas usuarias:** es la habilidad para saber involucrar a las personas interesadas desde el inicio, y se les debe proporcionar los recursos y la formación necesarios para su ejecución. Este es quizás el ingrediente fundamental para motivar al personal respecto al cumplimiento de los indicadores.
- **Utilidad:** es la posibilidad del indicador de estar siempre orientado a la búsqueda de las causas que han llevado a que alcance un valor particular y mejorarlas.
- **Oportunidad:** entendida como la capacidad para que los datos sean recolectados a tiempo. Igualmente requiere que la información sea analizada oportunamente para poder actuar en consecuencia.

Los indicadores de gestión son una manifestación de los objetivos estratégicos de una organización a partir de su misión. Asimismo, derivan de la necesidad de asegurar la integración entre los resultados operacionales y estratégicos de la empresa. Deben reflejar la estrategia corporativa a todo el personal. Esta estrategia no es más que el camino a seguir para lograr la misión.

4   Ingredientes de los indicadores de gestión

Los indicadores de gestión deben incluir los siguientes elementos:

- Aportar información imprescindible para informar, controlar, evaluar y tomar decisiones.

- Su cálculo debe realizarse a partir de las magnitudes observadas sin dar lugar a ambigüedades, permitiendo que puedan ser auditables y que se evalúe su fiabilidad siempre que sea preciso.
- El concepto que expresa un indicador debe ser claro y mantenerse en el tiempo, adecuado a lo que se pretende medir (pertinencia).
- Deben ser objetivos y evitar estar condicionados por factores externos, tales como la situación del país, o accionar a terceros, ya sean del ámbito público o privado. También deben ser susceptibles de evaluación por una entidad externa.
- La medida de un indicador tiene que ser lo suficientemente eficaz para identificar pequeñas variaciones. Es la sensibilidad de un indicador, es decir, debe construirse con una calidad tal que permita identificar cambios en la bondad de los datos. A su vez, un indicador debe ser preciso: su margen de error debe ser aceptable.
- Ser accesibles, es decir, obtenerse a un costo aceptable y ser fáciles de calcular e interpretar.

En resumen, un indicador debe proporcionar una calidad y una cantidad razonables de información (relevancia) para no distorsionar las conclusiones que de él se puedan extraer (inequívoco). A su vez, un indicador ha de estar disponible en el momento adecuado para la toma de decisiones (pertinencia, oportunidad) y, todo ello, siempre que los costos de obtención no superen los beneficios potenciales de la información extraíble.

5 Selección de indicadores de gestión

Es importante administrar el conjunto de indicadores de gestión de cada proceso de manera que esté alineado con los de sus respectivas unidades de actividad empresarial y, por tanto, con la misión de la organización, para lograr la efectividad de los objetivos estratégicos propuestos.

Algunos de los indicadores son circunstanciales, de modo que su utilidad está limitada a un momento específico, debido a que apoyan la solución definitiva de algún problema o proyecto, y tienen un inicio y un final establecidos. Cuando el proyecto se culmina, el objetivo se alcanza o el problema ha sido resuelto, el indicador puede dejar de ser relevante y, por tanto, no está justificado su seguimiento continuo (o se convierte en un indicador no indispensable para la organización). De esta manera, el control se hace solo donde es necesario o cuando sigue siendo relevante, pero no requiere de una atención continua.

5.1 Proceso de selección de un indicador

Es importante desarrollar un criterio de selección para los indicadores que deberán gestionarse de manera continuada. Una base para ello podría ser estas preguntas:

- ¿Es fácil de medir?
- ¿Se mide rápidamente?
- ¿Proporciona información relevante en pocas palabras?
- ¿Se interpreta de forma gráfica con facilidad?

Si las respuestas a las preguntas son afirmativas, ya está definido un indicador apropiado.

6 La mejora continua

Es una estrategia de supervivencia de la empresa con un conjunto de valores que mejoran continuamente la calidad y la productividad. Todo proceso busca optimizar en el tiempo sus recursos para alcanzar su objetivo, lo que requiere una innovación. La mejora se mantiene durante un tiempo determinado, pero cuando empieza a decaer ha de ponerse en marcha un nuevo proceso de innovación y se inicia otra vez el ciclo.

Con la filosofía de la mejora continua se pueden obtener beneficios como: mayor calidad, alta productividad, mejor disponibilidad y confiabilidad de cada uno de los equipos, estandarización, mejor rendimiento de los servicios de preventa y postventa a los clientes, y aumento de la competitividad. Además, la mejora continua permite reducir:

- Los inventarios.
- Los tiempos de respuesta a los clientes.
- Los costos unitarios.
- El tiempo de diseño por la estandarización y los procesos definidos.
- El espacio o la energía requerida.

6.1 El modelo PHVA

El modelo PHVA (siglas de planificar, hacer, verificar y actuar) o espiral de mejora continua ayuda a gestionar los procesos que se han de administrar en una empresa, siempre y cuando se constituya en un proceso sin fin, es decir, que se planee, se ejecute una acción, se verifique si los resultados eran los esperados, y se actúe sobre estos para volver a iniciar el proceso.

- **Planificar:** definir las metas y los métodos que permitirán alcanzarlas.
- **Hacer:** ejecutar la acción y recoger los datos, no sin antes haber pasado por un proceso de formación (educar y entrenar).
- **Verificar:** evaluar los resultados de la tarea ejecutada, identificar los problemas que originan el incumplimiento de las mencionadas acciones (formación, planificación).

- **Actuar:** tomar medidas correctivas para lograr el cumplimiento de las metas.

7   El sistema equilibrado de indicadores de gestión (*balanced scorecard* o BSC)

Se emplea para medir el rendimiento corporativo de una empresa, visto desde diferentes perspectivas:

- **La perspectiva del accionariado,** expresada como metas financieras.
- **La perspectiva de la clientela** expresada como metas del cliente (participación en el mercado, número de quejas o devoluciones, etc.).
- **La perspectiva interna de la organización o de procesos internos** expresada como metas operacionales del proceso (tiempo de entrega de pedidos, tiempo del ciclo de desarrollo del producto, costos por unidad de producción, etc.).
- **La perspectiva de aprendizaje y crecimiento** expresada como metas de aprendizaje e innovación (número de personas capacitadas, periodo entre rotaciones de trabajo, número de innovaciones en productos o procesos al año, etc.).

El sistema equilibrado de indicadores de gestión pone el énfasis en un conjunto general e integrado de mediciones relativas al cliente, los procesos internos y el personal, y en un sistema de desempeño a largo plazo.

Este conjunto de medidas proporciona una forma de comunicar la visión y la estrategia de una compañía, que no solo se conciben como herramientas de medición y desempeño, sino que se utilizan para:

- Definir y comunicar la estrategia de la empresa.
- Lograr que el conjunto de la organización participe en la búsqueda de una meta común.

8 Indicadores a tener en cuenta en un departamento de tráfico

Los principales indicadores a utilizar en un departamento de tráfico son:

- **Utilización de la capacidad vehículos** = capacidad utilizada / capacidad disponible.
- **Rendimiento** = nivel de producción real / nivel de producción esperada.
- **Productividad** = (valor real de la producción / valor estimado de producción) × 100.
- **Certificación de empresas proveedoras** = proveedoras certificadas / total proveedoras.
- **Indicador de entregas recibidas correctamente** = envíos rechazados / total pedidos a entregar.
- **Volumen de compras versus presupuesto** = valor de compras / presupuesto estimado de compras.
- **Entregas perfectamente recibidas** = (pedidos rechazados / total pedidos recibidos) × 100.

Veamos algunos ejemplos de cómo calcular los indicadores y cómo se representan gráficamente.

- **Pedidos rechazados**

  El indicador se consigue tomando los pedidos rechazados / total de pedidos y dándole un valor porcentual (es decir, multiplicando por 100). Para realizar el gráfico, deben seleccionarse los ejes que se quieren interpretar, en este caso X = mes, Y = pedidos rechazados. Una vez seleccionadas las dos columnas, se inserta el gráfico y queda representado (véase la figura 8.1).

- **Comparativa entre el costo por unidad utilizando transporte propio versus transporte subcontratado**

  En este supuesto los cálculos a realizar serían: costo de unidad mediante transporte subcontratado / costo unidad mediante transporte propio × 100. Para representar la gráfica, se deben tomar las tres primeras columnas y aplicar un tipo de gráfico que muestre la comparativa (véase la figura 8.2).

Mes	Información a ingresar Pedidos rechazados	Total pedidos	Valor del indicador
Ene	2	23	9,00
Feb	3	24	13,00
Mar	2	27	7,00
Abr	2	28	7,00
May	2	26	8,00
Jun	2	21	10,00
Jul	2	20	10,00
Ago	3	26	12,00
Sep	2	29	7,00
Oct	3	31	10,00
Nov	2	22	9,00
Dic	2	23	9,00
Año:			

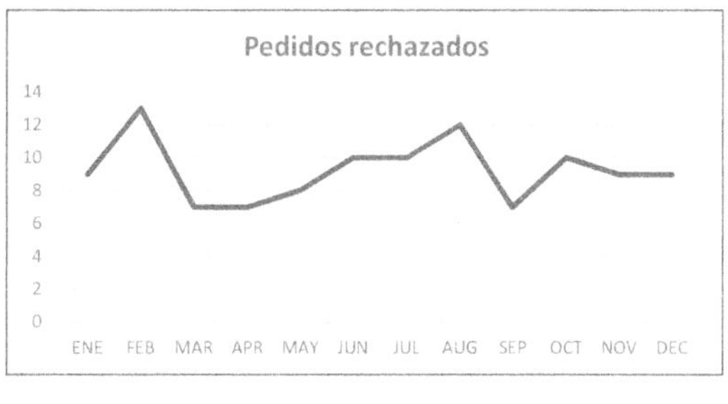

Figura 8.1.

Mes	Coste ud. Transp. propio	Coste ud. trans. subcontratado	Valor indicador
Ene	790	850	93 %
Feb	810	850	95 %
Mar	815	850	96 %
Abr	795	850	94 %
May	825	850	97 %
Jun	835	850	98 %
Jul	835	850	98 %
Ago	840	850	99 %
Sep	830	850	98 %
Oct	845	850	99 %
Nov	853	850	100 %
Dic	855	850	101 %
Año:			

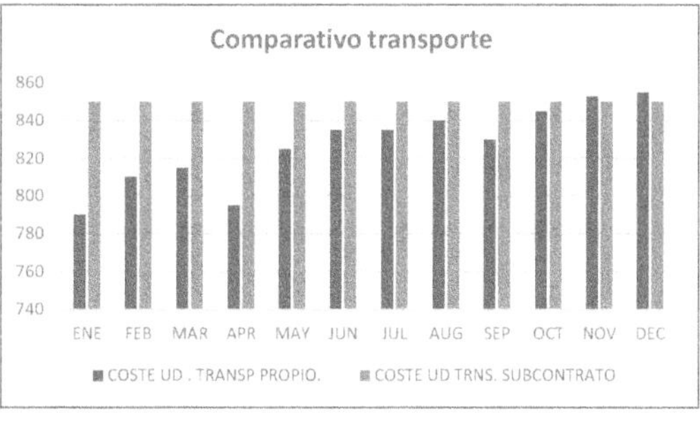

Figura 8.2.

8.1   Determinación e implantación de indicadores clave

El siguiente es un modelo de procedimiento para implantar un sistema de indicadores en una organización:

- Crear un grupo de trabajo de indicadores (planificar).
- Identificar las actividades a medir (planificar).
- Establecer un sistema de medición: objetivo, asignación de responsabilidades, preparación de administración del sistema (planificar).
- Ejecutar el proceso (hacer).
- Seguir el sistema a medir y poner en marcha las acciones correctivas (verificar).
- Ampliar razonablemente el número de indicadores (administrar).

Cualquier metodología que permita implementar un sistema de indicadores de gestión debe tener en cuenta los elementos asociados a un indicador y, además, complementarse con otras herramientas que ayuden a analizar causas y a establecer puntos de mejora para reforzar la decisión a tomar. Si es posible, debe mostrarse la relación que presente con otros indicadores.

La constante evolución del sector logístico hace que los equipos directivos de empresas de transporte tengan que lograr una gran eficiencia y rentabilidad para ser competentes. Esto hace que en ocasiones puedan perder de vista algún indicador clave de rendimiento.

A continuación, mostramos los indicadores de gestión de flota de vehículos que es imprescindible controlar a diario. Como ya hemos comentado, los indicadores básicos en la gestión de flotas son métricas de rendimiento con las que evaluar el rendimiento de una flota. Para obtener información fiable y detallada acerca del resultado de los vehículos y del personal de conducción es imprescindible utilizar un *software* de gestión. En un departamento de tráfico, los indicadores de gestión de flota siempre deben figurar entre sus principales indicadores.

- **Consumo de combustible**

  Para conseguir el máximo rendimiento de una flota es necesario controlar en todo momento los aspectos vinculados al control de combustible. El carburante es una de las principales partidas de desembolso y por ello se deben conocer los litros consumidos en total por toda la flota o los kilómetros recorridos por litro de combustible, lo que supone el precio por kilómetro recorrido. Dividiendo los kilómetros recorridos en un plazo de tiempo por cada vehículo entre el consumo total de combustible de la flota *(km/l)* es posible conocer el rendimiento del combustible *(r)*.

- **Relación entre mantenimiento preventivo y mantenimiento correctivo** *(mc/mp)*

  La relación entre el costo del mantenimiento correctivo de los vehículos y el costo del mantenimiento preventivo es uno de los indicadores de gestión más relevantes de una flota de vehículos. Este dato puede contabilizarse en horas dedicadas a cada caso *(hmc/hmp)*. Cuando el mantenimiento preventivo es el adecuado, los vehículos requieren menor mantenimiento de corrección. Lo idóneo es que este indicador se acerque al valor cero. Una variación de este valor puede manifestar una conducción inadecuada, un vehículo demasiado desgastado o incluso un fraude durante la actividad de transporte.

- **Costo por hora y costo por unidad**

  En la gestión de flotas es necesario determinar, por una parte, el costo de explotación de un vehículo individual y la frecuencia con la que se usa y, por otra parte, los costos operativos de cada activo dentro de la flota. El primero es el costo por hora y el segundo el costo por unidad. El costo por hora sirve para conocer qué flotas resultan más costosas cuando se las compara con otras en las mismas condiciones de trabajo. El costo por unidad determina el costo de mantenimiento de cada unidad individual de vehículo. Con estos indicadores se puede decidir si es el momento de sustituir los activos por otros o de eliminar vehículos excesivamente costosos.

- **Plazo de tiempo para las entregas**

  Este indicador mide cuánto tiempo se necesita para transportar una mercancía desde el momento en que el vehículo sale de sus instalaciones hasta que regresa a las mismas. Este indicador permite conocer:

  - Si la elección de rutas es la correcta para optimizar el desplazamiento.
  - Si se producen incidencias que podrían haberse previsto.
  - Cuánto cuesta que una unidad de la flota esté parada por un atasco de tráfico.

  En resumen, revela si el servicio ha sido el más adecuado, tanto para la compañía como para lograr la satisfacción del cliente.

- **Modo de conducción de los vehículos**

  La forma de manejar los vehículos por el personal de conducción tiene una incidencia directa en la productividad del transporte, porque afecta al consumo de combustible, la frecuencia de accidentes e infracciones de tráfico o la de los mantenimientos. Por ejemplo, una conducción eficiente llega a suponer un ahorro medio en carburante de entre el 10 y el 15 %, de acuerdo con la *Guía para la gestión del combustible en las flotas de transporte por carretera* del Instituto para la Diversificación y Ahorro de la Energía (IDAE).

- **La logística de las expediciones**

  Diseñar y medir los indicadores de logística correctamente permite tomar decisiones estratégicas y realizar actuaciones a partir de sus resultados para mejorar la eficiencia de la empresa. Muchas compañías utilizan los KPI aplicados a la logística con el fin de medir el desempeño de diversas actividades por medio de gráficos y estadísticas, lo que permite establecer mejoras en los procesos de gestión de envíos, despacho de mercancías y distribución de la última milla, por ejemplo.

- **Información vital que marca grandes diferencias en las entregas de última milla**

  No hay duda de que la entrega de la última milla (el tramo final de transporte desde un centro de distribución a la puerta de los clientes) es la etapa más compleja y costosa de la cadena de suministro. Para los departamentos de logística es imprescindible disponer de datos en tiempo real sobre la actividad y el rendimiento de los procesos de entrega. Los indicadores cumplen la función de proporcionar información que ayudará a la toma de decisiones para mejorar el servicio. Los indicadores de despachos reflejan cómo están funcionando las actividades de la empresa y permiten reducir los costos. Un enfoque adecuado de la eficiencia de entregas de la última milla puede suponer importantes ahorros para la operación logística.

8.2 Software *de indicadores*

Los diferentes proveedores de sistemas informáticos ofrecen indicadores de logística que abarcan diferentes aspectos de medición de desempeño dentro de la cadena de suministro. Son importantes las áreas donde se deben identificar y mejorar los procesos de logística en las entregas de transporte de mercancías. Contar con un *software* de planificación de rutas y visualización en tiempo real de los procesos es una de las mejores inversiones que se puede hacer, ya que permite aumentar el rendimiento del transporte y las entregas de última milla. Podemos encontrar cuatro tipos de indicadores vinculados a la distribución de la última milla.

- **KPI de logística sobre el total de envíos**

  Mediante este indicador se pueden visualizar los datos sobre todos los envíos entregados, rechazados, no entregados, en ruta, entrega realizada solo parcialmente, etc. También se pueden considerar otros aspectoscomo:

- En recepción.
- En buzón.
- Recibe cliente.
- Cliente ausente.
- Envío erróneo.
- Sin subestado.
- No localizado, entrega incorrecta.

- **KPI de logística sobre el número de envíos por repartidor y vehículo**
  Este indicador permite tener una total visibilidad y control sobre cada integrante del personal de conducción que realizó las entregas. Presenta como información clave:

  - Nombre de la persona.
  - Número de unidades que entregó.
  - Identificación del vehículo.

  Estos datos son registrados y categorizados una vez finalizada la ruta.

- **KPI sobre el cumplimiento de entregas**
  Este indicador mide el número de envíos cuya entrega se ha cumplido en la fecha prevista. Se puede representar con cuatro valores agrupados en:

  - Envíos entregados a tiempo.
  - Envíos entregados con retraso (con un subestado donde se especifique la razón del retraso).
  - Razón no definida por la que no se ha realizado la entrega.
  - Envíos entregados por adelantado.

Además, este indicador ofrece información sobre la cantidad de envíos y el tiempo de entrega en minutos por cada transportista. De esta manera se tiene el control y la visibilidad sobre el cumplimiento del personal de conducción en las entregas finales, considerando también el tiempo utilizado por cada persona en entregar una o más unidades. Este indicador responde en base al número de unidades que cada persona debe entregar en destino. Así que el tiempo de demora puede variar dependiendo de si la entrega es de uno o varios productos y, además, del tiempo que el vehículo estuvo parado. También es posible ver la cantidad de envíos y el horario en que finalizó una entrega, así como el día de la semana en que esta se realizó. Para ello, el indicador podría también contar con dos apartados que permitieran ver:

– El promedio en minutos de la gestión de entregas.
– Los minutos de la entrega más larga.

- **KPI de la tabla resumen y de últimas informaciones introducidas**
  Este indicador permite revisar en detalle la gestión de cada transportista mediante una tabla resumen con la siguiente información:

  – Datos de la expedición.
  – Fecha del envío.
  – Usuario y vehículo asignado.
  – Tiempo de entrega en minutos.
  – Otros detalles más específicos como: mapa, foto o comprobante de que la entrega fue realizada, entre otras variables.

8.3 Construcción de un panel de indicadores: cómo hacer un KPI (paso a paso)

Establecer un indicador logístico adecuado no depende de una selección aleatoria. Los equipos de gestión de tráficos deben conocer cómo hacer un KPI capaz de medir cada objetivo de forma precisa de acuerdo con las necesidades del momento. Para ello, se deben considerar, cuando menos, los siguientes aspectos:

- **Antes de hacer un KPI,** se deben diseñar los objetivos a alcanzar y cada KPI debe tener un propósito. Por lo tanto, se deben plantear metas claras basadas en el modelo de objetivos SMART (siglas de *specific, measurable, achievable, relevant, timel-related)*, es decir, específicos, medibles, alcanzables, realistas y acotados en el tiempo.

- **Una vez definido el objetivo,** por ejemplo: «mejorar en un 30 % los tiempos de entrega en la última milla para el siguiente trimestre», se tendría una base para desarrollar algunos KPI que permitan medir la eficacia y la productividad de los procesos relacionados con la última milla.

- **A continuación, se deben buscar uno o varios factores cuantitativos** que sean precisos y que puedan mostrar de forma clara los resultados del esfuerzo invertido para lograr la meta. Siguiendo con el ejemplo anterior, un factor podría ser los tiempos de entrega en la última milla. Así, su medición permitiría reconocer si el equipo alcanzó el objetivo o, por el contrario, no logró la meta.

- **Una vez conocido aquello qué se quiere medir,** se deberá dar un enfoque al indicador en tiempo y espacio de la evaluación de la cadena de suministro:

  - *Tiempo:* definir si la medición será diaria, semanal o mensual (se buscan resultados de mejora para el siguiente trimestre).
  - *Espacio:* identificar si se enfocaría en una sucursal, en una ciudad, zona local, regional, etc.

Por ejemplo, se podría enfocar en una medición con frecuencia diaria en varias rutas determinadas o en todas las rutas de entrega de última milla.

- **Finalmente, hay que conocer la evaluación de la fuente de información que alimentará ese KPI.** En el proceso de cómo hacer un KPI no es suficiente con crear el objetivo y su indicador, también se tiene que gestionar el origen del flujo de información que lo va a alimentar. En este paso se deben identificar todos los procesos que estén estrechamente relacionados con el KPI. Dando continuidad al ejemplo anterior, la información de este KPI puede provenir de la medición del tiempo que tarda el personal conductor en llegar a su destino. Pero, para que estos datos sean completos, también se deberá involucrar todos aquellos procesos determinantes para el logro de la meta, por ejemplo, los hábitos de conducción del personal y las rutas habituales para hacer las entregas. Así, si al finalizar los tres meses no se consigue el objetivo, se tendría la oportunidad de ver el resultado y de identificar dónde estuvieron los fallos. De esta manera, se podrá aprovechar toda la información obtenida anteriormente para diseñar estrategias de mejora.

Llegados a este punto, el KPI habrá quedado esencialmente definido y deberá tener un nombre identificativo, como «KPI del tiempo de entrega en la última milla» o «KPI de la satisfacción del cliente», por ejemplo.

8.4 Herramientas necesarias para implementar la medición del KPI

En el momento de llevar la medición de un KPI a la práctica, pueden ser necesarias algunas herramientas adicionales para conseguir y procesar la información. Además de identificar los procesos de donde saldrá la información, también es necesario identificar las soluciones digitales o los recursos que se necesitan para registrarla, analizarla y visualizarla.

Por ejemplo, en el caso del KPI del tiempo de entrega en la última milla, se puede optar por un *software* para transporte especializado en la última milla. Este programa ha de permitir hacer seguimiento de las entregas en tiempo real, disponer de un planificador de rutas de distribución y de estadísticas dinámicas relacionadas con las horas de entrega, y medir la satisfacción del cliente.

Los indicadores de desempeño permiten al departamento de gestión de tráfico tener una visión completa de los esfuerzos realizados por su equipo para cumplir con las metas trazadas.

9   El cuadro de mando integral

El cuadro de mando integral (CMI) o *balanced scored* (BSC) es una herramienta de gestión empresarial que permite medir la evolución y los resultados desde una perspectiva estratégica y global de la toda la organización. Se trata de un conjunto de indicadores que aportan información crucial y relevante de forma simplificada. Estos indicadores permiten evaluar la gestión de las distintas áreas o departamentos, detectar amenazas y oportunidades, descubrir incidencias y actuar en consecuencia.

Un cuadro de mando está configurado por una serie de KPI acompañados de una representación gráfica que permite acceder a la información de manera visual y ágil. En un CMI vinculado a un departamento de compras, por ejemplo, encontraremos:

- **Indicadores económicos:** por categorías y procesos de compras, perímetro gestionado, ahorros conseguidos, palancas de actuación, análisis del gasto, desviación respecto a lo previsto en el plan de compras, etc.
- **Indicadores panel de empresas proveedoras/clientes:** situación, calificación, carencias, oportunidades de mejora, etc.
- **Indicadores operativos:** número de solicitudes, negociaciones, contratos, pedidos, facturas, tiempo de procesos, desviación respecto al plan, etc.

9.1 Beneficios de un cuadro de mando integral

Entre los principales beneficios que ofrece la aplicación de cuadro de mando integral, se encuentran:

- Disponer de una visión global de la situación de la empresa.
- Poder planificar estrategias a corto y medio plazo.
- Generar información inteligente para la toma de decisiones.
- Minimizar los riesgos.
- Mejorar la comunicación en el seno de la organización.
- Alinear los objetivos de cada sector o departamento con la estrategia de la organización.

Estos beneficios no servirían para nada si a continuación los equipos de dirección o las personas responsables de las áreas implicadas no llevan a cabo las actuaciones pertinentes, una vez conocidos los resultados. Para ello, es sumamente importante que la información que se obtenga en el cuadro de mando se presente de modo que sea:

- Breve, ordenada y razonada.
- Gráficamente atractiva.
- Fácilmente comprensible.
- Objetiva y relevante.

9.2 Quién utiliza el cuadro de mando integral

Entre las personas y los equipos destinatarias de los resultados de un cuadro de mando integral, se encuentran las siguientes:

- **Equipos y personas operacionales, cuadros de mando operacionales:** responsables de operaciones, almacenes o distribución; en definitiva, personas que gestionan el trabajo diario de la organización y necesitan acceder a datos concretos y precisos. No necesitan una evolución histórica sino saber qué está pasando en un determinado momento. Por ello, su cuadro de mando integral deberá ser:

- De respuesta rápida.
- Simple, visual, fácil de utilizar y sin demasiadas opciones.
- Capaz de mostrar alertas y eventos.
- Con información a nivel de detalle: no se quiere saber cómo va toda la organización, sino por qué un paquete no ha salido a tiempo o en que camión está.
- Con pocas gráficas, pero con tablas suficientes para poder acceder de manera directa a una información detallada.

- **Equipos y personal directivo de departamento o sección, cuadros de mando tácticos:** responsables de compras, ventas, *marketing;* en definitiva, personas responsables de un departamento o sección de la organización. Necesitan la información contextualizada y, sobre todo, histórica. Sus decisiones son tácticas por lo que deben saber cuáles han sido las consecuencias de sus decisiones y cuál es la evolución de los indicadores definidos. Por lo que su cuadro de mando integral deberá ser:

- Histórico y comparativo, contextualizado, en definitiva.
- Con datos agregados y consolidados, como puede ser la evolución de las ventas de un producto o los índices de satisfacción de un cliente o número de clientes nuevos por línea de actividad, por ejemplo.
- Con una visualización de la información compleja: se introducen conceptos abstractos y se utilizan representaciones visuales de la información, como pueden ser las gráficas de tendencias.
- Con capacidad de buscar respuestas acerca de las causas, buscar explicaciones y no tanto adentrarse en los pormenores, aunque debe permitir llegar hasta cierto nivel de detalle, si es necesario.

- **Equipos directivos, cuadro de mando integral:** equipos directivos, *staff,* personas con responsabilidades en distintas áreas significativas. Estas personas suelen estar ocupadas, por lo que el cuadro de mando integral que reciban debe ser el más complejo y completo, y ha de proporcionar una visión general de la empresa de un solo vistazo.

Resumiendo, el diseño del cuadro de mando integral propone que analicemos la organización desde cuatro puntos de vista (véase la figura 8.3):

- Desarrollo y aprendizaje *(learning and growth):* ¿Podemos continuar mejorando y creando valor para la empresa?
- Perspectiva interna de la actividad empresarial *(internal business):* ¿En qué debemos sobresalir?
- Desde el cliente *(customer):* ¿Cómo nos ven los clientes?
- Financiero *(financial):* ¿Cómo nos vemos a los ojos del accionariado?

Figura 8.3. Análisis de una empresa desde una propuesta de cuadro de mando integral.

9.3 Cuadro de mando integral ad hoc, hecho a medida

Los cuadros de mando descritos están predefinidos, responden a un estudio, análisis y diseño en el que las personas que han de utilizarlo y las que lo desarrollan colaboran para obtener un sistema funcional y operativo. Estos cuadros de mando responden a un conjunto de necesidades, pero puede que no cubran toda la información requerida, sino solo aquella para la que fueron diseñados. Sin embargo, las personas que lo utilizan pueden necesitar analizar en algún momento alguna información específica que quizás no fue analizada *a priori*. Para ello existen los cuadros de mando *ad hoc*, para permitir buscar cualquier información que sea de interés. Este tipo de cuadro de mando integral debe ser:

- **Flexible:** no se sabe con exactitud qué información se quiere analizar ni cómo se querrá hacerlo. Se detecta a medida que se va conociendo los resultados de otros aspectos analizados
- **Simple:** de fácil manejo, a ser posible tan simple de utilizar como «mirar una foto». La facilidad de uso es imprescindible. El principio KISS (siglas de *keep it simple & stupid*) establece que la mayoría de los sistemas funcionan mejor si se mantienen simples que si son complejos.
- **Escalable:** partiendo del principio KISS, debe ser tan configurable y completo como la capacidad de imaginación de las personas que lo utilicen.
- **Visual y ameno:** debe evitarse cualquier información innecesaria que pueda distraer la atención, para hacerlo visualmente atractivo y ameno.

9.4 Diseño, elaboración e implementación de un cuadro de mando

El primer paso para implementar un cuadro de mando integral es elaborar el mapa estratégico de la organización o del departamento para cada una de las perspectivas y el conjunto de objetivos que realmente sean relevantes para la consecución de la visión (véase la figura 8.4).

El conjunto de objetivos se relaciona entre sí por relaciones de causa-efecto, de modo que alcanzando uno de ellos nos acercamos más a la consecución de otros desde otras perspectivas.

Para que el cuadro de mando integral sea correcto, la cantidad de KPI no debería superar los siete por perspectiva (según Norton y Kaplan, creadores del CMI), lo que supondría no superar los 27 indicadores. Por lo tanto, un KPI debe ser clave, debe permitir el correcto control del proceso, y la ausencia de control lleva a la descompensación del proceso y a la falta de alineamiento con la estrategia de la organización. Solo los

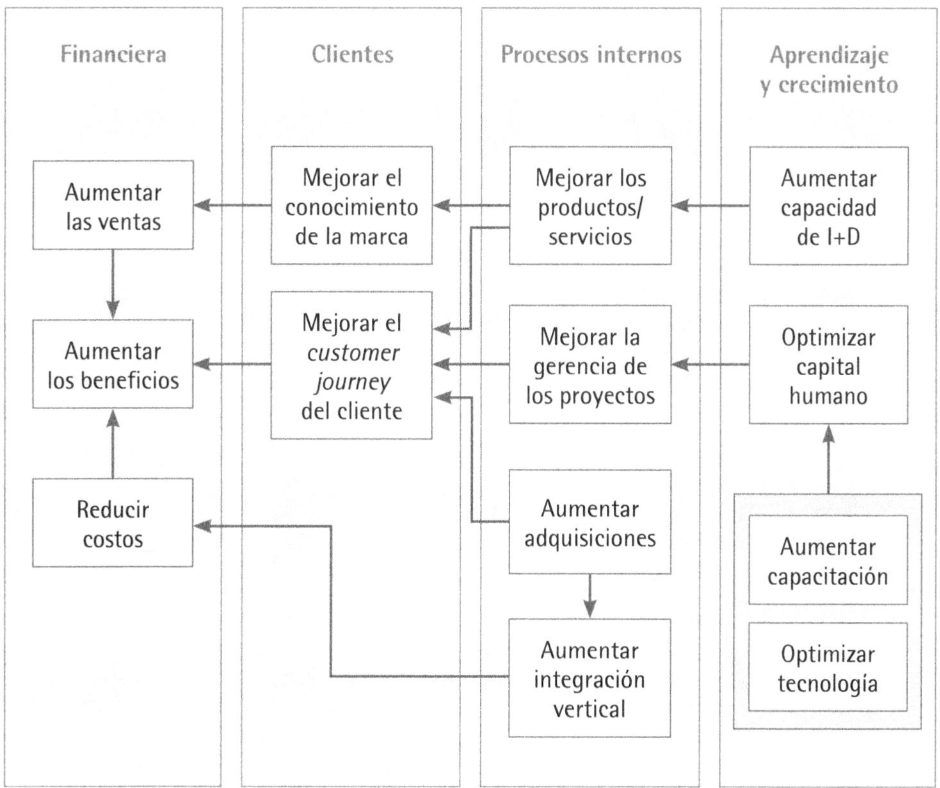

Figura 8.4. Ejemplo de mapa estratégico de una organización o departamento.

indicadores considerados KPI deben formar parte del cuadro de mando integral.

Los objetivos y los indicadores deben ser SMART (véase la figura 8.5), como mencionamos anteriormente.

Por lo tanto, la correcta implementación de un cuadro de mando integral supone los siguientes pasos:

- Conocer o establecer la misión, visión y estrategia de la organización.
- Diseñar y establecer el mapa estratégico de la organización o el departamento, alineado con la estrategia de la organización.
- Determinar los objetivos relevantes derivados del mapa estratégico.
- Diseñar e implementar los KPI de cada objetivo relevante y sus rangos.
- Diseñar un sistema visual adecuado para mostrar los KPI.

El verdadero poder de un cuadro de mando integral es pasar de ser un sistema de indicadores a un sistema de gestión, lo que le permite:

- Clarificar la estrategia y conseguir el consenso sobre ella.
- Comunicar la estrategia a toda la organización.
- Alinear los objetivos personales y departamentales con la estrategia.

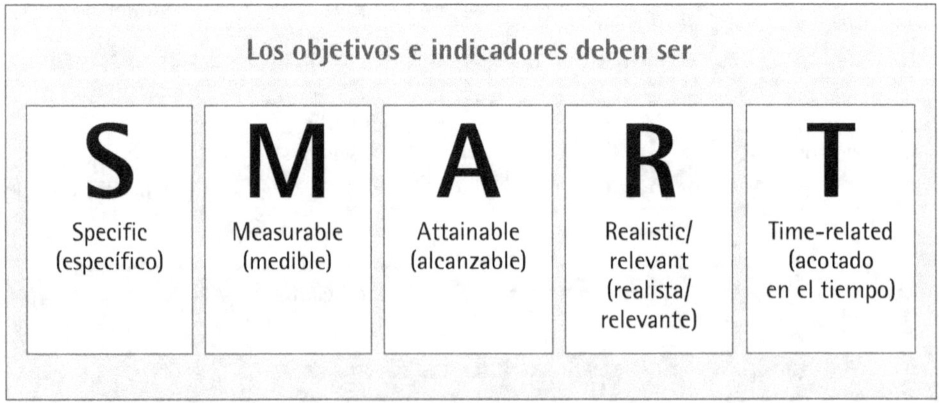

Figura 8.5.

- Vincular los objetivos estratégicos con los objetivos a largo plazo y los presupuestos anuales.
- Identificar y alinear las iniciativas estratégicas.
- Realizar revisiones estratégicas periódicas y sistemáticas.
- Obtener retroalimentación para aprender sobre la estrategia y mejorarla.

9.5 Recomendaciones para crear un cuadro de mando integral

La tabla 8.1 presenta una serie de acciones recomendadas para crear un cuadro de mando integral ante cualquier tipo de circunstancia.

9.6 Creación de un cuadro de mando integral de una empresa de transporte

- **Creación cuadro de mando integral de costos.** Los cuadros de mando de costos permiten tomar decisiones para la gestión de flotas de transporte. Si se dispone de la información completa sobre los costos en los que incurre una flota de transporte, se puede:

  - Establecer y controlar el presupuesto de la flota.
  - Establecer las tarifas y precios del servicio.
  - Conocer cuánto cuesta el kilómetro recorrido.
  - Calcular el periodo de retirada/renovación de los vehículos.
  - Realizar el control y seguimiento económico de la flota.
  - Calcular los principales indicadores económicos-financieros de la flota.
  - Realizar un análisis ABC de los costos de la flota.
  - Tener un histórico de costos para hacer previsiones.
  - Obtener la relación entre el nivel de servicio y los costos directos.

Descripción	Acciones recomendadas
1. Definir el sector, describir su desarrollo y el papel de la empresa	Entrevistas con el mayor número posibles de personas, preferiblemente realizadas por alguien externo a la empresa para obtener una visión objetiva. Investigación sobre la situación y las tendencias del sector
2. Establecer/confirmar la visión de la empresa	Seminario conjunto con asistencia de directivos y líderes de opinión
3. Establecer las perspectivas	Seminarios con asistencia de directivos, el grupo encargado del proyecto y alguien con experiencia previa en proyectos de cuadro de mando integral
4. Desglosar la visión según cada una de las perspectivas y formular metas estratégicas generales	Seminario conjunto con el mismo grupo del segundo paso, es decir, con directivos y líderes de opinión
5. Identificar los factores críticos para tener éxito	A realizar durante el seminario anterior
6. Desarrollar indicadores, identificar causas y efectos y establecer un equilibrio	A desarrollar durante el seminario anterior, si es posible, aunque a veces un intervalo es beneficioso
7. Establecer el cuadro de mando al más alto nivel	Determinación final de la dirección de la empresa y el grupo para el proyecto, preferentemente, con la participación de alguien con experiencia previa en proyectos de cuadro de mando integral
8. Desglosar el cuadro de mando integral e indicadores por unidad de organizativa	Adecuado para un proyecto dividido en unidades organizativas. Preferentemente, todo el personal involucrado debería participar en el trabajo que el proyecto adjudica a cada unidad; una forma adecuada de trabajar sería un seminario. Informe sobre avances y coordinación con la dirección. La ayuda de un constructor de cuadro de mando integral resulta importante para alinear los indicadores y los factores de éxito
9. Formular metas	Propuestas de los líderes de cada unidad. Aprobación final de metas por la dirección
10. Desarrollar un plan de acción	Preparación a cargo de cada grupo para el proyecto
11. Implementar el cuadro de mando integral	Garantizado por un control activo bajo la responsabilidad general de la dirección

Tabla 8.1.

- **Cuadro de mando integral de productividad de la flota**. El cuadro de mando de productividad mide las principales magnitudes respecto a los resultados de la explotación de la flota, por ejemplo:

  – Número de viajes realizados.
  – Pasajeros transportados.
  – Kilómetros recorridos, etc.

  El buen uso de un cuadro de mando de productividad permitirá maximizar los recursos de la flota y su capacidad de generar ingresos.

- **Cuadro de mando de uso de vehículos**. El cuadro de mando de utilización de vehículos es una herramienta para la toma de decisiones en la gestión de una flota de transporte, donde el objetivo es que estén disponibles el máximo de tiempo para cumplir el nivel de servicio establecido.

Test de autoevaluación

Afianza tus conocimientos sobre la gestión de tráfico de mercancías. Accede a **www.margebooks.com** y supera los test de autoevaluación.

Capítulo 9
La gestión documental

En la gestión administrativa del transporte terrestre se han de manejar unos documentos indispensables para una correcta articulación de todo el proceso. Esto es particularmente importante en el caso de las empresas de transporte, desde el momento en que se solicita una cotización, la respuesta con una oferta, la aceptación de la misma, y hasta llegar a un acuerdo para firmar un contrato donde queden bien especificadas las condiciones del servicio.

Una vez se dispone de la documentación necesaria para asegurar una buena praxis, todavía se pueden precisar otros documentos vinculados al almacén y al tráfico de mercancías, como la ficha de estiba, las homologaciones de los utensilios de trincaje, los certificados relacionados con la naturaleza de la mercancía, etc. El documento más relevante en el caso de una contratación de servicio de transporte de mercancías es el contrato de transporte.

1 El contrato de transporte

La ejecución de un transporte implica un acuerdo de voluntades y supone, por lo tanto, la formalización de un contrato entre dos partes, la empresa contratante (cargadora) y la transportista.

La carta de porte es documento mediante el que se formaliza el contrato de transporte de mercancías por carretera entre la empresa expedidora y la transportista. De la carta de porte se emitirán tres ejemplares originales, que firmarán la empresa cargadora y la porteadora. El primer ejemplar de la carta de porte será entregado a la cargadora, el segundo viajará con las mercancías transportadas y el tercero quedará en poder de la porteadora. La firma de la carta de porte podrá hacerse por medios mecánicos, mediante estampación de un sello, o por cualquier otro medio que resulte adecuado. Asimismo, la carta de porte podrá emitirse electrónicamente.

La cuestión más relevante de todas las que se estudian y afectan al contrato de transporte es la responsabilidad de la porteadora. El Convenio CMR, principal instrumento normativo en este ámbito, se basa en «la conveniencia de normalizar las condiciones que rigen el contrato de transporte internacional de mercancías por carretera, especialmente en lo que se refiere a los documentos utilizados para este transporte, así como la responsabilidad del transportista». Su regulación se encuentra en la Ley 15/2009 donde se hace mención a la responsabilidad de la empresa transportista en los artículos 17-29 de dicho convenio.

A efectos de aplicación de este convenio, la empresa transportista responderá de sus propios actos y omisiones, y de los de su personal y de todas las otras personas a cuyo servicio esta recurra para la ejecución del transporte.

El Convenio CMR no establece una regulación general del subtransporte. Esta falta de regulación provoca dudas a la hora de determinar si las normas sobre responsabilidad previstas para el transporte sucesivo son extrapolables al contrato de subtransporte.

En la legislación española, la Ley 15/2009, del Contrato de transporte terrestre de mercancías, aborda la intervención de diversos sujetos por vía de subcontratación en el transporte y, en particular, la cuestión relativa a la determinación de las personas pasivamente legitimadas frente a las reclamaciones de responsabilidad.

Se deberá analizar la responsabilidad de la porteadora por la actuación de la subporteadora y se intentará justificar, ante el silencio del Convenio

CMR, por qué el derecho de subrogación asiste a la aseguradora de la porteadora para reclamar de la subporteadora o transportista efectiva el importe satisfecho cuando esa responsabilidad obedece a la actuación dolosa o culposa de esta última.

2 La ficha de estiba

La ficha de estiba es un documento que sirve para que cualquier persona responsable de la carga acredite que la mercancía está correctamente amarrada y cargada. En la ficha de estiba se establecen las normas de estiba de cada mercancía que ha de ser transportada. Así, el responsable de la carga en todo momento puede acreditar la correcta sujeción de la carga a bordo del vehículo. No solo se trata de evitar accidentes, sino de asegurar que la mercancía llega en las mejores condiciones. Puede verse el detalle de su contenido en el apartado "7 La ficha de estiba", en el "capítulo 6, Estiba y trincaje de las mercancías".

3 La oferta comercial

La oferta comercial es una propuesta precisa, dirigida a una persona física o jurídica, con el fin de acordar unas condiciones económicas para un servicio requerido. La aceptación de la oferta implica la aceptación de las condiciones y el importe especificado o las tarifas según escalado. Según lo dispuesto en el artículo 23 de la Convención de Viena de 1980: «El contrato se perfeccionará en el momento de surtir efecto la aceptación de la oferta conforme a lo dispuesto en la presente Convención».

Hay que distinguir entre propuesta y oferta comercial. La propuesta comercial es una manifestación unilateral donde se expresa la voluntad de formalizar un contrato, pero no contiene necesariamente los requisitos de la oferta comercial ni supone la formalización del contrato.

La oferta comercial solo se aplica en operaciones internacionales, pero no en operativas internas, siempre y cuando el país de una de las partes firmantes haya ratificado la Convención. Se considera también uno de los documentos más importantes porque se utiliza como base para aplicar los derechos arancelarios cuando las mercancías pasan por una aduana.

4   La orden de carga

La orden de carga es un documento administrativo que contiene los datos esenciales del transporte y está considerada como la materialización del contrato de transporte. Aunque no es obligatoria la existencia de un contrato para la realización del servicio (aunque sí recomendable), puesto que un correo electrónico o cualquier documento por escrito avala lo acordado, ante acuerdos de larga duración es aconsejable para evitar malentendidos.

La emite la empresa vendedora/expedidora de las mercancías, que ha de enviarla a la empresa transportista indicando las condiciones del transporte.

Se ampara en el Real Decreto 70/2019, por el que se modifican el Reglamento de la Ley de Ordenación de los Transportes Terrestres y otras normas en materia de formación del personal de conducción de los vehículos de transporte por carretera, de documentos de control en relación con los transportes por carretera, de transporte sanitario por carretera, de transporte de mercancías peligrosas y del Comité Nacional del Transporte por Carretera.

5   El albarán de entrega

Es un documento que acredita la salida de los productos del almacén de la empresa expedidora y su entrega a la empresa destinataria o consignataria, Por lo que debe ser firmado y sellado en destino por quien reciba las mercancías.

En el caso de un desacuerdo o disputa respecto a una entrega de mercancías, es importante contar con este documento para aportarlo como prueba o evidencia del cumplimiento de un contrato.

6 La factura comercial

Documento administrativo demostrativo de una operación de compraventa y como justificante de un contrato comercial. Lo emite la empresa vendedora o exportadora, una vez confirmada la operación de compraventa (puede que haya existido un envío previo de una factura pro forma).

La factura comercial describe las condiciones de venta de las mercancías y sus especificaciones. En comercio internacional, se exige para la exportación en el país de origen, para la importación en el país de destino y, en su caso, puede ser utilizada para calcular el pago a las autoridades aduaneras. En las operaciones intracomunitarias la factura comercial internacional sirve como declaración de la transacción y exoneración de los impuestos para el cumplimiento de las condiciones básicas en la liquidación de impuestos.

En una factura comercial deben figurar, entre otros conceptos:

- Número de la factura y fecha de emisión.
- Referencia del pedido o factura pro forma.
- Nombres, números de identificación fiscal y direcciones de las empresas compradora y vendedora.
- Descripción de la mercancía u operaciones que pueden constituir una base impositiva.
- Valor unitario y total de la mercancía u operaciones objeto de compraventa.
- Número de bultos, peso bruto, peso neto y volumen.
- Condiciones de pago.
- En el caso de una compraventa internacional, términos de entrega, indicando la regla Incoterms acordada, con especificación del modo de transporte.

- Cualquier otra circunstancia relacionada con la operación de compraventa, como clasificación arancelaria o cláusula de reserva de dominio, por ejemplo.

7   La factura aduanera

Documento administrativo que emite la empresa vendedora o exportadora por exigencia de la aduana de algunos países, habitualmente con fines estadísticos o informativos. A diferencia de la factura comercial, este documento acostumbra a tener que ser legalizado por un consulado del país destinatario de la exportación en el país de origen de la mercancía. En una factura aduanera deben figurar, entre otros conceptos:

- Número de la factura y fecha de emisión.
- Nombres, números de identificación fiscal y direcciones de las empresas compradora, vendedora y transportista.
- País de origen de la mercancía.
- Descripción de la mercancía u operaciones que pueden constituir una base impositiva.
- Valor unitario y total de la mercancía u operaciones objeto de compraventa.
- Número de bultos, peso bruto, peso neto y volumen.
- Cualquier otra circunstancia relacionada con la operación de compraventa.

8   La lista de contenido

Es esencial para realizar el despacho de aduanas de exportación de una mercancía. Este documento tiene que emitirlo obligatoriamente la empresa exportadora y contiene información detallada de la mercancía, lo que facilita las tareas de inspección en la aduana. La lista de contenido o *packing list* se puede comparar a un inventario de la mercancía de una expedición; por este motivo, es un documento que facilita las tareas de reconocimiento e inspección de las mercancías en la aduana.

En la aduana debe presentarse el original y una copia como mínimo. Además, es recomendable incluir una versión en inglés, puesto que es el idioma internacional estandarizado (en el caso de América Latina, se puede utilizar el español). Debe incluir amplia información sobre los bultos, las cajas o los paquetes que componen un envío. Los datos que presenta son:

- Nombres, números de identificación fiscal y direcciones de la empresa exportadora (vendedora o expedidora) y de la importadora (compradora o receptora).
- Datos del transporte (origen y destino del envío).
- Fecha del pedido y del envío.
- Número de la factura al que va asociado.
- Tipo de embalaje: caja, bolsa, bidón, jaula, etc.
- Número de bultos.
- Contenido de cada bulto, con una descripción de la mercancía y el número de artículos o unidades que hay en cada bulto.
- Marcas y las referencias, si las hay.
- Peso neto, peso bruto, dimensiones y volumen del conjunto de los bultos.
- Número del documento de transporte.

Se puede hacer constar otra información como el valor comercial de cada uno de los bultos y el total, o el código arancelario de la mercancía. No existe ningún formato estandarizado del documento, que, al igual que la factura comercial, se adaptará según preferencias de la empresa que lo emita.

La descripción detallada de la mercancía en el *packing list* es obligatoria y tiene el carácter de declaración jurada ante la aduana. Además, en caso de siniestro, daño o pérdida de la mercancía funciona como comprobante para la tramitación de la indemnización. En caso de que dicho documento tuviera una información errónea, podría provocar demoras, retrasos o paralizaciones en la aduana, con un costo extra.

A nivel documental, siempre viajará junto a la factura comercial, certificados correspondientes en caso de ser requeridos y el contrato de transporte o carta de porte, el CMR para el transporte terrestre, el AWB *(air waybill)* para el transporte aéreo y el B/L *(bill of lading)* para el transporte marítimo.

Toda la documentación será presentada por el agente de aduanas, el representante aduanero o el operador económico autorizado (OEA), que son las figuras legalmente autorizadas y habilitadas para presentar los documentos de una exportación.

9   El certificado de origen

Este documento es una declaración formal realizada por la empresa exportadora respecto al país de origen de las mercancías objeto de compraventa. Sin embargo, no es lo mismo el país de procedencia que el de origen. Por lo tanto, para conocer el origen de las mercancías habrá que tener en cuenta algunos requisitos, por ejemplo, donde se ha desarrollado la mayor parte del proceso de fabricación de dicha mercancía o donde se ha generado el valor del producto. Cuando el costo de producción de las mercancías fabricadas en un país supera el 50 % de su valor total, frecuentemente se acepta ese país como el de origen. Hay dos tipos de certificados:

- Los que acreditan el origen en un país de la UE.
- Los que acreditan el origen en un tercer país. En este caso, deberán aportarse las siguientes pruebas de origen:

  - Factura del fabricante.
  - DUA de importación o certificado de origen de fabricante.

El certificado de origen se debe emitir en una cámara de comercio del país expedidor, pero en caso de no disponer de estos documentos, se puede aportar una declaración «jurada» por parte de la empresa expedidora.

La finalidad del certificado de origen es comunicar el origen de los productos a la aduana del país importador, y así poder determinar los impuestos y aranceles correspondientes, o a la entidad financiera que interviene en la operación.

9.1   Certificado de origen FORM A

Este documento se utiliza en el comercio internacional con la Unión Europea para que determinadas mercancías originarias de los países del Sistema de Preferencias Generalizadas (SPG) puedan acogerse a la eliminación o reducción de derechos arancelarios.

Se expide por la autoridad aduanera o gubernamental del país de exportación una vez realizada la exportación y es un justificante a efectos de obtener las preferencias arancelarias correspondientes.

Para poder acogerse a los derechos preferenciales, las mercancías originarias de los países beneficiarios deben ir acompañadas del certificado de origen FORM A o de una declaración en la factura de la empresa exportadora, si el valor de la mercancía no excede de 6.000 €. Para hacer una declaración en factura, se deberá estampar o imprimir sobre esta la declaración siguiente:

«The exporter of the products covered by this document (customs authorisation No ...) declares that, except where otherwise clearly indicated, these products are of ... preferential origin according to the rules of origin of the Generalised Scheme of Preferences of the European Community».

10   El cuaderno ATA

Documento aduanero que expiden las cámaras de comercio con el fin de facilitar las operaciones aduaneras de ida y retorno de un envío de exportación temporal. Permite la libre admisión exenta de derechos de importación de una extensa categoría de mercancías que pueden clasificarse en:

- Mercancías que deben ser presentadas o utilizadas en ferias, exposiciones comerciales y actos similares.
- Muestras comerciales.
- Material profesional (equipos técnicos, herramientas, instrumentos musicales, etc.).

La empresa que emplea el cuaderno ATA deberá:

- Reimportar a territorio comunitario las mercancías amparadas por el cuaderno ATA dentro de los plazos autorizados.
- Cumplir lo dispuesto para la utilización del cuaderno ATA por las administraciones aduaneras comunitarias y los países de destino o tránsito.
- En caso de venta, cesión, abandono, pérdida, robo, destrucción fortuita, omisión del trámite aduanero de reexportación, etc., satisfacer el importe de los derechos de importación u otras tasas a la administración aduanera del país de importación.

11   El cuaderno TIR

Este documento permite el tránsito de mercancías por carretera entre los países adheridos a su convenio regulador, sin estar sometidas a controles aduaneros. El Convenio TIR *(Transport International Routier)* fue creado por la Comisión Económica de las Naciones Unidas para Europa *(United*

Commission for Europe o UNECE) en 1975. Los vehículos que realizan el transporte deben cumplir los siguientes requisitos:

- Que no exista ruptura de carga, es decir, no se puede descargar la mercancía para embarcarla en otro vehículo.
- Que la mercancía viaje acompañada de un cuaderno TIR en un camión dotado de precinto y al que no sea posible acceder sin romper los precintos.
- Que el transporte se desarrolle entre aduanas de países adheridos al Convenio TIR.
- Que el transporte esté respaldado por las asociaciones partícipes en el Convenio TIR.

Para cumplir con todas las formalidades aduaneras basta con presentar el cuaderno TIR ante la aduana.

Los vehículos con «Certificado de Agreement TIR» vigente se identifican con dos placas con la inscripción TIR, una en la parte delantera y otra en la trasera.

12   El certificado *halal*

Es un documento que emiten las autoridades musulmanas del país desde el que se exporta y mediante el cual se certifica que los productos del sector agroalimentario o farmacéutico cumplen los requisitos que exige la ley islámica para poder ser consumidos por la población musulmana.

Para que un alimento sea considerado *halal* debe ajustarse a la normativa islámica que deriva de El Corán. Lo contrario a *halal* (que viene a significar «permitido, autorizado») es *haram* («prohibido, desautorizado»), que incluye, entre otros alimentos, la carne de cerdo y jabalí y sus derivados o la de aves con garras.

El procedimiento para obtener el certificado *halal* consiste en pasar unas auditorías en el local de la empresa interesada, con evaluación de los sistemas de calidad y de producción y de muestras tomadas en fábrica y de productos finales.

La carne para consumo humano con el certificado *halal* tiene que proceder de animales que hayan sido sacrificados de una determinada manera y alimentados con unos estrictos controles para asegurarse de que sus condiciones son las adecuadas.

13 El certificado *kosher*

Kosher es una palabra de origen hebreo que significa «apto o adecuado», y es utilizada para referirse a los productos alimenticios que respetan las prescripciones rituales del judaísmo y cumplen los requisitos de la dieta de la Biblia.

La certificación *kosher* garantiza a los consumidores que la elaboración de los productos e ingredientes que contienen cumple con la norma de alimentación *kosher.* Además, indica que el producto cumple con estrictas normas de limpieza, pureza y calidad.

14 El certificado de peso

Este documento lo emite la empresa exportadora y certifica el peso de un embarque o el peso por eje de un camión. Se debe hacer constar el peso neto y bruto de la mercancía, y el peso de cada uno de los bultos de la expedición. Es válido cualquier otro dato que pueda servir de prueba respecto al peso de las mercancías en el momento de la expedición. Se deben detallar los pesos por eje del camión cargado para verificar si se cumple la normativa.

15   Procedimientos y normativas

- **Procedimiento interno de carga, estiba y amarre de la mercancía:** es una instrucción de trabajo para el personal que ha de realizar la carga de las mercancías en el área de expedición.

- **Procedimiento interno de calidad:** en este documento se especifica al personal de almacén cuáles han de ser los procesos de manipulación, embalaje y flejado de la mercancía, y se dan instrucciones sobre cómo desestibar, descargar o desembalar una carga.

- **Procedimiento interno de prevención de riesgos laborales:** es un documento que establece el proceso de cumplimiento del plan de prevención de riesgos laborales para cada actividad de carga o manipulación de mercancías. Está amparado bajo la reglamentación de prevención de riesgos laborales: Ley 31/1995, de Prevención de Riesgos Laborales; Ley 54/2003, de reforma del marco normativo de la prevención de riesgos laborales; Real Decreto Legislativo 1/1995, por el que se aprueba el texto refundido de la Ley del Estatuto de los Trabajadores; y Real Decreto 39/1997, por el que se aprueba el Reglamento de los Servicios de Prevención.

- **Sobre los trabajadores autónomos:** Ley 20/2007, del Estatuto del trabajo autónomo; y Real Decreto 197/2009, por el que se desarrolla el Estatuto del trabajo autónomo.

- **Sobre las empresas de trabajo temporal:** Ley 14/1994, por la que se regulan las empresas de trabajo temporal; y Real Decreto 216/1999, sobre disposiciones mínimas de seguridad y salud en el trabajo en el ámbito de las empresas de trabajo temporal.

Test de autoevaluación

Afianza tus conocimientos sobre la gestión de tráfico de mercancías.
Accede a **www.margebooks.com** y supera los test de autoevaluación.

Capítulo 10
Los riesgos laborales en el transporte

Toda actividad conlleva unos riesgos. En el transporte de mercancías pueden ser riesgos físicos por mala praxis, por la configuración del espacio de trabajo o por los accidentes de tráfico. La normativa sobre riesgos laborales en el transporte de mercancías está recogida en la Ley 18/1989, de Bases sobre Tráfico, Circulación de Vehículos a Motor y Seguridad Vial.

En la tabla 10.1 se presentan las causas más frecuentes de «accidentes de trabajo» en el transporte de mercancías.

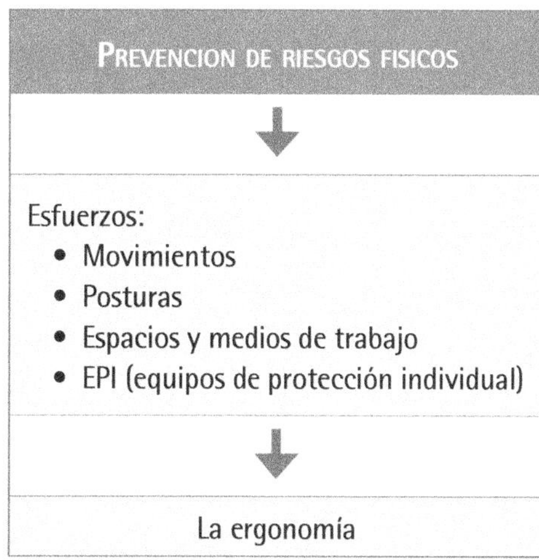

Tabla 10.1.

Es fundamental establecer medidas de prevención de riesgos laborales (PRL) para garantizar la seguridad de las personas. Hay que tener en cuenta los riesgos relacionados con el propio espacio de trabajo, los riesgos que conlleva el uso de sustancias contaminantes y los riesgos causados por factores externos e imprevisibles.

Así, los profesionales de conducción pasan horas en el vehículo a lo largo de su jornada laboral y, por ello, desarrollan una gran variedad de patologías que pueden afectarles en el desempeño de su trabajo y en su vida diaria. Evaluar y eliminar los riesgos en origen (en la medida de lo posible) es vital para mejorar las condiciones laborales de esta categoría profesional.

1 Tipos de accidentes y sus causas

En el transporte de mercancías, las principales siniestralidades a menudo se relacionan con los accidentes de tráfico, pero también se debe tener en cuenta todos los incidentes que se producen cuando se realiza otro tipo de tareas, como el mantenimiento, la carga y descarga de los vehículos, etc., es decir, aquellas en las que interviene el personal de almacén. Los principales accidentes que afectan a la actividad de transporte suelen ser:

- Caídas cuando la persona está a distinto nivel del suelo, malas prácticas al subir o bajar del camión, etc.
- Caídas del personal cuando se encuentra al mismo nivel del suelo, debido a falta de barandillas, desnivel en el suelo, escaleras en mal estado, superficies resbaladizas por vertidos de agua, aceite o carburantes, falta de iluminación o señalización, placas de hielo en las zonas cercanas a los frigoríficos, etc.
- Atropellos por vehículos auxiliares (equipos de manutención) debidos al manejo imprudente de la carretilla elevadora, invasión de zonas de trabajo restringidas, abandono del vehículo sin frenar, etc.

- Largas exposiciones a las vibraciones del vehículo, a causa de un mantenimiento incorrecto de los sistemas de amortiguación, deterioro de la cabina o del asiento, posturas inadecuadas durante la conducción o deficiencias en el estado de las carreteras.
- Golpes con herramientas u otros utensilios, causados por herramientas poco apropiadas para la tarea, defectuosas o desgastadas, posición de trabajo incorrecta, no utilización de elementos de protección (gafas, guantes, botas, etc.), no aplicación de las 5S (clasificación, organización, limpieza, estandarización y procesos de mejora) dentro del almacén.
- Sobreesfuerzos, provocados por el mantenimiento prolongado de malas ubicaciones, movimientos repetitivos, posturas de trabajo incorrectas, etc.
- No llevar una velocidad adecuada que permita dominar el vehículo ante un obstáculo.
- Superar la velocidad máxima permitida (más frecuente en las autopistas que en otro tipo de vías).
- Accidentes *in itinere*, que son los que se producen en el trayecto de ida o vuelta del puesto de trabajo.

Los accidentes menos habituales pueden ser:

- Aplastamiento por vuelco de la maquinaria de trabajo.
- Descargas eléctricas, causadas por circuitos eléctricos de los vehículos en mal estado, fugas de combustible, calentamiento del motor, etc.
- Exposición a sustancias tóxicas, por manipular productos sin utilizar los equipos de protección individual (EPI), llenar los recipientes por encima de la capacidad estipulada, utilizar recipientes deteriorados, derramarse mercancías peligrosas en accidentes de tráfico, funcionamiento de vehículos en recintos cerrados sin ventilación, etc.

Se puede incluir también los riesgos laborales por razones externas, como:

- Las malas condiciones climatológicas. Es importante que el personal de conducción esté informado de las precauciones que hay que tomar cuando existen condiciones climatológicas adversas como la nieve, el hielo, la lluvia, la niebla o el viento.
- Conducción deficiente por parte de otros vehículos. El personal de conducción ha de evitar distracciones y excesos de confianza al volante ya que en la carretera puede producirse una situación inesperada ante la que hay que reaccionar rápidamente.

Mientras que los accidentes más habituales y los que generan un mayor porcentaje de absentismo son los sobreesfuerzos, los atropellos y las caídas a distinto nivel figuran entre los siniestros que pueden llegar a ser mortales.

Para controlar y prevenir estos riesgos laborales es importante contar con un programa de gestión del transporte que ayude a organizar y controlar el trabajo aumentando al mismo tiempo la productividad.

2   El derecho a la seguridad de los profesionales de conducción

Todo el personal de una empresa tiene derecho a la protección de su seguridad y salud durante el trabajo. A la empresa le corresponde velar por la seguridad de su personal, una obligación que está contemplada en el artículo 14 de la Ley 31/1995, de Prevención de Riesgos Laborales.

Para cumplir con esta obligación, la empresa debe llevar a cabo una evaluación de los riesgos a los que el personal está expuesto. La flota de camiones ha de ser inspeccionada periódicamente a fin de determinar posibles deficiencias o daños que puedan traducirse en riesgo para las personas. También ha de evaluarse la salud del personal con carácter periódico para poner de manifiesto circunstancias que supongan incompatibilidades o limitaciones a la hora desarrollar su trabajo. Se tienen que llevar a cabo reconocimientos médicos antes vincular a una persona a la empresa y posteriormente con la regularidad que exijan las actividades que desarrolle.

En el transporte de mercancías por carretera es clave la prevención de riesgos laborales en el personal de conducción. Es preciso contar con profesionales especializados en este ámbito y ofrecerles formación continua para evitar problemas y velar por su seguridad y la de su entorno. No hay que olvidar que en un vehículo de transporte de mercancías por carretera no solo se pone en riesgo la salud del personal conductor.

3 Metodología para valorar los grados de riesgo

La evaluación de riesgos constituye la base de partida de la acción preventiva. Tratándose de un instrumento fundamental, no se debe considerar un fin sino un medio que va a permitir tomar las decisiones precisas sobre la necesidad o no de acometer acciones preventivas y llevar a cabo actuaciones correctivas. El método incluye las fases que se exponen a continuación.

3.1 Detección de factores de riesgo

El objeto de esta fase es detectar los factores de riesgo del lugar de trabajo en función de las tareas que desarrolla el personal. Hay que distinguir dos tipos:

- Los factores de riesgo generales de la profesión relativos a la organización del trabajo (gestión preventiva, factores temporales y psicosociales, y vigilancia de la salud).
- Los factores de riesgo específicos de la actividad del personal de conducción: carga mental y física, entorno físico, condiciones de seguridad, etc.

La mecánica para detectar los factores de riesgo se basa en una plantilla compuesta por diversas áreas de análisis que engloban los factores de riesgo del profesional y que se presentan en la tabla 10.2.

ÁREAS DE ANÁLISIS
Gestión preventiva
Factores temporales
Factores psicosociales
Vigilancia de la salud
Condiciones de seguridad
Carga física
Carga mental
Otros

Tabla 10.2. Factores de riesgo profesional.

3.2 Identificación de riesgos y valoración

El objetivo de esta fase es identificar todos los riesgos existentes en el lugar de trabajo y valorarlos. Este proceso comprende dos pasos fundamentales:

- Realización de cuestionarios, en los que se evaluará cada uno de los ítems detectados en la fase previa.
- Recogida de resultados.

Una vez obtenidos los resultados, la persona responsable de la seguridad de riesgos laborales deberá hacer una valoración de los factores de riesgo detectados a partir los cuestionarios y, en función de la magnitud de ellos, se aplicará una prioridad de actuación preventiva. En el caso de detectarse alguna infracción, se le debería dar prioridad inmediata (véase la tabla 10.3).

Es muy importante el coeficiente de accidentes de tráfico que se obtiene con la valoración de las áreas evaluadas: horarios ajustados, falta de descanso en condiciones adecuadas, estado de mantenimiento del vehículo, situación de presión, trabajar en situaciones de conflicto laboral, realizar rutas complicadas por su accesibilidad, etc.

3.3 Planificación de la actividad preventiva

En esta fase se debe planificar la actividad preventiva en función de los resultados obtenidos en la fase 2 de valoración de riesgos. El plan de prevención se elaborará con las acciones de mejora para cada uno de los factores de riesgo estudiados.

Se debe cumplimentar la hoja de acciones de mejora estableciendo las actuaciones a adoptar para evitar, reducir o controlar cada uno de los riesgos identificados. Hay que señalar a la persona responsable y el plazo de ejecución según la prioridad ya asignada en la fase anterior.

Hay que tener en cuenta que lo planteado en este capítulo es orientativo, puesto que cada empresa debe adaptar sus propios procesos evaluativos, así como detectar todos los factores externos e internos para poder actuar en consecuencia según su tipo de actividad. Lo que sí es común para todas las empresas es la prioridad de generar seguridad y velar por la salud de su personal y de otras personas del entorno.

	NIVEL DE RIESGO	PRIORIDAD DE ACTUACIÓN	
1	Riesgo muy bajo	Hay que corregir	V
2	Riesgo bajo	Hay que corregir lo antes posible < 1 mes	IV
4	Riego moderado	Hay que corregir rápidamente < 1 semana	III
8	Riego alto	Hay que corregir inmediatamente < 1 día	II
16	Riesgo muy alto	Hay que paralizar la actividad	I
		Infracción reglamentaria	IR

Tabla 10.3. Prioridades de actuación ante situaciones de riesgo.

4 La gestión de prevención de riesgos

Las actividades de prevención de riesgos laborales tienen la finalidad de evitar riesgos que se pueden detectar con anterioridad tomando medidas preventivas ante cualquier incidente. La prevención impone obligaciones a la empresa y al personal, el cual debe respetar los métodos de trabajo estipulados y utilizar los equipos de protección y medidas de seguridad que se determinen (véase la figura 10.1).

5 Los equipos de protección individual (EPI)

Son dispositivos, materiales o medios de seguridad que el personal empleado debe utilizar en el ejercicio de sus funciones con el objetivo de protegerse de posibles riesgos que puedan poner en peligro su seguridad, su salud o su integridad física. Los equipos de protección individual alcanzan a todo el cuerpo, si bien solo serán necesarios aquellos que protejan la zona o

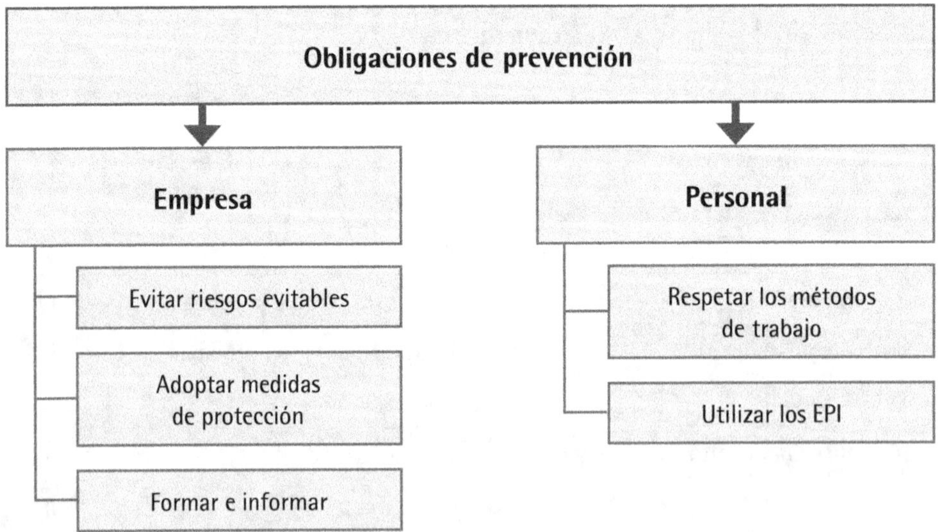

Figura 10.1. Obligaciones en la prevención de riesgos laborales.

zonas en peligro en cada puesto de trabajo. Existen equipos de protección para los ojos y la cara, las vías respiratorias, los pies y las piernas, el oído, el abdomen, el tronco y la cabeza.

La normativa vigente al respecto, la Ley 31/1995, de Prevención de Riesgos Laborales, establece en el artículo 17.2 que «es la obligación de la empresa proporcionar a su personal los equipos de protección individual necesarios para llevar a cabo sus funciones, así como velar por el cumplimiento y uso efectivo de estos equipos cuando sean necesarios».

Así pues, la ley no deja lugar a dudas sobre quién debe proveer los EPI. En cuanto a quién debe determinar en cada puesto qué equipos de protección individual utilizar, la ley establece que es obligación de la empresa identificar y evaluar los riesgos que existen en cada puesto de trabajo.

Entre los equipos de protección destacan, por su mayor uso, los cascos, las mascarillas, las gafas de protección, las orejeras, las fajas de seguridad, las chaquetas, los cinturones y las botas de seguridad, entre otros (véase la figura 10.2).

Figura 10.2. Elementos que integran los equipos de protección individual (EPI).

6 El transporte de mercancías en época de la covid-19

Durante 2020, primer año de la pandemia de la covid-19 en Europa, los accidentes de tráfico aumentaron en el sector de transporte, aunque disminuyó el tráfico debido a los confinamientos. Desde el segundo trimestre del año, se registró un incremento del 2,4 % de fallecidos a causa de la siniestralidad respecto a la media de los últimos cinco años.

Según una encuesta realizada, el cansancio, la situación global, la inestabilidad, la incertidumbre, el no poder acceder a locales para poder comer, no descansar adecuadamente, etc., generaron un estrés en el personal de conducción que repercutió en la pérdida de atención al volante, insomnio, distracciones, etc., lo que llevó al incremento de la siniestralidad.

6.1 La protección imprescindible

Frente a las enfermedades respiratorias, incluidas las provocadas por la covid-19, es conveniente observar las siguientes medidas de protección:

- El uso de mascarillas es imprescindible cuando se deba interactuar con otras personas en un espacio reducido o cuando no se pueda mantener una distancia de seguridad, y para los lugares y las situaciones en los que las autoridades sanitarias recomienden su uso.
- Es importante seguir las normas marcadas por las empresas para las que el personal de conducción presta sus servicios, de manera que exista una adecuada coordinación de actividades empresariales.
- Las personas de riesgo (mayores de 60 años, embarazadas, con patologías crónicas, diabetes, etc.) pueden contactar con su servicio de prevención para que valore si deben trabajar o no.

Corresponde a las empresas evaluar el riesgo de exposición y seguir las recomendaciones que emita su servicio de prevención y las autoridades sanitarias. Por ello, deberán informar sobre cómo se debe actuar para protegerse.

6.2 Protocolo en el transporte y la logística

- Siempre que sea posible, el personal de conducción deberá permanecer dentro del vehículo. Se recomienda no acceder a otras oficinas de las empresas bajo ningún motivo, excepto para el uso de instalaciones sanitarias específicas, por lo que las personas responsables de los lugares de carga/descarga deben garantizar limpieza diaria adecuada y la presencia de gel desinfectante para lavado de manos.
- Si es indispensable que el personal de conducción intervenga en las operaciones preparatorias y finales necesarias para la carga/descarga de mercancías y la recogida/entrega de documentos, deberá mantener una distancia mínima de un metro con el resto de las personas involucradas en la operativa.
- Se recomienda el uso de mascarillas si se requiere trabajar a una distancia interpersonal inferior a dos metros y no es posible adaptarse a otras soluciones organizativas (dos personas dentro del mismo camión, por ejemplo).

Test de autoevaluación

Afianza tus conocimientos sobre la gestión de tráfico de mercancías.
Accede a **www.margebooks.com** y supera los test de autoevaluación.

Capítulo 11

El transporte y su afectación al medio ambiente

El transporte de mercancías a escala nacional e internacional ha crecido a un ritmo vertiginoso, en paralelo al elevado crecimiento de la población mundial que provoca un incremento de la distribución y el consumo de productos.

El transporte, ya sea de pasajeros o de mercancías, tanto en el ámbito privado como en el servicio público, desempeña un papel esencial en la sociedad y en la economía.

Sin embargo, el transporte también produce externalidades que afectan negativamente a la calidad de vida y a los ecosistemas. Los gases de efecto invernadero (GEI) que emiten los vehículos de transporte (en España, con un incremento del 50 % entre 1990 y 2015) son una de las principales causas de la emergencia climática que afecta al planeta.

En España, el transporte representó en 2020 el 27,7 % de las emisiones totales de gases de efecto invernadero o huella de carbono, de las que la carretera, con un parque de vehículos matriculados de algo más de 2,5 millones, es la causante de casi el 95 % de las emisiones (véase la tabla 11.1).

El metano, con un 14,2 %, completa el total de emisiones gases de efecto invernadero.

A escala internacional, para el Banco Mundial, el objetivo de reducir el impacto del transporte sobre el clima es una de las prioridades más urgentes. El sector del transporte representa el 23 % de las emisiones mundiales

Emisiones de CO_2 por sectores en España (2020)	
Transporte	27,7 %
Industria	21,4 %
Agricultura y ganadería	14,1 %
Generación de electricidad	10,3 %
Consumo de combustibles en los sectores residencial, comercial e institucional	8,2 %
Residuos	5,1 %
	86,8 %

Tabla 11.1 Emisiones de CO_2 por sectores de producción y consumo. Fuente: Ministerio para la Transición Ecológica y Reto Demográfico (MITECO).

de gases de efecto invernadero relacionadas con la energía, cifra que se incrementará progresivamente si no se produce una transformación radical de las "prácticas habituales".

Es previsible que en el futuro cercano el transporte de mercancías se vea afectado por un encarecimiento considerable del precio de los combustibles. Por un lado, debido a una mayor demanda y, por otro, al progresivo incremento del costo de extracción del petróleo, un recurso natural limitado.

Según Peter R. Odell, profesor de Estudios Internacionales de Energía en la Universidad Erasmus de Rotterdam (Países Bajos), autor del libro *Oil and World Power*, a pesar de los esfuerzos internacionales por buscar e implementar fuentes de energía alternativas y limpias, seguiremos dependiendo fuertemente del petróleo al menos hasta el año 2100 o bien hasta que se agoten las existencias, a pesar de que se trabaje para obtener fuentes de energía alternativas.

Con todo, tras la paralización obligada por la pandemia de la covid-19 en las cadenas de suministros internacionales, la conveniencia de conseguir cadenas de suministro cortas y fortalecer las economías de proximidad, puede derivarse en nuevos marcos económicos a los que también deberá adaptarse el transporte de mercancías.

1 Razones para ahorrar energía

Entre las razones que justifican la necesidad de implementar proyectos o programas de ahorro de energía figuran las siguientes:

- **Proteger el medio ambiente y aminorar las consecuencias del cambio climático.** Cada litro de combustible o kilovatio/hora ahorrado se traduce en una menor cantidad de CO_2 generado por el motor del vehículo o por la planta generadora de electricidad.
- **Ahorrar en la factura energética.** Tanto los combustibles como la electricidad tienen un costo cada vez mayor, por lo que reduciendo su consumo se reduce también el costo global por la energía.
- **Reducir la dependencia energética.** Al emplear los recursos energéticos eficientemente se reduce la dependencia de otros países. México, por ejemplo, como otros países de su región, produce petróleo, pero tiene que importar combustibles ya procesados, lo cual es una clara desventaja que sitúa al país en una posición vulnerable. En el caso de España, como muchos otros países, la dependencia respecto al combustible para el transporte de mercancías por carretera es absoluta.

Por su parte, la mejora de la eficiencia energética en el transporte de mercancías se fundamenta en tres grandes bloques de medidas:

- **Incremento de la intermodalidad en el transporte:** mejora de las infraestructuras que faciliten la combinación de transporte por carretera con los modos:
  - Ferrocarril, mediante contenedor, caja móvil, semirremolque o camión completo dispuestos sobre vagones plataforma.
  - Marítimo, mediante contenedor, caja móvil, camión o semirremolque, utilizando buques de carga horizontal (ro-ro).
- **Fomento de la renovación de las flotas de transporte:** promoción de la sustitución de las tecnologías convencionales de automoción por

Modo de transporte	Gases de efecto invernadero (kt CO$_2$ eq)	Sustancias acidificantes (equivalentes en ácido-106)	Precursores del ozono troposférico (t eq de COVNM)	Material particulado (t)	Toneladas transportadas (en miles, kt)
Ferroviario	253	91	5.496	120	28.251
Aéreo	3.045	329	18.323	132	949
Marítimo	3.160	1.811	75.876	3.400	512.000
Carretera mercancías	52.718	3.272	211.126	18.145	1.508.240
Carretera pasajeros	30.940	2.084	120.424	1.977	–
Total transporte	90.116	7.586	431.246	23.774	2.116.256

Tabla 11.2. Emisiones de GEI y sustancias contaminantes por modo de transporte en España (2018). (Fuente: *Sistema Español de Inventario y Proyecciones de Emisiones a la Atmósfera de gases de efecto invernadero y contaminantes atmosféricos*, Ministerio para la Transición Ecológica y el Reto Demográfico).

vehículos con tecnologías o combustibles alternativos más eficientes: vehículos híbridos, eléctricos, de gas natural y de gases licuados del petróleo, así como la compra de vehículos convencionales eficientes: clase A.

- **Fomento del uso racional de los medios de transporte:** aplicación de técnicas de conducción eficiente a los vehículos de transporte y gestión eficiente de las flotas de transporte.

2   Hacer frente al cambio climático

La preservación del medio ambiente y la biodiversidad para reducir los efectos del cambio climático y la escasez de recursos son, sin duda, los mayores retos a los que se enfrenta la humanidad. Sobre todos ellos incide, en mayor o menor medida, la actividad de cualquier empresa y muchos sectores industriales han tomado conciencia de que su contribución es importante.

El sector del transporte tiene a su disposición una gran variedad de acciones con las que reducir su impacto negativo. Las medidas recomendadas por la administración pública para un consumo óptimo del combustible o el desarrollo de la tecnología para un transporte más eficiente repercuten directamente en la mejora de la sostenibilidad del sector, a la vez que aportan una mejora en la rentabilidad de las empresas.

Un problema adicional importante relacionado con el transporte con efectos nocivos sobre la salud es la contaminación acústica. El tráfico por carretera es la fuente de ruido más habitual, con unos niveles acústicos nocivos en todos los países miembros y colaboradores de la Agencia Europea del Medio Ambiente (AEMA). Asimismo, el tráfico aéreo y los ferrocarriles son también importantes fuentes de contaminación acústica.

Por otro lado, las infraestructuras de transporte, ya sean viarias (autopistas, carreteras, centros de transporte, etc.), portuarias o aeroportuarias, tienen un importante impacto sobre el paisaje y los territorios, especialmente porque cuartean y aíslan las zonas naturales, con graves consecuencias para la fauna y la flora, en definitiva para la biodiversidad, imprescindible para la vida en el planeta.

Las principales líneas de actuación de la Unión Europea para reducir los efectos adversos consisten en desplazar el transporte por carretera hacia modalidades menos contaminantes y más eficientes, hacer uso de tecnologías, combustibles e infraestructuras más sostenibles y garantizar que los precios del transporte reflejen plenamente los efectos adversos que produce en el medio ambiente y en la salud.

Los documentos estratégicos de la UE se centran en:

- Un planeta limpio para todos. La visión estratégica europea a largo plazo (se contempla hasta el año 2050), se propone desarrollar una economía climáticamente neutra y traza la transición hacia las «cero emisiones netas».

- La descarbonización del transporte. Un transporte basado en sistemas con bajas emisiones de carbono y vehículos de emisiones cero, así como en la electrificación y las energías renovables, y en la mejora de la eficiencia operativa.
- Una mejor planificación urbana y una promoción del transporte público.

La legislación de la UE aborda directamente los efectos del transporte sobre el medio ambiente y la salud, establece normas vinculantes con límites de emisiones para todos los tipos de vehículos, requisitos específicos para combustibles de transporte, así como planes de acción en la gestión del ruido para grandes infraestructuras de transporte, como los aeropuertos.

La Agencia Europea de Medio Ambiente (AEMA) lleva a cabo las siguientes actividades:

- Recolecta y publica datos sobre todos los vehículos matriculados en Europa, de conformidad con lo dispuesto en los Reglamentos (CE) 443/2009 y (UE) 510/2011. Estos datos son necesarios para evaluar la eficiencia de las nuevas flotas de vehículos e incluyen información sobre las emisiones de CO_2 y el peso de los vehículos.
- Recolecta también datos del inventario de gases de efecto invernadero y contaminantes atmosféricos de los países miembros, que ofrecen información significativa sobre la contribución del transporte al cambio climático y a la contaminación atmosférica en Europa.
- Gestiona el proceso de presentación de informes en el marco de la Directiva 98/70/CE, relativa la calidad de la gasolina y el gasóleo, que impone requisitos a las empresas proveedoras de combustible para reducir la intensidad de los gases de efecto invernadero del combustible suministrado para el transporte por carretera.
- A través del Mecanismo de Información sobre Transporte y Medio Ambiente (TERM), realiza un seguimiento del desempeño medioambiental del transporte en Europa. El TERM se basa en un conjunto

de indicadores que se utilizan para medir el progreso en el cumplimiento de los objetivos políticos relacionados con el transporte.

Para conseguir esta transformación a escala internacional se precisa la implicación de la administración pública, las empresas privadas y la ciudadanía en la consecución de objetivos de igualdad, sostenibilidad y el respeto por el medio ambiente.

Para las empresas de transporte se proponen las siguientes medidas y actividades dirigidas a mejorar la sostenibilidad del sector:

- La tecnología y la innovación pueden comportar importantes beneficios, tanto medioambientales como de mejora de la eficiencia en cada proceso. Mediante la utilización de sistemas electrónicos es posible supervisar el estado del motor en tiempo real, garantizando así el correcto mantenimiento del vehículo y minimizando la producción de residuos contaminantes.
- La electrónica también permite controlar la utilización de combustible para optimizar su consumo. Incluso mediante *software* específico el personal de conducción puede ser informado de las ubicaciones óptimas para realizar el abastecimiento de combustible y planificar así mejor sus paradas.
- La incorporación de programas GPS en los vehículos y la informatización de rutas y calendarios de viaje permiten planificar mejor cada trayecto. Con ello, se reducen los tiempos muertos en la carretera y se optimiza cada transporte.
- La utilización de neumáticos más anchos permite aumentar la resistencia de rodadura, mientras que un diseño más aerodinámico puede aumentar considerablemente la duración y la eficiencia del combustible en cada trayecto.

Uno de los principales retos a los que se enfrenta el sector es la utilización de combustibles menos contaminantes. Las medidas de sostenibilidad relativas al combustible parten fundamentalmente de la utilización de combustibles y motores de combustión más ecológicos con el fin de reducir la emisión de gases contaminantes a la atmósfera. Es importante que las empresas de transporte opten por introducir progresivamente en sus flotas un mayor número de vehículos menos contaminantes bajo la normativa Euro 6 de protección medioambiental.

3   La gestión medioambiental en el transporte terrestre: el SGMA[1]

La gestión medioambiental hace referencia a todas las actuaciones que contribuyen a:

- Cumplir los requisitos de la legislación medioambiental vigente.
- Mejorar la protección ambiental.
- Reducir los impactos de la propia organización sobre el medio ambiente al controlar los procesos y actividades que los generan.

Todas estas actividades, realizadas de forma conjunta y planificada dentro de una organización, conforman un sistema de gestión medioambiental (SGMA), que proporciona una metodología estructurada y dirigida hacia la mejora continua.

Un SGMA es un sistema estructurado de gestión que incluye la estructura organizativa, la planificación de actividades, las responsabilidades, las prácticas, los procesos, los procedimientos y los recursos para desarrollar, implantar y mantener los compromisos en materia de protección medioambiental que suscribe la organización, es decir, su política medioambiental.

La principal finalidad del SGMA es determinar qué elementos deben considerar las organizaciones en materia de protección medioambiental

[1] Fuente: Fundación Cetmo.

para asegurar que en el desarrollo de sus actividades se tiene en cuenta la prevención y la minimización de los efectos sobre el entorno.

Existen diferentes grados de desarrollo de un SGMA y distintas alternativas para su implantación. Se deberá valorar y decidir si lo que se quiere es un SGMA formal, auditable y certificable, que tome como referencia la norma ISO 14001 o el Reglamento Europeo 761/2001 (EMAS) para el desarrollo, implantación y mantenimiento del mismo; o si, por el contrario, se prefiere un SGMA informal o no referenciado, no auditable y no certificable.

En este sentido, la tendencia es la implantación de los SGMA según la norma de ámbito internacional ISO 14001, frente al sistema europeo EMAS. De todos modos, la gran ventaja de desarrollar e implantar un SGMA normalizado ISO o EMAS es que ambos modelos proporcionan y exigen un proceso sistemático y cíclico de mejora continua, también deno-

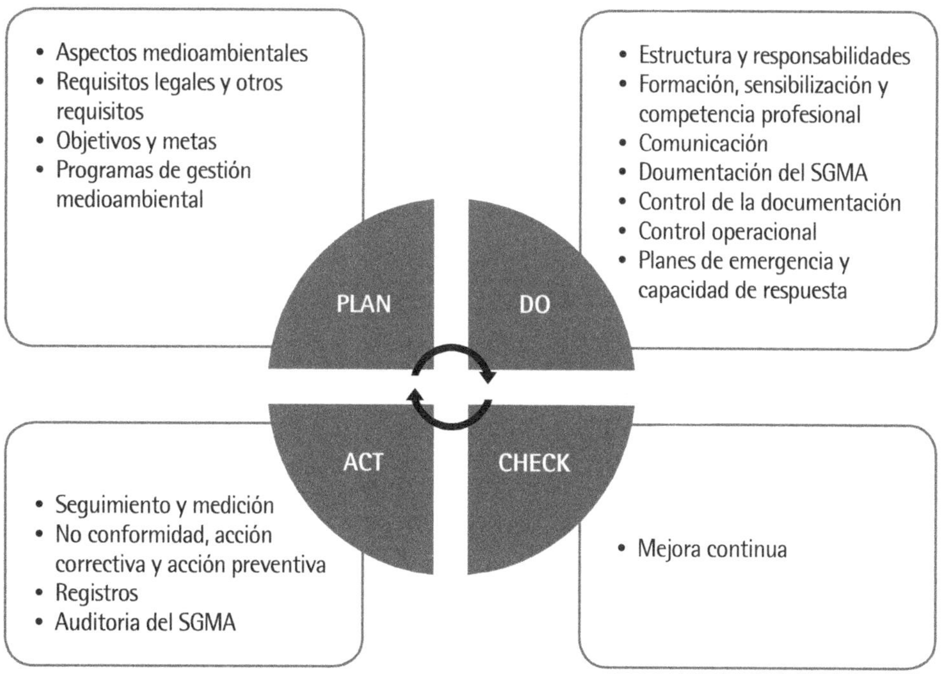

Figura 11.1. Requisitos de la norma ISO-14001 referidos a la mejora continua en política medioambiental.

minado ciclo PDCA (siglas de *Plan-Do-Check-Act*) o ciclo de Deming. Es el equivalente a planificar-ejecutar-comprobar-actuar la gestión medioambiental de forma permanente y asegurar, así, niveles de comportamiento medioambiental de la organización cada vez más elevados.

Por ello, al analizar los requisitos establecidos por la norma ISO 14001 para el desarrollo e implantación de un SGMA, resulta sencillo relacionarlos con las etapas del ciclo de mejora continua. La figura 11.1 ayuda a establecer esta relación.

3.1   La aportación de un SGMA a una empresa de transporte

Veamos los motivos que justifican la incorporación de un SGMA a la gestión general de la organización:

- Uno de los objetivos del SGMA es optimizar la utilización de los recursos. Así, la organización puede conseguir ahorros si, por un lado, ajusta el consumo de materias primas, agua y energía a lo estrictamente necesario y, por otro, genera menos desperdicios, residuos y despilfarros.
- Un SGMA conduce a un mayor conocimiento, mejora y control de las actividades, productos y servicios desarrollados por la organización, lo que revierte en un aumento de la eficiencia de los mismos.
- Dado que la protección del medio ambiente tiene un alcance social, los SGMA son una herramienta para motivar al personal a participar en las mejoras de la organización e involucrarlo para mejorar los resultados.
- Las mejoras medioambientales conseguidas se pueden hacer públicas y, con ello, promocionar la imagen de la organización y el reconocimiento social.
- Las exigencias de la clientela pueden obligar a implantar un SGMA, lo que confiere a la organización una posición más competitiva y ventajosa.

• Aunque una organización no disponga un SGMA, debe cumplir todos los requisitos legales que le sean de aplicación. Un SGMA proporciona un marco para iniciarse en la identificación de los requisitos de la legislación medioambiental y afrontar su adecuación a ellos.

3.2 Implementación de un SGMA

Para implantar un SGMA basado en la norma ISO 14001, el primer paso es crear un plan de gestión ambiental en el que se incluirán: objetivos, metas ambientales, procedimientos, responsabilidades, actividades y un sistema de control para cualquier cambio y avance que se produzca en la organización.

Implementar un SGMA es la manera de demostrar la responsabilidad de una empresa en relación con el medioambiente. Para ello hay que cumplir los siguientes requisitos:

• Definir una estructura organizada del SGMA que determine de forma clara y concisa las funciones y responsabilidades relacionadas con el medioambiente.
• Desarrollar un cuerpo normativo que recoja los procedimientos relativos al SGMA implementados en la organización.
• Asignar los recursos humanos y materiales necesarios para alcanzar los objetivos y las metas que se han definido.
• Planificar todas las actividades y mejoras desarrollando políticas ambientales.

3.3 Ventajas de la implantación de un SGMA

Las principales ventajas de implantar un SGMA son de dos tipos:

• **Ambientales:** reduce los impactos ambientales negativos de la actividad y optimiza la gestión de residuos y de recursos. La aplicación de

esta norma desarrolla un sistema de producción altamente sostenible, reconocido internacionalmente y respetuoso con el entorno natural.
- **Económicas:** la compañía reduce los costos relacionados con la gestión de los residuos, así como los riesgos y sanciones. Esto posibilita un mayor acceso a subvenciones y a otras líneas de financiación.

Los costos para conseguir la certificación en la norma ISO 14001 son los relacionados con el proyecto de implantación de un SGMA y la propia certificación, ya que conlleva la utilización de recursos internos y externos, es decir, servicios de consultoría y de certificación. En cualquier caso, que una empresa esté certificada en dicha norma redundará en una mejora de su reputación e imagen y, por lo tanto, en sus posibilidades de desarrollo.

Manual del transporte de mercancías

Jaime Mira, David Soler

Prevención de riesgos laborales: Personal de transporte y estiba

Alba Ramírez Soriano, Eva María Hernández Ramos

Prevención de riesgos laborales: Personal de reparto y de conducción

Alba Ramírez Soriano

Logística urbana. Manual para operadores logísticos y administraciones públicas

Ignasi Ragàs

Manual del transporte en contenedor

Jaime Rodrigo de Larrucea

Transporte de mercancías por carretera. Manual de competencia profesional

José Manuel Ruiz Rodríguez

Manual del transporte marítimo

Agustín Montori Díez, Carlos Escribano Muñoz, Jesús Martínez Marín

Técnicas para ahorrar costos logísticos. Aurum 2

Luis Carlos Hernández Barrueco

Título de transportista. Competencia profesional para el transporte de mercancías por carretera

Francisco Martín, M. Teresa Maza, María J. de la Maza

Manual de gestión de tráfico de mercancías

Rut Castell

Cómo desarrollar la carga aérea en aeropuertos

Javier Arán Iglesia

Cadena de suministro. Principios, máximas y recomendaciones

Luis A. Mora García

Transporte ferroviario de mercancías

Miguel Ángel Dombriz

Gestión documental del transporte por carretera

Eva María Hernández Ramos

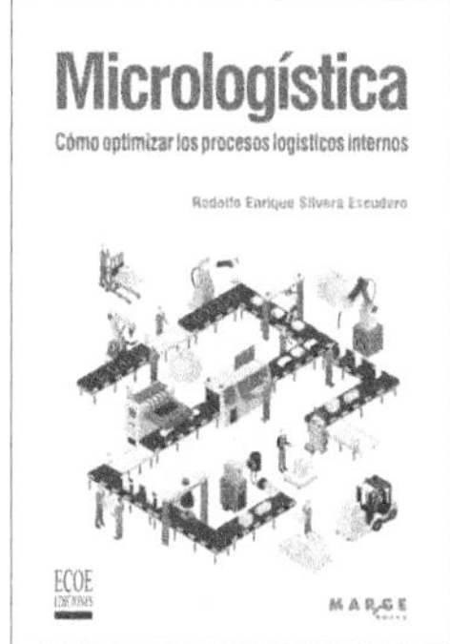

Micrologística

Rodolfo Enrique Silvera Escudero

Transporte marítimo de mercancías. Los elementos clave, los contratos y los seguros

Rosa Romero, Alfons Esteve

Normativa de estiba en carretera. Claves, soluciones y modelos para estibar y trincar cargas

Eva María Hernández Ramos

Estiba y trincaje de las mercancías en contenedor

Francisco Fernández Sasiaín

València, 558 – 08026 Barcelona – Tel. +34-931 429 486 – marge@margebooks.com – www.margebooks.com